# SPUDASMATA

Studien zur Klassischen Philologie und ihren Grenzgebieten
Begründet von Hildebrecht Hommel und Ernst Zinn
Herausgegeben von Gottfried Kiefner und Ulrich Köpf

Band 100
WOLFGANG SCHADEWALDT
UND DIE GRÄZISTIK
DES 20. JAHRHUNDERTS

2005

GEORG OLMS VERLAG HILDESHEIM · ZÜRICH · NEW YORK

Wolfgang Schadewaldt
Ölporträt von Heinrich Graf von Luckner (1962)

# WOLFGANG SCHADEWALDT UND DIE GRÄZISTIK DES 20. JAHRHUNDERTS

Herausgegeben von
Thomas Alexander Szlezák
unter Mitwirkung von
Karl-Heinz Stanzel

Mit Beiträgen von
Hellmut Flashar, Hans Krämer,
Wolfgang Kullmann, Klaus Oehler,
Ute Ursula Schmidt-Berger,
Ernst-Richard Schwinge, Karl-Heinz Stanzel
und Thomas Alexander Szlezák

2005

GEORG OLMS VERLAG HILDESHEIM · ZÜRICH · NEW YORK

Gedruckt mit finanzieller Unterstützung des Universitätsbundes Tübingen.

Das Werk ist urheberrechtlich geschützt.
Jede Verwertung außerhalb der engen Grenzen
des Urheberrechtsgesetzes ist ohne Zustimmung
des Verlages unzulässig und strafbar.
Das gilt insbesondere für Vervielfältigungen,
Übersetzungen, Mikroverfilmungen
und die Einspeicherung und Verarbeitung
in elektronischen Systemen.

**Bibliografische Information Der Deutschen Bibliothek**
Die Deutsche Bibliothek verzeichnet diese Publikation
in der Deutschen Nationalbibliografie; detaillierte bibliografische Daten
sind im Internet über *http://dnb.ddb.de* abrufbar.

**Bibliographic information published by Die Deutsche Bibliothek**
Die Deutsche Bibliothek lists this publication in the
Deutsche Nationalbibliografie; detailed bibliographic data are available
in the Internet at *http://dnb.ddb.de*.

∞ ISO 9706
© Georg Olms Verlag AG, Hildesheim 2005
www.olms.de
Alle Rechte vorbehalten
Printed in Germany
Umschlagentwurf: Irina Rasimus, Köln
Gedruckt auf säurefreiem und alterungsbeständigem Papier
Herstellung: Druck Partner Rübelmann, 69502 Hemsbach
ISSN 0548-9705
ISBN 3-487-12815-2

# VORWORT

Wer Wolfgang Schadewaldt in seinen Tübinger Jahren hörte – und viele waren eigens seinetwegen nach Tübingen gekommen –, konnte sich dem Eindruck nicht entziehen, einen Mann von ungewöhnlichem Format zu erleben, der selbst aus der stolzen Reihe der damaligen Tübinger geisteswissenschaftlichen Größen herausragte nicht nur durch sein souveränes Auftreten, sondern mehr noch durch die Klarheit seiner Sprache und seines Denkens, durch seine hohe Auffassung vom Rang großer Literatur und durch das Gewicht seiner Deutung der griechischen Kultur als des maßgebenden Fundamentes Europas bis auf den heutigen Tag. Als Ausnahmeerscheinung unter den Gräzisten seiner Generation galt er aber auch jenen, die nur seine Interpretationen und Übersetzungen kannten (sei es vom Lesen, sei es vom Hören im Rundfunk oder im Theater), ohne ihn je persönlich gesehen zu haben.

Nach seinem Tod Ende 1974 – er wurde nicht einmal 75 Jahre alt – war zunächst weniger von ihm die Rede, was man teils als völlig natürlichen Wandel verstehen kann – die Jüngeren forderten ihr Recht, pochten auf ihre Leistungen –, teils aber auch vor dem Hintergrund jener besonderen geistigen Atmosphäre der Mutlosigkeit und Selbstverleugnung sehen muß, in die sich Deutschland in den 70-er und 80-er Jahren hineinmanœuvrierte.

Doch Ende der 90-er Jahre, als Schadewaldts 100. Geburtstag näher rückte, war den Kennern auf den zentralen Gebieten der Auslegung griechischer Dichtung klar, daß ihm das Fach weit mehr verdankte als die meisten öffentlich zuzugeben bereit waren. In der Pindar-Deutung etwa redete man viel über E. Bundy, aber daß die Grundgedanken seines Ansatzes in Schadewaldts frühem Pindar-Buch besser und klarer ausgesprochen und mit sichererem Augenmaß angewandt worden waren, sagte man in Deutschland selten und meist nur mit einer gewissen Verlegenheit (anderswo tat man gerne so, als wisse man gar nicht davon). In der Homerforschung sprach man zwar vom Zusammenbruch des ›hard core Parryism‹, nachdem selbst eingeschworene oral-poetry-Forscher angefangen hatten, von der wohlüberlegten Gesamtkomposition der ›Ilias‹ zu reden oder gar – horribile dictu – den individuellen Stil des Ilias-Dichters zu preisen – aber daß dieser Wandel ganz einfach der längst fällige Sieg einer bestimmten Homerauffassung vom Ende der 30er Jahre über eine bestimmte andere vom Anfang desselben Jahrzehnts war, wollten nur wenige sehen.

In dieser Situation schien es mir angezeigt, anläßlich des 100. Geburtstags von Wolfgang Schadewaldt zu einem wissenschaftshistorischen Colloquium nach Tübingen einzuladen, das das Ziel verfolgen würde, einerseits Schadewaldts geistige Physiognomie zu erfassen, andererseits seine wissenschaftliche Leistung und ihre bleibende Bedeutung wieder sichtbar zu machen. Die von der Fritz Thyssen Stiftung unterstützte Veranstaltung fand am 19. und 20. Mai 2000 statt, aus praktischen Gründen zwei Monate nach dem eigentlichen Gedenktag 15. März 2000. Vor einem zahlreichen Publikum von jüngeren und älteren Philologen und Literaturwissenschaftlern aus Deutschland sowie nicht wenigen Gästen aus dem Ausland wurde die Lebensleistung Wolfgang Schadewaldts an zwei langen Tagen kritisch gewürdigt, unter z.T. lebhafter Beteiligung der Hörer an den Diskussionen nach den Vorträgen.

Der vorliegende Band ist aus diesem Colloquium hervorgegangen. Selbstverständlich hatten die Autoren Gelegenheit, ihre Vorträge für den Druck zu überarbeiten, worüber niemand im einzelnen Rechenschaft verlangen wird. Einige über das übliche Maß hinausgehende Abweichungen des Tagungsbandes vom tatsächlichen Verlauf der Tagung möchte ich jedoch nicht unerwähnt lassen.

Zwei Höhepunkte des Colloquiums konnten wegen ihrer Mündlichkeit nicht zum Druck gelangen: einmal Richard Kannichts ›Ausgewählte Rezitationen‹ aus Schadewaldts Ilias-Übersetzung, mit denen er eindrucksvoll vorführte, daß diese Übersetzung nicht ein bloßer Lesetext ist, sondern sich für die Rezeption über das Hören vorzüglich eignet, sodann der Bericht Hansgünther Heymes, des Leiters der Ruhrfestspiele Recklinghausen, über seine einstige Zusammenarbeit als junger Mann mit dem wesentlich älteren Philologen unter dem Titel ›Schadewaldt: ein Mann des Theaters‹. Die nachträgliche schriftliche Fixierung dieser frei gesprochenen, mit Humor und Charme vorgetragenen Erinnerungen hätte kaum den Reiz des ursprünglichen Vortrags erreichen können und unterblieb daher im Einvernehmen zwischen Autor und Herausgeber. Als Hörer waren wir alle beeindruckt von der Art, wie der bekannte Regisseur mit Liebe und Bewunderung vom ›Theatermann‹ Schadewaldt erzählte. Hier wurde eine Seite seines Wesens sichtbar, die den akademischen Kollegen und Schülern bisher allenfalls in Umrissen bekannt gewesen war.

Zwei Vorträge der Tagung wurden nicht aufgenommen: Luigi Enrico Rossi (Rom) hatte über ›Wolfgang Schadewaldt und die griechische Lyrik‹ gesprochen, William M. Calder III (Urbana, Illinois) über ›Only Euripides: Wolfgang Schadewaldt and Werner Jaeger‹. Beide Vorträge wurden allgemein als wertvolle Bereicherung des Colloquiums empfunden, doch da sie beide nur einen schmalen Sektor des relevanten Stoffes ausschnitthaft beleuchteten, wurden sie, wiederum in vollem Einvernehmen zwischen Autoren und Herausgeber, durch die Beiträge von K.-H. Stanzel (Lyrik) und H. Flashar (Biographische Momente) ersetzt, die jeweils einen breiteren Überblick über das behandelte Gebiet zu geben versuchen.

Frau Ute Schmidt-Berger, die im Mai 2000 über ›Wolfgang Schadewaldts Antigone-Übersetzung im Gymnasium‹ gesprochen hatte, wählte für den Druck nun statt der Tragödie das Epos als Grundlage für die Schilderung ihrer Erfahrungen mit der Vermittlung Schadewaldtscher Gedanken und Texte in der Schule.

Ernst-Richard Schwinges Beitrag über Schadewaldts Goethe-Studien erschien bereits vorweg in den Berichten aus den Sitzungen der Joachim-Jungius-Gesellschaft der Wissenschaften (Hamburg 2001).

Manche werden einen Beitrag über Schadewaldts Rolle bei der Entstehung des Goethe-Wörterbuches vermissen. Vom Leiter der Tübinger Arbeitsstelle erhielt ich die Auskunft, daß die Korrespondenz mit den beteiligten Institutionen in der Berliner Akademie noch unter Verschluß ist, weswegen eine fundierte, umfassend orientierende Darstellung gegenwärtig nicht möglich sei. Die Mitarbeiter der frühesten Phase bestätigen jedoch einhellig, daß Schadewaldt die treibende Kraft in dem schwierigen Prozeß der Lancierung dieses großen Unternehmens war, daß die wissenschaftliche Konzeption des Wörterbuches im wesentlichen von ihm stammt und daß er sich in seinem letzten Jahrzehnt auch sehr engagiert um die Details der Arbeit des Teams des Wörterbuches kümmerte. Hier wird, ähnlich wie bei Hansgünther Heymes Schilderung von Schadewaldts Wirken für das Theater, abermals eine neue Seite seiner Persönlichkeit sichtbar. Man war sich einig, daß niemand so souverän mit Akademien verhandeln konnte wie er. Der Deuter griechischer Dichtung und ihres Nachlebens, der Übersetzer und ›Theatermann‹ war zu allem Überfluß auch noch ein Wissenschaftsorganisator, der die Germanistik um ein heute unentbehrliches Arbeitsinstrument bereichert hat. Das diplomatische Geschick, das dazu nötig war, kann man nur würdigen, wenn man bedenkt, daß dieses »letzte gesamtdeutsche Unternehmen«, wie es damals apostrophiert wurde, auf dem Höhepunkt des Kalten Krieges in Gang kam.

Zum Schluß möchte ich meinen Dank aussprechen: den Vortragenden und den Hörern, die die Tagung vom Mai 2000 zu einem großen Erfolg werden ließen, sodann den Mitarbeitern, die bei der Drucklegung des Buches wertvolle Hilfe leisteten, insbesondere meinem Mitherausgeber PD Dr. K.-H. Stanzel, schließlich dem Universitätsbund Tübingen für eine finanzielle Hilfe sowie den Herausgebern der Spudasmata für die Aufnahme in ihre Reihe und Dr. P. Guyot vom Olms Verlag für die gute Zusammenarbeit.

Tübingen, 15.9.2004                          Thomas Alexander Szlezák

# INHALT

*Wolfgang Kullmann*
Wolfgang Schadewaldt und Homer … 1

*Karl-Heinz Stanzel*
Wolfgang Schadewaldt und die griechische Lyrik … 21

*Hellmut Flashar*
Wolfgang Schadewaldt und die griechische Tragödie … 41

*Thomas Alexander Szlezák*
Wolfgang Schadewaldt als Übersetzer … 53

*Hans Krämer*
Wolfgang Schadewaldt und das Problem des Humanismus … 77

*Klaus Oehler*
Bild – Zeichen – Wort – Gleichnis … 93
Semiotische Einblicke in die Begriffswelt von Wolfgang Schadewaldt

*Ernst-Richard Schwinge*
Wolfgang Schadewaldts Studien zu Goethe … 103

*Ute Schmidt-Berger*
Frauenraub – heute? … 123
Zu Schadewaldts ›Ilias‹ im Europäischen Gymnasium

*Hellmut Flashar*
Biographische Momente in schwerer Zeit … 151

Index nominum … 171

*Wolfgang Kullmann*

# WOLFGANG SCHADEWALDT UND HOMER[1]

Meinen Lehrer Wolfgang Schadewaldt habe ich im Wintersemester 1946 im Alter von 19 Jahren in der damals noch Friedrich-Wilhelms Universität heißenden jetzigen Humboldt-Universität zum ersten Mal gehört. Er las eine 3-stündige Vorlesung: Epos I: Einführung in das Studium Homers. Die Hörergebühren betrugen 7.50 Reichsmark einer damals völlig entwerteten Währung. Im Sommersemester 1947 folgte dann Epos II: Odyssee. Wolfgang Schadewaldt war damals, 1946, 46 Jahre alt. Zu dieser Zeit lagen seine fachlichen Schwerpunkte schon fest: Die griechische Tragödie, Pindar und die frühgriechische Lyrik, Thukydides und eben Homer. Später kamen dann übergreifende Bereiche wie Goethes Antikerezeption, die umfangreichen Übersetzungen und die Wiederaufführungen antiker Theaterstücke hinzu.

Wenn ich von den Anfängen seiner Homerforschung spreche, ist dies also auch für mich schon eine wissenschaftsgeschichtliche Frage. Während Wolfgang Schadewaldts Beschäftigung mit Euripides in seiner Dissertation zweifellos aus seinem Studium erwuchs, in dem Wilamowitz' Euripidesforschung eine gewichtige Rolle spielte, hat sein Interesse für Homer eine mehr persönliche Note. Sie knüpft an seine Beschäftigung mit Goethe an, den er als 17jähriger während einer Rekonvaleszenz fast ganz las, wie er selbst zu erzählen pflegte und auch in seinem Lebenslauf niedergelegt hat[2]. Schon in seinem frühesten Goetheaufsatz ›Homer und das Erlebnis des antiken Geistes‹ von 1932[3], nimmt er auf Goethes auf Homer angewandte Kategorie des »Natürlichen« Bezug[4]. Dies wird bestätigt durch die Erstpublikation der ersten der ›Homerischen Szenen‹, betreffend ›Hektor und Andromache‹ von 1935, in der er an den Naturbegriff anknüpft[5]. Dieser Aufsatz belegt auch den pri-

---

1 Aktualisierte Fassung (vom Februar 2003) des Vortrags vom 19.5.2000.
2 W. Schadewaldt, Hellas und Hesperien. Gesammelte Schriften zur Antike und zur neueren Literatur in zwei Bänden I.II, Zürich–Stuttgart ²1970, II 780.
3 Ursprüngliche Publikation: Freiburger Universitätsreden, Heft 8, 1932.
4 W. Schadewaldt, Goethestudien. Natur und Altertum, Zürich–Stuttgart 1963, 9ff., hier: 16.

märe unakademischen Neuansatz und zugleich bereits das vielleicht ebenfalls durch Goethe inspirierte Votum gegen die auf Friedrich August Wolf zurückgehende Homeranalyse:

»Dies Zeigen, dessen was dasteht und wie es gemacht ist, will zunächst dem ungelehrten Leser dienen, der ›seinen‹ Homer noch hat oder wieder haben möchte. Eine Auffüllung unseres Wissens um die dichterischen Tatbestände ist heute aber auch ein wichtiges Anliegen der Homer-Forschung, die in ihrer glanzvollen anderthalb Jahrhunderte alten Geschichte bei vorherrschender Neigung, sehr vereinzelte Beobachtungen im Nu in verbindliche analytische Schlüsse umzusetzen, nur allzureich an Verfrühungen, an Vorgriffen gewesen ist«[6].

In der jetzigen Fassung in dem Sammelband ›Von Homers Welt und Werk‹ ist dieser Passus durch einen anderen ersetzt.

Die ›Homerischen Szenen‹ wurden dann 1936 mit dem zweiten Beitrag: ›II. Die Entscheidung des Achilleus‹ fortgesetzt[7]. Beide Publikationen zeigen als erste die besondere Art der wörtlichen Homerübersetzung in Prosa, die Schadewaldt später ausgebaut hat.

1938 erschien dann das Hauptwerk, die ›Iliasstudien‹[8]. Ein begleitender Aufsatz, ›Homer und die Homerische Frage‹[9], beschäftigte sich mit den Wirkungen von Friedrich August Wolf auf die Homerforschung des 19. und beginnenden 20. Jahrhunderts. Man wird, um mit diesem Aufsatz zu beginnen, diese Entwicklung heute anders beurteilen müssen, als es dort geschieht. Dort wird gesagt, daß der Ausgangspunkt für Wolf und die sich entwickelnde Liedertheorie die Annahme gewesen sei, daß man zur Zeit Homers nicht schreiben konnte und daß dies inzwischen überholt sei und daß der Fortschritt der Homerforschung sich durch ein immer größeres Verständnis für die dichterischen Qualitäten der Epen auszeichnete, das die romantische Liedertheorie obsolet werden ließ. Beides muß man vom heutigen Standpunkt aus relativieren. Das Verhältnis zwischen Mündlichkeit und Schriftlichkeit ist viel komplexer, als es sich Wolfgang Schadewaldt damals darstellte, und der schrankenlose Hypothesenbau etwa von Ulrich von Wilamowitz-Moellendorff und dessen Bestehen auf sehr subjektiven Urteilen müssen heute

---

5   W. Schadewaldt, Homerische Szenen 1. Hektor und Andromache, Die Antike. Zeitschrift für Kunst und Kultur des Klassischen Altertums, 11, 1935, 149ff., hier: 149.
6   Wie Anm. 5.
7   W. Schadewaldt, Homerische Szenen 2. Die Entscheidung des Achilleus, Die Antike 12, 1936, 173ff. (= Von Homers Welt und Werk, Stuttgart [4]1965, 234ff.).
8   W. Schadewaldt, Iliasstudien, Abhandlungen der Sächsischen Akademie der Wissenschaften, Phil.-hist. Klasse, Band 43, Nr. 6, Leipzig 1938, Leipzig [2]1943, Darmstadt [3]1966.
9   Homer und die Homerische Frage, Die Antike 14, 1938, 1ff. (= Von Homers Welt und Werk, Stuttgart [4]1965, 9ff.)

(unbeschadet seiner außerordentlichen Verdienste um die Homerforschung) als methodisch bedenklich eingeschätzt werden.

Die ›Iliasstudien‹ beweisen in Auseinandersetzung mit den zerstückelnden Homeranalysen von Wilamowitz, Bethe und Eduard Schwartz mit philologischen Mitteln die Einheit der ›Ilias‹. Und die große positive Leistung dieses Werks beruht nicht auf den subjektiven Antrieben, etwa der Goethelektüre, die Wolfgang Schadewaldt bestimmt haben, sondern auf den philologischen Detailbeobachtungen, zu denen er bei seiner Arbeit gekommen ist.

Besonders glücklich war der von ihm gewählte Ausgangspunkt, das XI. Buch (Λ) der ›Ilias‹, das etwa die Mitte des Werks bezeichnet. In diesem Buch wird unter anderem geschildert, wie nach der gescheiterten Bittgesandtschaft zu Achill im Buch IX die Achaier eine schwere Niederlage erleiden. Nach einer Aristie Agamemnons mobilisiert Zeus durch Iris Hektor. Die Troer dringen vor, Agamemnon wird durch Koon verwundet und muß die Schlacht verlassen. Hektor ist siegreich. Jedoch kann Diomedes Hektor durch einen Speerwurf betäuben, allerdings wird Diomedes durch Paris verwundet und muß ebenfalls die Schlacht verlassen. Schließlich wird auch Odysseus von Sokos verwundet und zieht sich notgedrungen ebenfalls zurück. In sorgfältiger Detailinterpretation ergibt sich als Fazit, daß eine Deutung dieser Szenen als Einzellieder, die nur sekundär in den Zusammenhang eingebaut wurden (so die Analytiker), nicht in Frage kommt. Schadewaldt sagt[10]:

»Das Motiv der Verwundung der drei Helden sieht nach allem nicht so aus, als habe es je für sich allein bestanden. Die leichte, *vorübergehende* Kampfunfähigkeit der drei Helden stimmt allzugut zu der *vorübergehenden* Niederlage, durch die Zeus den Achilleus ehrt. Die Wunden der drei sind so schwer, daß sie nicht kämpfen können. So schwächt der Dichter beizeiten die Kampfkraft der Achaier: ihre Niederlage wird begreiflich, und die Helden brauchen sich nicht mit dem fliehenden Heer über den Lagerwall an die Schiffe treiben zu lassen ... Die Wunden sind aber auch wieder so leicht, daß die kampfunfähigen Helden doch noch beobachtend und beratend dem Geschehen beizuwohnen vermögen.«

Das heißt, die Szenengruppe ist von vornherein für einen größeren Zusammenhang konzipiert. Nur Sieg oder Tod, nicht aber eine mittelschwere Verwundung kann sinnvollerweise Thema eines heldischen Einzelliedes sein. Wir fassen in der Schilderung des XI. Buches ein zentrales Stück eines Großepos. Hat man dies erfaßt, erschließen sich eine Fülle von Fernbeziehungen, zur Ankündigung des Sterbens der Achaier im Gefolge des Achillzorns (I 3), zur Aristie des Achilleus vom XX. bis zum XXII. Buch der ›Ilias‹, während der große Zusammenhang der Sage nicht geändert wird, in der die drei verwundeten Helden an Troias Zerstörung

---

10   Iliasstudien (wie Anm. 8) 70f.

beteiligt sind[11]. Darauf aufbauend wird dann die gesamte Struktur der ›Ilias‹ entwickelt, die Nestor-Patroklosepisode als Überleitung zur ›Patroklie‹, das Buch VIII als Auslöser der Bittgesandtschaft.

Im Zusammenhang mit diesem Nachweis steht die weitere Beobachtung Schadewaldts, daß die Fernbezüge gerade durch Iterata, d.h. sich wiederholende Verse, hergestellt werden. Diese Wiederholungen von Versen sind, wie nachgewiesen wird, ein fester handwerklicher Bestandteil der epischen Technik des Dichters. Es ist wichtig, daß es im Zusammenhang der ›Iliasstudien‹ nicht primär um Formeln geht, mit denen sich die spätere Oral-poetry-Theorie intensiv beschäftigt hat. Der Begriff der Formel taucht auch bei Schadewaldt auf, erstmals in einem Essay ›Neues zur Ilias‹, der 1944 in dem Sammelwerk ›Von Homers Welt und Werk‹ zuerst erschien. Es ist zweckmäßig, eine Passage daraus wörtlich zu zitieren[12]:

»Das Arbeiten mit wiederholten Versen ist an sich durchaus nicht eine lahme Aushilfe von Spätlingen, denen nichts mehr einfiel. Gerade diese Erscheinung ist uralt. Sie ist nämlich nichts Beliebiges, sondern fester Handwerksbrauch und entstammt mit diesem der Zeit des noch schriftlosen Stegreifsingens, wo der Sänger imstande ist, jeden ihm bekannten Hergang auf Aufforderung zum Lied zu formen, weil er aus dem großen Schatze der gelernten Motive, Bilder, Worte, Verse und Formeln jederzeit leicht und flüssig – wiederholt.«

Die hier zum Ausdruck gebrachte Auffassung, daß die ›Ilias‹ ein mit Hilfe der Schrift komponiertes Großepos ist, das auf langer mündlicher Dichtung aufruht, ist bis heute die überwiegende, wenn auch nicht die einzige Deutung der Entstehung der ›Ilias‹ geblieben.

Schadewaldts neue Auffassung der ›Ilias‹ als eines mit Hilfe der Schrift konzipierten Großepos, das handwerklich aus der mündlichen Dichtung hervorging, hat sich im Nachkriegsdeutschland nach 1945 in allen deutschsprachigen Bereichen und weiten Teilen Europas schnell durchgesetzt. Karl Reinhardts spätere esoterische Deutung der ›Ilias‹ als ein Epos, das sich unter der Hand desselben Dichters Homer im Lauf seines Lebens immer weiter entwickelte (postum herausgegeben von Uvo Hölscher), ist davon nicht so weit entfernt, konnte aber in ihrer spezifischen Ausprägung keine größere Anhängerschaft gewinnen[13].

Ohne größere Resonanz in der deutschen Forschung blieben bis zum Kriege die Bemühungen des Amerikaners Milman Parry, den Mechanismus der epischen Formeln näher zu ergründen. In seiner Pariser Dissertation von 1928 ›L'epithète traditionelle dans Homère‹ hatte Parry in der Formel nur ein Mittel zur Erleichterung

---

11   Iliasstudien (wie Anm. 8) 71.
12   Von Homers Welt und Werk. Aufsätze und Auslegungen zur Homerischen Frage, Leipzig ¹1944, 36ff., hier: 41.
13   K. Reinhardt, Die Ilias und ihr Dichter, hrsg. v. U. Hölscher, Göttingen 1961.

der Versgestalt erblickt[14], leitete aber später die Formelhaftigkeit aus den Erfordernissen der mündlichen Improvisationsdichtung ab und betrieb bis zu seinem frühen Tod 1935 dazu Feldforschung in Jugoslawien[15]. Er sah in den homerischen Gedichten mündliche Dichtungen. Eine kohärente Theorie machte daraus aber erst sein Schüler A.B. Lord in seinem Buch ›The Singer of Tales‹ von 1960[16]. Nach ihm war Homer ein mündlicher Sänger, der seinen Stoff, für den er keine Originalität beanspruchte, immer wieder vortrug und den jemand schließlich dazu brachte, sein Gedicht in einer Momentaufnahme einmal mündlich diktierend vorzutragen, ohne daß er, der Sänger, an der Verschriftlichung selbst interessiert gewesen wäre. Lord war überzeugt, daß die Fähigkeit zu improvisierender Dichtung verloren geht, sobald ein Sänger lesen und schreiben lernt. Diese mechanische Auffassung von der Verschriftlichung ist seitdem bis auf den heutigen Tag in immer wieder neuen Spielarten vorgetragen worden. Schadewaldts Strukturanalyse der ›Ilias‹ wurde in der englisch sprechenden Welt nur sporadisch übernommen und von den Oralisten niemals voll rezipiert. Nichtsdestoweniger ist sie richtig. Schadewaldt kannte zum Zeitpunkt der Abfassung seines Werks noch nicht Parrys Entdeckungen zum Mechanismus der Formeln. Dies ist aber für seine Theorie auch nicht nötig. Wichtig waren ihm die *versus iterati*, an denen so viele Fernbeziehungen hängen. Bezeichnenderweise hat die Oral-Poetry-Theorie keine vollständige Erklärung der Technik der iterierten Verse geliefert (die natürlich aus der Formeltechnik erwachsen sind), obwohl diese Iterate gerade für das Großepos der ›Ilias‹ und seine Bezüge von besonderer Bedeutung sind. Entscheidend ist, daß das Großepos auf einer schriftlichen Konzeption eines mit der Improvisationstechnik vertrauten, gebildeten Sängers beruht. Man muß davon ausgehen, daß der Iliasdichter die Schrift kannte. Dabei kann er natürlich in aller Ruhe seine Verse auch jemandem diktiert haben, wie das später die meisten antiken Schriftsteller taten, die sich dabei meist schreibgewandter Sklaven bedienten. Aber er muß bei seinem Großepos, das sich ja für den Einzelvortrag gar nicht eignet, genau um den strukturellen Vorteil der schriftlichen Fixierung gewußt haben. Schadewaldts Untersuchung ist also unumstößlich und läßt sich auch nicht historisch durch Rekurs auf irgendeinen Zeitgeist relativieren, wie man dies so gern in historischen Rückblicken zu tun pflegt. Sie ist ganz nüchtern geschrieben, klar, ohne ästhetischen Anspruch, der in anderen Werken Schadewaldts eine so große Rolle spielt, und auch ohne den

---

14   Vgl. M. Parry, L'Épithete traditonelle dans Homère. Essai sur un problème de style homérique, Thèse pour le doctorat ès lettres présentée à la Faculté des Lettres de l' Université de Paris, Paris 1928.

15   Vgl. A. Parry (Hrsg.) The Making of Homeric Verse. The Collected Papers of Milman Parry, Oxford 1971.

16   A. B. Lord, The Singer of Tales, Cambrdige/Mass.-London 1960 ([4]1981).

Anspruch einer inhaltlichen Interpretation, die er anderswo geleistet hat. Seine These stellt einen ganz außerordentlichen wissenschaftlichen Fortschritt dar und hat die Homerforschung schlagartig verändert.

Ich möchte mich nun im folgenden nicht darauf beschränken, die Homerarbeiten Wolfgang Schadewaldts einfach zu rezensieren, sondern will mich bemühen, das Weiterwirken der Schadewaldtschen Ideen aus meiner Sicht, also der eines Schülers, der einen Teil seiner eigenen Lebensarbeit, inspiriert durch Schadewaldt, auf den Homer verwandt hat, zu skizzieren, wobei auch einige weiterführende Arbeiten meiner eigenen Schüler genannt werden sollen. Eine gewisse Subjektivität der Sicht läßt sich natürlich bei diesem Vorgehen nicht vermeiden, und ich bitte, sie mir nachzusehen.

Schadewaldts Nachweis der Einheit der ›Ilias‹ war der Ausgangspunkt meiner Dissertation von 1952, ›Das Wirken der Götter in der Ilias‹, erschienen Berlin 1956. Die Grunderkenntnisse der ›Iliasstudien‹ sind weiter bestätigt worden durch fortführende Untersuchungen von Michael Reichel, der die Fernbeziehungen in der ›Ilias‹ in einem Buch von 1994 ganz umfassend untersuchte und damit der Argumentation der Oralisten weiteren Boden entzogen hat[17], die in einer Art philologischer Spätromantik unter Mißachtung der Struktur des Werks zum Teil immer noch an ein allmähliches Anwachsen des mündlich vorgetragenen Homertextes glauben. Eine besonderer Wert der Arbeit liegt darin, daß sie die außerordentliche Leistung des Iliasdichters durch den Kontrast mit den Strukturen außergriechischer Heldenepik deutlich machen kann. Reichel hat auch noch in anderer Weise, an Wolfgang Schadewaldt anknüpfend, das außergewöhnliche poetische Niveau der Struktur der ›Ilias‹ beleuchten können, und zwar in einem Aufsatz über: ›Retardationstechniken in der Ilias‹ von 1990[18]. Dort hat er den Begriff der ›narrativen Hypotaxe‹ eingeführt. Ein übergeordnetes Handlungsziel der ›Ilias‹, wie Achills Tötung Hektors, wird durch Achills Kampfenthaltung wegen seines Zorns auf Agamemnon retardiert. Ein (untergeordnetes) Handlungsziel zweiter Ordnung, wie der Kampfeintritt Achills wegen der achaiischen Niederlage, wird durch Poseidons Hilfe für die Achaier retardiert. Und ein Handlungsziel dritter Ordnung, die Flucht der Troer aus dem Schiffslager, wird durch eine Retardation dritter Ordnung, nämlich die zeitweiligen Erfolge der Troer im XIII. und XIV. Buch

---

17   M. Reichel, Fernbeziehungen in der Ilias (ScriptOralia, hrsg. v. P. Goetsch, W. Raible u.a., Bd. 62), Tübingen 1994 (überarbeitete Freiburger Dissertation von 1990).

18   M. Reichel, Retardationstechniken in der Ilias, in: W. Kullmann – M. Reichel (Hrsg.), Der Übergang von der Mündlichkeit zur Literatur bei den Griechen (ScriptOralia Bd. 30), Tübingen 1990, 125ff., bes. 146f. Vgl. auch dens., Narratologische Methoden in der Homerforschung, in: H.L.C. Tristram (Hrsg.), New Methods in the Research of Epic (ScriptOralia Bd. 107), Tübingen 1998, 45ff.

gestoppt. So kommt man zu einer narrativen Hypotaxe auf makrostruktureller Ebene. Diese Feststellungen ergeben sich unmittelbar aus dem von Wolfgang Schadewaldt dargestellten Bezugsgeflecht der Iliasstruktur und machen die planvolle narratologische Konsequenz des Werks noch deutlicher. Auch eine neuere Arbeit von Antonios Rengakos aus dem Jahre 1999 gehört methodisch in diesen Zusammenhang: ›Spannungsstrategien in den homerischen Epen‹[19]. Schon der Titel weist darauf hin, daß es um eine weitere Entschlüsselung des inneren Gefüges dieser einzigartigen Werke geht.

Nun hat Wolfgang Schadewaldt sich auch in anderer Weise noch mit Homer beschäftigt. Eine sehr wichtige Skizze ist die Studie über ›Homer und sein Jahrhundert‹, ein Vortrag von 1941, erschienen 1942[20]. Sobald einmal die Einheit des Werkes eindeutig erwiesen war, war es möglich, den Verfasser des Werks historisch einzuordnen. Eine große Rolle spielen dabei die archäologischen Zeitzeugnisse, sowie die neuen historischen Entdeckungen. Der Aufsatz ist nach 60 Jahren in seinen Details ergänzungs- und modifikationsbedürftig, markiert aber eine wichtige Konsequenz aus dem Nachweis der Einheit. Entscheidend ist die klare Trennung zwischen der Zeit des Dichters und der vom Dichter imaginierten Zeit des mächtigen Mykene. Wolfgang Schadewaldt sagt[21]: »Mykene ist also für Homer nicht so sehr die reale Größe des 14. Jahrhunderts, sondern vor allem eine ideale Größe des 8. Jahrhunderts.« Wobei man noch darüber streiten kann, ob es das 8. Jahrhundert oder die erste Hälfte des 7. Jahrhunderts ist, wie ich selbst und andere annehmen. Diese grundsätzliche Einsicht, die Wolfgang Schadewaldt in zahlreichen Detailanalysen auch in seinen Vorlesungen mit großer Intensität vermittelte, muß auch heute noch ständig gegen die seit Schliemann bestehende Suggestion verteidigt werden, die von den großen Ausgrabungen in Mykene und vor allem in Troia ausgeht. Die ganze Konzeption des großen archäologischen Sammelwerks ›Archaeologica Homerica‹[22], an dem bedeutende Gelehrte mitgewirkt haben, ist durch die fundamentale Unklarheit gekennzeichnet, daß man nicht weiß, ob die archäologischen Funde aus der Zeit um 700 v. Chr. die primäre Bezugszeit darstellen sollen oder die aus der mykenischen Zeit. Beides hat miteinander nichts zu tun[23]. Der

---

19  A. Rengakos, Spannungsstrategien in den homerischen Epen, in: J. Kazazis – A. Rengakos (Hrsg.), Euphrosyne. Studies in Ancient Epic and Its Legacy in Honor of Dimitris N. Maronitis, Stuttgart 1999, 108ff. Vgl. auch dens., Zeit und Gleichzeitigkeit in den homerischen Epen, Antike und Abendland 41, 1995, 1ff., bes. 25ff.

20  in: Das neue Bild der Antike, Leipzig 1942 (=Von Homers Welt und Werk, Stuttgart $^4$1965, 87ff.).

21  Von Homers Welt und Werk (wie Anm. 20) 124.

22  Archaeologica Homerica. Die Denkmäler und das frühgriechische Epos, Im Auftrage des Deutschen Archäologischen Instituts herausgegeben von F. Matz und H.G. Buchholz, Göttingen 1967ff.

Dichter der ›Ilias‹ zeichnet, inspiriert durch die damals wie heute sichtbaren Ruinen von Troia VI bzw. VII a und andere Ruinen der mykenischen Zeit, ein Idealbild der Vergangenheit, das für seine Zeit, die des archaischen Griechenland um 700 v. Chr. bestimmt ist, aber mit der Realität des 13. Jahrhunderts v. Chr. nichts zu tun hat. Der Gedanke, daß die Dichtung der ›Ilias‹ wesentlich durch die Opposition von Realität und Idealität bestimmt ist, die in dem kurzen Zitat von Wolfgang Schadewaldt so prägnant zum Ausdruck kommt, ist auch heute ein aktuelles Moment der Homerforschung. Ein Beispiel aus jüngster Zeit ist das Buch von Oliver Hellmann: ›Die Schlachtszenen der Ilias. Das Bild des Dichters vom Kampf in der Heroenzeit‹[24]. Zahlreiche Arbeiten sind ja bis in die neueste Zeit erschienen, die die Kampfschilderungen der ›Ilias‹ uneingeschränkt historisch verorten wollen. Ich nenne nur die Namen Snodgrass, Latacz und van Wees. Die Situation ist folgende: Zum Teil wird in der ›Ilias‹ die Kampfweise in festgefügten Schlachtreihen, die Phalangentechnik, beschrieben, die die Frühzeit der griechischen Polis bestimmt. Im Widerspruch dazu stehen die Schilderungen von ausgedehnten und poetisch anspruchsvollen Schilderungen von Einzelkämpfen. Die Annahme, daß es eine Zeit gegeben hat, in der die Phalangen noch ›durchlässiger‹ waren, ist ein verzweifelter Versuch, die ›Ilias‹ in diesem Punkte als historische Quelle auszuwerten. Nach Hellmanns einleuchtender Interpretation sind die unterschiedlichen Arten von Kampfszenen der ›Ilias‹ eben nicht in realistischem Sinne miteinander vereinbar. Die festgefügten Schlachtreihen spiegeln die zeitgenössische Militärtechnik der griechischen Städte um 700 v. Chr. wider; die Einzelkämpfe zeichnen ein Idealbild von einem Helden für die Adligen des beginnenden 7. Jahrhunderts: Man soll sich die Troiakämpfer als Menschen einer Heroenzeit vorstellen, die ›besser‹ war als die eigene Zeit und in der es selbstverständlich war, im persönlichen Ruhm das höchste Ziel zu erblicken. Vereinbar ist beides nur in der Dichtung. Es ist nur die von Wolfgang Schadewaldt zu lernende Einsicht in die homerische poetische Polarität zwischen Realität und Idealität in der ›Ilias‹, zwischen der eigenen Zeit des Dichters und der homerischen Zeit, die eine befriedigende Deutung ermöglicht, wie sie Hellmann jetzt ca. 60 Jahre nach den ›Iliasstudien‹ und den begleitenden Arbeiten vorträgt, auch noch mit Bezugnahme auf das oben gebrachte Zitat[25].

---

23  Vgl. dazu ausführlich W. Kullmann, Realität, Imagination und Theorie. Kleine Schriften zu Epos und Tragödie in der Antike, Stuttgart 2002, 9ff., 44ff., 75ff., 97ff.
24  O. Hellmann, Die Schlachtszenen der Ilias. Das Bild des Dichters vom Kampf in der Heroenzeit (Hermes Einzelschriften H. 83), Stuttgart 2000.
25  Hellmann (wie Anm. 24), 178 Anm. 22.

Bald nach Ende des zweiten Weltkriegs wandte sich Wolfgang Schadewaldt auch der ›Odyssee‹ zu. Ich bin in einem Zwiespalt, wenn ich davon berichten soll, weil sich für mich Erinnerungen ganz besonderer Art damit verbinden. Es ging Schadewaldt darum, in der ›Odyssee‹ anders als in der ›Ilias‹ doch zwei Schichten zu unterscheiden, einen Dichter A, der möglicherweise mit dem Iliasdichter identisch sei, und einen Dichter B, der diesen Text bearbeitete. Er arbeitete daran im Sommer 1948, und in den Semesterferien las er zusammen mit mir und einem Kommilitonen in seinem Haus, meist im Garten, in wöchentlichen Sitzungen fast die ganze ›Odyssee‹. Dies war für meine spätere Beschäftigung mit Homer von ausschlaggebender Bedeutung. Ich war damals auch von seiner These überzeugt. Andererseits muß im Rückblick gesagt werden, daß diese doch einen Rückfall hinter die in den ›Iliasstudien‹ erreichte Position darstellt und nicht zu halten ist. Ich glaube, daß Wolfgang Schadewaldts Sprachgefühl dabei durchaus auf einen richtigen Kern stieß. In der ›Odyssee‹ sind offensichtlich einzelne Odysseusabenteuer und Heimkehrgeschichten zusammen mit neuerfundenen, z.B. aus der Argonautensage inspirierten Erlebnissen zu einem Großepos zusammengefügt[26], und die Schadewaldtschen B-Partien betreffen weitgehend die verbindenden Überleitungserzählungen, insbesondere von Telemachs Schicksalen, für die es in der Sagentradition keine Vorbilder und Anknüpfungspunkte gab, die aber für die Makrostruktur eines Großepos unabdingbar sind. Es ist auch kein Zweifel, daß in Schadewaldts Odysseestudien viel Interpretationskunst eingeflossen ist[27].

Die bei Wolfgang Schadewaldt im Hintergrund stehende Frage des Verhältnisses der ›Odyssee‹ zur ›Ilias‹ hat auch später immer wieder die Forschung beschäftigt. Ich habe versucht, den ersten Teil des letzten Buches der ›Odyssee‹ als eine Selbstreferenz zu verstehen: der Dichter dieses späteren Epos sucht seine Geschichte bei den im Hades befindlichen Hauptfiguren der ›Ilias‹, der ›Aithiopis‹ und der ›Nosten‹ als eigenständigen Gesang von der Treue der Penelope einzuführen[28]. Knut Usener suchte in seinem 1990 erschienenen Buch ›Beobachtungen zum Verhältnis der Ilias zur Odyssee‹ anhand der Iteratverse, die den beiden Epen gemeinsam sind, und der Motive, in denen sie vorkommen, das Verhältnis beider Epen zueinander zu bestimmen[29]. Er kam zu dem Ergebnis, daß die ›Ilias‹ einseitig das gebende Epos ist und daß iterierte Verse aus fast allen konstitutiven Partien dieses Epos mitsamt den Motiven, mit denen sie verbunden sind, in die ›Odyssee‹ bewußt

---

26    W. Kullmann, Homerische Motive, Beiträge zur Entstehung, Eigenart und Wirkung von Ilias und Odyssee. Herausgegeben von R.J. Müller, Stuttgart 1992, 120ff.
27    Hellas und Hesperien (wie Anm. 2) I 42ff. (Der Prolog der Odyssee), I 58ff. (Neue Kriterien zur Odyssee-Analyse), I 79ff. (Kleiderdinge), I 93ff. (Der Helioszorn in der Odyssee), I 105 (Verzeichnis der dem Dichter B angehörenden Partien).
28    Kullmann, Homerische Motive (wie Anm. 26) 121, 295ff.

übernommen wurden. Die ›Ilias‹ müsse dem Odysseedichter somit schon in fixierter Form vorgelegen haben. Soviel also zu der mit der Odysseeanalyse verbundenen Frage Wolfgang Schadewaldts nach dem Verhältnis der beiden Epen zueinander.

Ich erwähnte schon die persönlichen Erinnerungen an gemeinsame Ferienlektüre der ›Odyssee‹ und möchte dem hinzufügen, daß für Wolfgang Schadewaldt in der Berliner Zeit auch seine Seminare, nicht zuletzt über die ›Odyssee‹, immer ein gemeinsames Arbeiten darstellten, das die engen Seminarkonventionen sprengte. Die Oberseminare (heute Hauptseminare genannt) fanden traditionellerweise in Berlin sonnabends statt, also an einem Tag, der mittlerweile als Arbeitstag aufgehoben und in unsere heutige unernste Freizeitgestaltung integriert wurde. Nach dem latinistischen Oberseminar bei Johannes Stroux von 9.15–11.45 fuhr man mit der S-Bahn zu Schadewaldts Wohnung, wo das Seminar um 12.15 begann, aber zum Ende hin offen war und auch gut drei Stunden dauern konnte.

Diesem praktizierten Arbeitsethos Wolfgang Schadewaldts stand übrigens eine persönliche Großzügigkeit gegenüber; es gab auch in den schlechtesten Nachkriegszeiten bei ihm zu Hause Seminareinladungen, an deren Ausgestaltung seine Frau Maria Schadewaldt tatkräftig mitwirkte. Auch wenn etwas persönlich zu besprechen war, erlebte man im Hause Schadewaldt eine große Gastfreundlichkeit, an die ich mich dankbar erinnere.

Ich komme zum nächsten Punkt, zur *Interpretation* der ›Ilias‹. Auf diesem Gebiet ist es Wolfgang Schadewaldt ebenfalls gelungen, Deutungen vorzulegen, die auch in unserer Zeit noch höchste Aufmerksamkeit finden. Es handelt sich um Episoden, nämlich ›Hektor und Andromache‹, ›Die Entscheidung des Achilleus‹, ›Hektors Tod‹, ›Der Schild des Achilleus‹, die zwischen 1935 und 1958 entstanden sind. In der ersten, ›Hektor und Andromache‹, der berühmten Homilia, wird der Abschied des Kriegers von seiner Frau behandelt, ein menschliches Grundthema[30]. In der wissenschaftlichen Diskussion ist dann gegen Wolfgang Schadewaldt der isolierte Charakter der Szene betont und nachgerechnet worden, daß es nicht im strengen Sinne der ›letzte Abschied‹ gewesen sein kann. Dies hat ihn dann bewogen, nach 21 Jahren, 1956, nochmals auf ›Hektor in der Ilias‹ zurückzukommen, wo er dann zeigt, wie das Thema der Todesverfallenheit Hektors das ganze Epos bis zu seinem Tode im 22. Buch durchzieht[31]. In der Behandlung der ›Entscheidung

---

29  K. Usener, Beobachtungen zum Verhältnis der Odyssee zur Ilias (ScriptOralia Bd. 21), Tübingen 1990 (= Freiburger Dissertation von 1989). Zu der regen Diskussion, die diese Arbeit auslöste, vgl. die Rezensionen von J. Griffin, ClRev NS 41, 1991, 288–291 und N. Blößner, Gnomon 64, 1998, 385–390.
30  Von Homers Welt und Werk (wie Anm. 20) 207ff.
31  Schadewaldt, Hellas und Hesperien (wie Anm. 2) I 21ff., ursprünglich Wiener Studien 69, 1956, 5ff.

des Achilleus‹ im XVIII. Buch der ›Ilias‹, der zweiten großen Interpretation, wird beschrieben, wie Achill nach Erhalt der Nachricht vom Tode seines besten Freundes Patroklos sehenden Auges in Freiheit sein Leben in den Dienst der Rache für den von ihm verschuldeten Tod des Freundes stellt[32]. Mir als älterem Menschen ist die Thematik des Schuldgefühls wegen des Todes eines Freundes im Kampf aus Erzählungen aus dem zweiten Weltkrieg noch geläufig; jedoch ist dieses Thema unserer Zeit fremder geworden, weil wir zwar viel vom Tod anderer in den Medien erfahren, aber in unserer näheren Umgebung den Tod möglichst zu verdrängen suchen. Gleichwohl wirkt der packend geschriebene Essay von Wolfgang Schadewaldt auch heute noch unmittelbar und aufwühlend. Das Todesmotiv ist auch zentral für die Abhandlung ›Hektors Tod‹[33]. Hier wird insbesondere Achills Befindlichkeit bei der Tötung Hektors und dem vorangegangen Töten von Troern behandelt. Schadewaldt sieht in der Schilderung des Geschehens menschliche Leidenschaft und Macht des Verhängnisses gepaart, d.h. die Leidenschaft wird vom Dichter nach Schadewaldts Interpretation als naturgegeben betrachtet. Die Furchtbarkeit Achills in seinem leidenschaftlichen berserkerhaften Wüten wird also nicht vorschnell historisch als altertümlich relativiert, sondern es wird betont, daß ja auch nach der Schilderung des Dichters in Achills Schändung des Leichnams Hektors etwas Unmenschliches liegt, was die Götter zum Eingreifen veranlaßt und Achill zur Besinnung und schließlichen Auslösung des Leichnams an den Vater Priamos führt. Was allerdings den Rang der Interpretation Schadewaldts ausmacht, ist der der Sache angemessene Verzicht auf unmittelbares Moralisieren. Ich zitiere ein paar Schlußbemerkungen von ihm[34]:

»Daß es im übrigen nicht Lehren, Überzeugungen, Stellungnahmen sind, worauf der Dichter eigentlich aus ist, sollte sich nach allem von selbst verstehen. Worum es dem Dichter geht, ist zuletzt nicht Sittlichkeit, sondern Wirklichkeit. Ein Sturm ging über die Erde, und er beschreibt es in seinem Gedicht. Was in diesem Sturm stand, wenn er alles hinriß, war die Wahrheit der Götter und die großen Gesinnungen der Menschen«.

Zweifellos wird diese Deutung dem, was der Dichter in seiner tragischen Weltauffassung zur Darstellung bringt, mehr gerecht als vieles andere, was etwa aus der stärker pazifistischen Grundstimmung unserer Zeit heraus an den Dichter herangetragen wird. Trotzdem bleiben meiner Ansicht nach auch in Schadewaldts Deutung Interpretationsfragen offen. Wolfgang Schadewaldt spricht immer vom Zorn Achills gegen Hektor und die Troer wegen der Tötung des Patroklos, und tatsächlich ist ja psychologisch gesehen sein Verhalten gegenüber Hektor ein Umschlag

---

32 Von Homers Welt und Werk (wie Anm. 20) 234ff.
33 Von Homers Welt und Werk (wie Anm. 20) 268ff.
34 Von Homers Welt und Werk (wie Anm. 20) 351.

des Ehrzorns gegen Agamemnon in die Wut gegen den am Tode des Patroklos schuldigen Hektor und die Troer. Aber dieses Verhalten ist nicht eigentlich Zorn, sondern etwas viel Schrecklicheres, nämlich Rache, und heißt auch griechisch nicht Zorn. Und diese Rachehandlung kulminiert zwar in der Tötung Hektors, verteilt sich aber auf drei Bücher, also auf Buch XX–XXII. Für den unbefangenen Leser, der etwa auf Schadewaldts Übersetzung der ›Ilias‹ zurückgreift[35], ist auch heute noch die Lektüre durch die Grausamkeit des Geschilderten schwer erträglich. Dies trifft nicht nur auf die Lykaonszene zu, in der Schadewaldt noch glaubte, eine gewisse Milde Achills zu erkennen[36], sondern etwa auch auf die dichterisch ins Groteske gesteigerten Schilderungen der Massenmorde, die den Skamanderfluß mit Leichen verstopfen und die alle aus Rache begangen sein sollen. Auch die kannibalischen Phantasien im Gespräch mit dem todgeweihten Hektor in XXII 345ff. sind äußerst abstoßend, ebenso der Rache-Exzess, zu dem sich Achill durch das Opfer von 12 jungen Troern am Grabe des Patroklos versteigt. Der Dichter spricht von schlimmen Taten, die er ihnen zudachte (XXIII 175). Aus dieser pausenlosen Mordsequenz wird meines Erachtens auch der schriftliche Charakter der ›Ilias‹ ersichtlich, denn man kann sich das andauernde Töten kaum als Inhalt in einer einzelnen mündlichen *performance* vorstellen. Das anthropologische Problem, wie solche menschliche Rache zu deuten (für die es auch in der Gegenwart Beispiele gibt) ist, muß hier dahingestellt bleiben. Für uns wichtiger ist die Frage nach dem Sinn ihrer so pointierten mimetischen Realisierung. Der einzige, der wenigstens das dahinter stehende Problem gestreift hat, ist Aristoteles, der in seiner ›Poetik‹ (4.1448 b 10ff.) in allgemeiner Form darauf verweist, daß der Mensch in der mimetischen Darstellung, zumindest in der bildenden Kunst, auch an Leichen, vor denen er in der Realität Abscheu hat, eine ästhetische Freude empfindet. Eine Erklärung dafür, warum das so ist, hat auch er nicht. Man hat sich auch in unserer Zeit der Deutung des tötenden Achill wieder angenommen. Die Dichterin Christa Wolf etwa hat Achill in ihrer ›Kassandra‹ als »das Vieh« bezeichnet[37], aber dagegen hat sich mit Recht Joachim Latacz gewandt[38]; denn dies ist eine Beschreibung, die dem Grundcharakter der ›Ilias‹ zuwiderläuft, die Achill im ganzen positiv würdigt. Aber so sehr Schadewaldt zuzustimmen ist, daß es bei Homer nicht um Sittlichkeit geht, so ist diese persönliche Rache doch als so maßlos beschrieben, daß man ihre Darstellung nur als die einer extrem verzerrten Wirklichkeit begreifen kann, deren poetische Absicht sich nur schwer erschließt. Die von Zeus veranlaßte Freigabe des

---

35   Wolfgang Schadewaldts neue Übertragung: Homers Ilias, Frankfurt am Main 1975.
36   Von Homers Welt und Werk (wie Anm. 20) 335.
37   Christa Wolf, Kassandra, Erzählung, Darmstadt und Neuwied 1983.
38   J. Latacz, Achilleus. Wandlungen eines europäischen Heldenbildes, Stuttgart und Leipzig 1995.

Leichnams Hektors im Buch XXIV, auf die Schadewaldt in seiner bedeutsamen letzten Äußerung zu diesem Zusammenhang verweist[39], bringt das Thema der Schändung des Leichnams zu einem Ausgleich, jedoch ohne die Schilderung der Exzessivität der Rache voll verständlich zu machen. Auch Georg Wöhrle, der die Frage mit modernen Kategorien in den Blick nimmt, kommt 1999 in dem Buch ›Telemachs Reise‹, das im Untertitel von ›Erforschung der Männlichkeitsideologie in der homerischen Welt‹ spricht, zu keinem Ergebnis in der Frage, ob Achill als Ideal und Vorbild hingestellt werden soll oder nicht[40]. Versuche, den Hintergrund des Epos, d.h. die Absicht des Dichters, dadurch begreiflich zu machen, daß man dem Achill Homers ein erotisches Motiv unterstellt (Beziehung zu Patroklos)[41], sind zum Scheitern verurteilt, da es dafür in der dichterischen Darstellung der Rache keinen manifesten Anhaltspunkt gibt. So bleibt auch heute, nach Schadewaldt, in der Deutung der ›Ilias‹ einiges offen. Auch unsere Generation ist hier nicht weitergekommen.

Eine andere, zu der Schilderung des Wütens des Achill konträre Facette des Dichters wird in dem Aufsatz ›Der Schild des Achilleus‹ von 1938 sichtbar[42]. Wolfgang Schadewaldt deutet die Beschreibung der Herstellung des neuen Schildes für Achilleus durch den Gott Hephaistos vor dem Hintergrund des ganzen Epos. In der Erwähnung des auf dem Schild eingezeichneten Sängers bei einem Fest vermutet er eine Selbstreferenz Homers. Besonderen Wert legt er auf den Zusammenhang mit dem unmittelbar Vorausgegangenen. Der Schild erscheint als Sinnbild des Lebens, das Hephaistos für den zum Tode entschlossenen Achill anfertigt. Tod und Leben stehen sich am Ende des XVIII. Buches der ›Ilias‹ gegenüber. Es handelt sich um eine der bedeutendsten Interpretationen von Wolfgang Schadewaldt.

Einschieben möchte ich hier seine Behandlung der ›Legende von Homer dem fahrenden Sänger‹, wie sie vor allem in zwei kaiserzeitlichen Werken, der sogenannten ›Herodotvita‹ Homers und dem ›Wettstreit zwischen Homer und Hesiod‹ überliefert ist, die von ihm übersetzt und kommentiert werden (veröffentlicht erstmals 1942, sodann mit Änderungen Zürich 1959)[43]. Während Schadewaldt in der Legende vorsichtig einen wahren Kern herauszuarbeiten suchte, hat Joachim

---

39  W. Schadewaldt, Der Aufbau der Ilias. Strukturen und Konzeptionen, Frankfurt am Main 1975, 93ff.
40  G. Wöhrle, Telemachs Reise. Väter und Söhne in Ilias und Odyssee oder ein Beitrag zur Erforschung der Männlichkeitsideologie in der homerischen Welt, Hypomnemata H. 124, Göttingen 1999, 58 Anm. 43.
41  Vgl. unter anderem R. v. Scheliha, Patroklos. Gedanken über Homers Dichtung und Gestalten, Basel 1943. Siehe dazu auch Wöhrle (wie Anm. 40) 67ff.
42  Von Homers Welt und Werk (wie Anm. 20) 352ff., ursprünglich: Neue Jahrbücher für Antike und deutsche Bildung 1, 1938, 65ff.
43  W. Schadewaldt, Legende von Homer dem fahrenden Sänger, Leipzig 1942, Zürich 1959.

Latacz diesen Versuch in einem Abschnitt seines Homerbuchs von 1985 unter der Überschrift: ›Die Homer-Legende: ein Holzweg‹, scharf zurückgewiesen[44]. In jüngster Zeit (1997) hat dagegen Werner Gauer den historischen Hintergrund der Berichte über Homers Herkunft in der ›Herodotvita‹ zu eruieren gesucht und plädiert dafür, die betreffenden Nachrichten sehr ernst zu nehmen[45]. Dies kann hier nicht verhandelt werden. Auf jeden Fall hat Schadewaldt durch seine Übersetzung und Kommentierung der legendarischen Texte eine wichtige kulturhistorische Überlieferung einer breiteren Öffentlichkeit in einer sehr ansprechenden Form zugänglich gemacht und den heutigen Altertumswissenschaftlern zugleich einen interessanten Streitgegenstand handgerecht hinterlassen.

Ehe ich zu der Thematik der Neoanalyse komme, die Anlaß zu einigen weiterführenden Überlegungen sein könnte, möchte ich auf Schadewaldts letztes wissenschaftliches, auf den Kern seiner Überzeugungen reduziertes Credo eingehen, das er im Anschluß an seine Iliasübersetzung, also am Ende seines Lebens, in dem postum erschienenen Büchlein ›Der Aufbau der Ilias‹, 1975, niedergelegt hat[46]. Dies enthält vor allem eine sehr klare Auseinandersetzung mit der von Milman Parry inaugurierten ›Oral Poetry‹-Forschung. Wolfgang Schadewaldt erkennt an, daß die ›Ilias‹ in umfassender Weise Merkmale der *oral poetry* besitzt: Iterate, Formeln, Eptitheta, Götter- und Heldennamen, typische Szenen, Kataloge, Vergleiche und Gleichnisse, Handlungsschemata, ›themes‹. Dies bedeutet aber keinen grundsätzlich veränderten Standpunkt, sondern nur einen etwas präzisierten Katalog von Merkmalen, die ihm auch schon bei Abfassung der ›Iliasstudien‹ als aus der Sängertradition ererbt vor Augen standen, mit Ausnahme natürlich des genaueren Bildes vom Schematismus der Formeln. Dieser Liste stellt er nun eine Liste von Merkmalen gegenüber, die nicht aus der *oral poetry* heraus erklärbar sind: Dazu gehören der Charakter des Großepos, die strukturelle, architektonische Komposition, der bewußte, gestaltende Einsatz der überkommenen Formeln, die Fernverbindungen, die Unausweichlichkeit, daß wir einen fixierten Text vor uns haben, die Schriftlichkeit, die Einheit. Es folgen noch zwei Merkmale, die ich persönlich für problematisch halte, die aber für Schadewaldts Gesamtkonzeption völlig unerheblich sind, nämlich daß der Iliasdichter mit dem Verfasser des delischen Teils des Apollonhymnos identisch sei[47], und daß die archäologische Schicht Troia VIIa den troischen Krieg bezeuge[48]. Die *Oral Poetry Theory* hat sich inzwischen zwar von Schadewaldt nicht beeindrucken lassen, aber sich unabhängig davon weitgehend abgeschwächt. Man spricht vom Wandel des »hard Parryism« zum »soft Parryism« oder

---

44  J. Latacz, Homer. Der erste Dichter des Abendlands, München-Zürich ¹1985, ²1989, 33ff.
45  W. Gauer, Überlegungen zum Mythos vom Krieg um Troia und zur Heimat Homers, Gymnasium 103, 1996, 507ff.; ders., Topographica Homerica, Orbis Terrarum 3, 1997, 27ff.
46  Schadewaldt, Der Aufbau der Ilias. Strukturen und Konzeptionen (wie Anm. 39) 88ff.

wendet sich auch in der angloamerikanischen Homerforschung ganz von dieser Forschungsrichtung ab. Die Einsichten Schadewaldts in die Struktur des Großepos hat sie nicht rezipiert[49].

Es bleibt noch ein Bereich der Homerforschung übrig, der seine eigene Geschichte hat und der Wolfgang Schadewaldt ebenfalls entscheidende Impulse verdankt. Diese sind niedergelegt in dem Aufsatz ›Einblick in die Erfindung der Ilias, Ilias und Memnonis‹ aus dem Jahre 1951[50]. Es ist der Bereich, der heute meist mit dem Begriff der »Neoanalyse« bezeichnet wird. Wolfgang Schadewaldt stützt sich hier auf Arbeiten des griechischen Gelehrten Johannes Kakridis, der als erster den Begriff Neoanalyse verwendete[51], und des Schweizer Gelehrten Heinrich Pestalozzi[52], die in dem Hauptteil des kyklischen Epos ›Aithiopis‹ eine Quelle für die Handlung der ›Ilias‹ erblickten. Dieses Epos besteht aus der ›Amazonia‹ und der modern so genannten ›Memnonis‹. Zwei exotische Bundesgenossen kommen den Troern im 10. Kriegsjahr zu Hilfe, Penthesileia und Memnon. Läßt man den ersten kleineren Teil beiseite, so besteht folgender Handlungsablauf in der eigentlichen ›Aithiopis‹, die das Schicksal des Aithiopenkönigs Memnon behandelte: Der Äthiopenkönig Memnon erscheint, um den Troern zu helfen. Thetis sagt Achill voraus, daß er selbst sterben müsse, wenn er Memnon töte. Achill enthält sich des Kampfes. Im Kampf tötet Memnon Achills Freund Antilochos. Achill greift ein und tötet Memnon, nachdem Zeus, als die Mütter von Memnon und Achill, Eos und Thetis, um das Leben ihrer Söhne flehen, durch Hermes die Schicksalwaage hatte spannen lassen, die den Ausschlag gegen Memnon gegeben hatte. Achill treibt dann die Troer zurück und rückt gegen die Stadt vor, wird aber von Paris getötet. Bei seinem Begräbnis stimmen Thetis, die Musen und die Nereiden den

---

47   Vgl. dazu W. Burkert, The Making of Homer in the Sixth Century B.C.: Rhapsodes versus Stesichoros, in: Papers on The Amasis Painter and his World. Colloquium Sponsored by the Getty Center for the History of Art and the Humanities and Symposium Sponsored by the J. Paul Getty Museum, The J. Paul Getty Museum, Malibu, California 1987, 43ff., bes. 53ff. = ders., Kleine Schriften I Homerica, hrsg. v. Ch. Riedweg in Zusammenarbeit mit F. Egli, K. Hartmann und A. Schatzmann, Hypomnemata, Supplement-Reihe, Göttingen 2001, 198ff., bes. 212ff. Burkert datiert den zweiteiligen Apollonhymnos überzeugend auf ca. 522 v. Chr., als Polykrates von Samos einmalig ein Fest Πύθια καὶ Δήλια organisierte.
48   Dagegen Kullmann, Realität, Imagination und Theorie (wie Anm. 23) 97ff. (›Homer und das Troia der späten Bronzezeit‹).
49   Zu den Auffassungen von G. Nagy, auf die hier einzugehen nicht der Ort ist, vgl. Kullmann, Realität, Imagination und Theorie (wie Anm. 23) 105.
50   Von Homers Welt und Werk (wie Anm. 20) 155ff. (ursprünglich in der Festschrift für Karl Reinhardt, Weimar 1951).
51   J.Th. Kakridis, ῾Ομηρικὲς῎ Ερευνες, Athen 1944; ders., Homeric Researches, Lund 1949; vgl. ders., ῾Η σκηνὴ τῶν Νηρηίδων εἰς τὸ Σ τῆς ᾽Ιλιάδος, ᾽Αθηνᾶ 42, 1930, 66ff.
52   Die Achilleis, als Quelle der Ilias, Erlenbach–Zürich 1945.

Totengesang an. Die Ähnlichkeit zur Handlung der ›Ilias‹ springt in die Augen. Hier weist nun Schadewaldt nach, daß eine große Zahl von Motiven in dem Sagenzusammenhang der ›Aithiopis‹ ursprünglich sind, in der ›Ilias‹ dagegen sekundär. Denn es ist ja klar, der Tod Achills wird in der ›Ilias‹ zwar vorausgesetzt, aber nicht erzählt wie in der Memnonis. Hektor entspricht im poetischen Plan der ›Ilias‹ dem Memnon der ›Aithiopis‹, Patroklos dem Antilochos. Die Klage um Patroklos ist der um Achill in der Aithiopissage nachgebildet. Sie wird in der ›Ilias‹ als Vorwegnahme der Klage um Achill stilisiert und erweist sich dadurch als sekundär. Die Voraussage des Todes Achills in der ›Ilias‹ »sofort nach Hektor« stimmt nicht genau, wohl aber die Voraussage des Todes Achills in der ›Aithiopis‹ »sofort nach Memnon«.

Schadewaldt sah im Vorhandensein einer Quelle der ›Ilias‹ für die Achill-Patroklos-Handlung eine Bestätigung der Einheit des Gedichts und verband die isolierten Untersuchungen von J.Th. Kakridis und H. Pestalozzi in von ihm erweiterter Form mit seiner Iliasinterpretation. Sein Vorstoß brachte erhebliche Bewegung in die deutsche Homerforschung. Ich selbst ließ mich durch sie zu meiner Habilitationsschrift von 1957 ›Die Quellen der Ilias‹ (erschienen 1960) anregen[53]. Ich ging dabei davon aus, daß das von Schadewaldt im Anschluß an Kakridis und Pestalozzi herausgestellte Verhältnis des Aithiopisstoffes zum Iliasstoff nur ein Spezialfall eines sehr viel allgemeineren Phänomens ist: Die ›Ilias‹ setzt bereits in umfassender Weise ein Gesamtbild vom troischen Krieg voraus, das zumindest in mündlicher Dichtung dem Iliasdichter bekannt gewesen sein muß. Die sogenannten kyklischen Epen, die den ganzen troischen Krieg umfassen, sind weitgehend die zusammenfassende Darstellung der vorhomerischen Dichtung vom troischen Krieg, die zumindest in mündlicher Form schon vor Homer bestanden haben muß. Die ›Ilias‹ mit ihrem punktuellen Ausschnitt innerhalb der Sage vom troischen Krieg muß in ein breites Spektrum von zusammenhängender vorhomerischer Troiadichtung hineinerfunden worden sein, einer Dichtung, in der das Parisurteil, die Entführung der Helena, die Abfahrt in Aulis, die Belagerung der Stadt, Achills Tod, das Hölzerne Pferd, die Einnahme der Stadt und der Tod des Priamos usw. schon vorgegeben waren.

Freilich wurden Wolfgang Schadewaldts und später mein Vorstoß in den Bereich der Neoanalyse, die nach den unmittelbaren Sagenvoraussetzungen der ›Ilias‹ fragt, nicht so einhellig akzeptiert wie seinerzeit die ›Iliasstudien‹. Ein Argument richtete sich unter anderem gegen Schadewaldts Annahme, daß Homer eine schriftliche Quelle benutzt haben muß, eben den zweiten Teil des kyklischen Epos ›Aithiopis‹, die modern so genannte ›Memnonis‹. Durch die angelsächsische oral-

---

53   W. Kullmann, Die Quellen der Ilias (Troischer Sagenkreis) (Hermes Einzelschriften H. 14), Wiesbaden 1960.

poetry-Forschung im Anschluß an Milman Parry rückte auch in Deutschland die Mündlichkeit sozusagen näher an Homer heran (obwohl im Grunde, wie ich gerade gezeigt habe, auch Wolfgang Schadewaldt schon 1938, spätestens 1944, die *versus iterati* aus dem Erbe der mündlichen Dichtung heraus erklärt hatte). Für nur mündliche Quellen Homers plädierte (bei grundsätzlicher Zustimmung zu Schadewaldts Memnonisthese) z.B. Alfred Heubeck 1958[54]. Ich selbst habe in den ›Quellen der Ilias‹ 1960 die Frage »mündliche« oder »schriftliche« Quellen offengelassen, jedoch ohne Präferenz für mündliche Quellen. Heute würde ich die Annahme, die Quellen des Iliasdichters seien weitgehend mündliche Dichtungen gewesen, in vielen Punkten für die wahrscheinlichere halten, obwohl ich auch heute noch überzeugt bin, daß z.B. der Schiffskatalog in fixierter Form mit nur wenigen Zusätzen aus dem Sagenzusammenhang der Abfahrt in Aulis in unsere ›Ilias‹ eingepaßt ist und sehr wahrscheinlich letztlich auf schriftlichen Listen von Städten (πόλεις) beruht, die zu gemeingriechischen Festen, etwa den olympischen Spielen, eingeladen wurden[55].

Zu den grundsätzlichen Kritikern des neoanalytischen Ansatzes speziell von Schadewaldt gehörten unter anderen Friedrich Focke, Uvo Hölscher, Walter Marg, die die Beweisführung anzufechten suchten[56]. Vielleicht stand dahinter zum Teil eine letztlich von Karl Reinhardt inspirierte Vorstellung, Homer sei ein Dichtergenie, dem man mit der Annahme einer dichterischen Quelle ein Unrecht antue, obwohl auch Karl Reinhardt in seinem postum erschienenen Homerbuch Anleihen bei der Neoanalyse gemacht hat[57].

Wie ist nun der heutige Stand? Er ist weitgehend positiv im Sinne der Neoanalyse, auch in ihrer erweiterten, nicht auf die Memnonisthese eingeschränkten, Form zu beurteilen. Ich konnte selbst in einer größeren Reihe von Arbeiten die Untersuchungen weiter vorantreiben[58]. Im Jahre 1998 wurde die Methode, in einem weiteren Sinne verstanden und in modifizierter Form, durch Georg Danek in seinem Buch ›Epos und Zitat‹ an die Odysseeinterpretation adaptiert[59]. Die Aufregung hat sich gelegt. Die Akzeptanz wuchs auch außerhalb des deutschspra-

---

54  Zur inneren Form der Ilias, Gymnasium 65, 1958, 37ff., hier: 40.
55  Vgl. hierzu Kullmann, Realität, Imagination und Theorie (wie Anm. 23) 101ff.
56  Vgl. dazu Kullmann, Quellen der Ilias (wie Anm. 53) 30ff.
57  Vgl. Kullmann, Homerische Motive (wie Anm. 26) 170ff., bes. 186ff. (Rez. Reinhardt, Die Ilias und ihr Dichter), ursprünglich GGA 217, 1965, 9ff., bes. 25ff.
58  Vgl. mein Buch ›Homerische Motive‹ (wie Anm. 26), wo meine weiterführenden Beiträge zur Neoanalyse nach den ›Quellen der Ilias‹ gesammelt sind (vgl. besonders 67ff., 100ff., 140ff. und 188 [wo anhand von Ilias 24.317ff. nachgewiesen wird, daß die Figur des Sarpedon in der ›Ilias‹ Kenntnis der Figur des Memnon voraussetzt]).
59  Vgl. G. Danek, Epos und Zitat. Studien zu den Quellen der Odyssee (Wiener Studien Beiheft 22), Wien 1998, 24ff., 466ff. und passim.

chigen Raums. Wenn man sich das ganz angloamerikanisch ausgerichtete Werk ›A New Companion to Homer‹ von 1997, herausgegeben von Ian Morris und Barry Powell, ansieht, so gibt es im ersten Teil ein Kapitel über ›Neoanalysis‹ von Malcolm Willcock, in dem ausführlich von Kakridis, Pestalozzi, Schadewaldt und Kullmann gehandelt wird[60]. Auch ein neutraler Beobachter wie Walter Burkert hat kürzlich konstatiert, daß die Neoanalyse schließlich auch außerhalb der deutschsprachigen Philologie im Prinzip akzeptabel wurde[61]. In den letzten Jahren ist das Interesse an der Neoanalyse im englischsprachigen Raum besonders stark gewachsen[62]. Besonders hervorzuheben ist der Artikel von K. Dowden, ›Homer's sense of texts‹ aus dem Jahre 1996[63] sowie das wichtige Buch von J.S. Burgess, ›The Tradition of the Trojan War in Homer and the Epic Cycle‹, von 2001, der sich den Problemen aus oralistischer Sicht nähert[64].

Wie in anderen Bereichen der Geisteswissenschaft hängt die Wirkung altertumswissenschaftlicher Forschung in Deutschland heutzutage davon ab, wieweit die Ergebnisse auch global, insbesondere im englischsprachigen Ausland, vermittelt werden können[65].

Damit komme ich zu einem bedauerlichen Punkt. Wolfgang Schadewaldt bezeichnet in der deutschen Homerforschung sicherlich einen Höhepunkt, der weit über das hinausgeht, was die vor ihm liegende Generation von Wilamowitz, Eduard Schwartz und Bethe für diesen Weltautor geleistet hat. Aber eine angemessene globale, über den deutschsprachigen Raum hinausgehende Wirkung ist ihm nicht in adäquater Weise zuteil geworden. Das ist gewiß nicht seine Schuld. Seine fundamentalen Veröffentlichungen fielen in die sogenannte Vorkriegszeit, die Kriegszeit und die Nachkriegszeit, in eine Periode also, in der die deutsche Altertumswissenschaft wie viele andere Wissenschaftszweige in Deutschland aus

---

60   I. Morris and B. Powell (Hrsg.), A New Companion to Homer, Leiden, New York, Köln 1997, 174ff.; vgl. auch R. Janko, The Iliad: A Commentary, vol. IV, Books 13–16, Cambridge 1992, passim; R. Janko, ibid., vol. V, Books 17–20, Cambridge 1991, passim.
61   W. Burkert, Gnomon 70, 1998, 474ff., hier: 476 (Nachruf auf Uvo Hölscher).
62   Vgl. das 10. Kapitel ›Nachlese zur Neoanalyse‹ in meinem Buch ›Realität, Imagination und Theorie‹ (wie Anm. 23) 162ff.
63   K. Dowden, Homer's sense of text, JHS 116, 1996, 47–61 (leider übersehen in dem in Anm. 61 genannten Kapitel). Vgl. auch A. Ballabriga, Les fictions d' Homère. L' intervention mythologique et cosmographique dans l' *Odyssée*, Paris 1998, 22–32 (»Comment aborder l'intertextualité grecque archaïque: oralisme ou néo-analyse?«).
64   J.S. Burgess, The Tradition of the Trojan War in Homer and the Epic Cycle, Baltimore-London 2001.
65   Ich konnte z.B. in dem Vortrag und Aufsatz: Oral Poetry and Neoanalysis in Homeric Research, Greek, Roman and Byzantine Studies 25, 1984, 307ff. ein englischsprachiges Publikum über die Methode der Neoanalyse unterrichten, und die Resonanz bestätigte diese Einschätzung.

bekannten Gründen, die anderswo ausreichend diskutiert wurden, ihre Weltgeltung verlor. Ein Werk wie die ›Iliasstudien‹ von 1938 (!) ist immer noch so aktuell, daß sich eine Übersetzung ins Englische lohnen würde, aber es fehlen die finanziellen Mittel, die den Druck solcher Werke ermöglichen könnten. Nur Werke aus Bereichen mit besonderem Sensationswert werden im Glücksfall ins Amerikanische übersetzt. Andererseits wird die deutsche Sprache im Unterschied zur Zeit noch von Wilamowitz außerhalb des deutschen Sprachraums nur noch wenig gepflegt. Hinzu kommt, daß die historische Besinnung auf die Antike und die Vermittlung der Kenntnis von ihr an eine breitere Öffentlichkeit weltweit gefährdet ist.

Immerhin ist, was Schadewaldts ›Iliasstudien‹ betrifft, zu registrieren, daß sie zunehmend auch im Ausland zitiert werden und daß von diesen wenigstens eine Übersetzung des 1. Kapitels in englischer Sprache erschienen ist[66].

Was die Aufgabe der Popularisierung betrifft, so hat sie Wolfgang Schadewaldt noch in seinen späteren Jahren in ganz hervorragender und vorbildlicher Weise in Angriff genommen, insbesondere durch seine Übersetzungen und Aufführungen griechischer Tragödien. Er ist davon abgegangen, ausschließlich im Unterricht an der Schule in den antiken Sprachen das Mittel zur Vermittlung der Antike zu sehen und hat sich von Unkenrufen, die Zeit der Rezeption der Antike sei vorbei, und ängstlichen Apologien nicht beirren lassen. Was Homer betrifft, so sei nur darauf hingewiesen, daß die beiden Übersetzungen von ›Ilias‹ und ›Odyssee‹[67] ganz verschiedene Aufgaben erfüllen. Die Prosaübersetzung der ›Odyssee‹ ist ganz unmittelbar eingängig und so gut gelungen, daß sie sogar als Jugendbuch wirken kann, und die Iliasübersetzung ermöglicht es in einzigartiger Weise, die heroische Epik der Griechen und ihre prägende Vorstellungswelt auch unserer Zeit zu vermitteln.

Zusammenfassend läßt sich feststellen, daß die Homerphilologie von Wolfgang Schadewaldt mit ihren zahlreichen unterschiedlichen Impulsen und Ergebnissen auch zu Beginn des 21. Jahrhunderts in mannigfacher Form lebendig ist.

Es muß in diesem Zusammenhang nachdrücklich betont werden, daß Wolfgang Schadewaldt davon überzeugt war, daß es einen wirklichen Fortschritt in der Deutung der Vergangenheit gibt, und zwar entgegen allen Philosophien seiner Zeit, die einen Erkenntnisfortschritt in der Interpretation leugneten und deren Vertreter er vermutlich für etwas schwächlich gehalten hat, daß er aber zugleich die

---

66 W. Schadewaldt, Book 11 of the *Iliad* as »Anticipation«, translated from the German by H.M. Harvey, in: I.F. de Jong (ed.), Homer. Critical Assessments, vol. 1–4, London 1999, hier I 5, 67–95.

67 Vgl. W. Schadewaldt, Homer. Die Odyssee. Übersetzt in deutsche Prosa, Rowohlts Klassiker, Hamburg 1958 und die oben Anm. 35 genannte Iliasübersetzung. Beide Werke sind zur Zeit auch in Nachdrucken erhältlich.

Unvollkommenheit menschlicher Bemühungen im Ganzen nie aus den Augen verlor. Insoweit war er, wie ich meinen möchte, ganz ein Schüler von Wilamowitz. Ich will deshalb schließen mit einem Zitat, das er selbst gern benutzte, nämlich mit dem durch Johannes von Salisbury in seiner Schrift ›Metalogicus‹ überlieferten Wort des Bernhard von Chartres (um 1120), das besagt, daß wir Zwerge auf den Schultern von Riesen seien, so daß wir mehr und weiter sehen als diese, aber nicht durch eigenen Scharfsinn oder das Hervorragen unseres Körpers, sondern weil wir durch die gigantische Größe nach oben getragen und emporgehoben werden. Es ist mir nicht sicher, ob er sich bei diesem Zitat selbst als Zwerg etwa auf den Schultern von Wilamowitz ansah oder sich vorstellte, daß seine Schüler dereinst auf seinen breiten Schultern sitzen würden. Da er immer eine selbstbewußte Einschätzung seiner eigenen Persönlichkeit besaß, wird wohl beides richtig sein. Ich denke, wir haben keinen Grund, dem anläßlich seines 100. Geburtstags zu widersprechen, und können das Zitat getrost auf ihn und auf uns beziehen. Ich zitiere es also im Wortlaut: »Dicebat Bernardus Carnotensis, nos esse quasi nanos, gigantium humeris insidentes, ut possimus plura eis et remotiora videre, non utique proprii visus acumine, aut eminentia corporis, sed quia in altum subvehimur et extollimur magnitudine gigantea«[68].

---

68  Metalogicus III 4, in: Joannis Saresberiensis opera omnia, ed. J.A. Giles, Vol. V, opuscula, Oxford 1848 [ND Leipzig 1969], p. 131 (= PL 109, 900C).

*Karl-Heinz Stanzel*

# WOLFGANG SCHADEWALDT UND DIE GRIECHISCHE LYRIK

*(1)*

Auf dem Gebiet der frühgriechischen Lyrik ist Wolfgang Schadewaldt mit zwei Buchpublikationen hervorgetreten: ›Der Aufbau des pindarischen Epinikion‹ ist die Habilitationsschrift aus dem Jahre 1926, erstmals erschienen in den Schriften der Königsberger Gelehrten Gesellschaft 1928 und 1966 wieder abgedruckt; ›Sappho. Welt und Dichtung. Dasein in der Liebe‹ erschien 1950. Damit sind die Forschungsschwerpunkte Schadewaldts auf diesem Gebiet gekennzeichnet. Dem gesamten Gebiet der frühgriechischen Lyrik ist auch ein Band der in den 80er Jahren von Ingeborg Schudoma herausgegebenen, auf fünf Bände angelegten Vorlesungen Schadewaldts gewidmet; er enthält eine Vorlesung speziell zu Pindar, dem Schadewaldt eine Sonderstellung im Bereich der frühgriechischen Lyrik einräumt[1], sowie eine über das Gebiet der frühgriechischen Lyrik insgesamt, in der er seine Hörer zunächst mit der spezifischen Problemsituation in diesem Bereich der griechischen Dichtung vertraut macht: um zu vermeiden, dass mit dem modernen Begriff der Lyrik verbundene Assoziationen vorschnell auf den Bereich der frühgriechischen Lyrik übertragen würden, habe er anlässlich einer früheren Vorlesung zu diesem Thema diese unter den Titel ›Elegie, Iambos, Einzellied‹ gestellt[2]. Schadewaldt unternimmt in der Vorlesung zunächst den Versuch, das Lyrische in seiner spezifischen Eigenart näher zu bestimmen, einmal historisch, so dass das Besondere der Lyrik gegenüber dem Epos, das von der Lyrik abgelöst wurde, sowie gegenüber der Tragödie, die ihrerseits die Lyrik abgelöst hat, kenntlich wird, sodann in eher dichtungstheoretischer Orientierung in Anlehnung an und in Auseinandersetzung

---

1 W. Schadewaldt, Die frühgriechische Lyrik. Tübinger Vorlesungen Bd. 3, unter Mitwirkung von M. Schadewaldt hrsg. von I. Schudoma, Frankfurt a.M. 1989 (im Folgenden: Vorlesungen Bd. 3), 219f.
2 Vorlesungen Bd. 3, 10.

mit Staiger und dem von ihm eingebrachten Begriff des Erinnerns, in dem ein tiefes Innewerden, ein Eins-Sein der Seele mit dem Objekt zu sehen ist, so dass Ich und Welt im dichterischen Akt verschmolzen sind[3]; konkretisiert wird das Gemeinte schließlich an einem Gedicht Hölderlins und an einem Gedicht Sapphos. Ähnlich weit ist der Horizont auch in einem Aufsatz aus dem Jahre 1960 über ›Das Wort der Dichtung. Mythos und Logos‹[4], in dem Schadewaldt Sappho neben einige Gedichte aus Goethes ›Divan‹ sowie Ingeborg Bachmanns ›Großen Bären‹ stellt und damit seine Grundauffassung von Dichtung zum Ausdruck bringt. Niemals beschränkt sich Schadewaldt, wenn es um die Bestimmung des Wesens der Dichtung geht, auf das Griechische allein, stets greift er weit über diesen Bereich hinaus.

Die Lyrik-Vorlesung Schadewaldts enthält Einzelkapitel zu Archilochos, Semonides, Hipponax, Sappho, Alkaios, Anakreon, Mimnermos und Solon. Daneben gibt es sowohl zu Pindar als auch zu Sappho einige kleinere Arbeiten, auf die ich in den Einzelkapiteln im Zusammenhang näher eingehen werde.

*(2)*

In der Beschäftigung Schadewaldts mit Pindar spiegelt sich gleichsam *in nuce* seine philologische Arbeit als ganze: Die sehr dicht geschriebene Habilitationsschrift stellt trotz ihres vergleichsweise geringen Umfangs einen systematischen Gesamtentwurf dar, in dem Schadewaldt unter Rückgriff auf ältere Ansätze die Pindarforschung auf eine neue Grundlage stellt und so auch die Richtung, die diese im 20. Jahrhundert nimmt, entscheidend mitbestimmt. Kleinere Arbeiten zu Pindar aus späteren Jahren betreffen einzelne Gedichte oder Gedichtgruppen und greifen zugleich in ein anderes zentrales Arbeitsgebiet, die Übersetzungen, über: Eine mit kurzer Einleitung versehene Übersetzung von O. 3 und 2 (auf Theron von Akragas), erweitert um eine Übersetzung der Fragmente aus der Totenklage Therons, 1967 erschienen[5], eine mit einer kurzen Anmerkung versehene Übersetzung von P. 2 und 3 (1966)[6] sowie eine Heidegger gewidmete Übersetzung von N. 10, der einige wichtige Bemerkungen ›Zur Erläuterung des Gedichts‹ angefügt sind (1959)[7]. In diesen Beiträgen ist das Anliegen Schadewaldts deutlich, einige Glanz-

---

3   E. Staiger, Grundbegriffe der Poetik, Zürich – Freiburg i. Br. 1946. Dazu Vorlesungen Bd. 3, 17ff.
4   W. Schadewaldt, Hellas und Hesperien. Gesammelte Schriften zur Antike und zur neueren Literatur in zwei Bänden, Zürich u. Stuttgart ²1970 (im Folgenden: HuH), I 750–772. Vgl. hierzu auch unten S. 36 mit Anm. 73.
5   HuH² I 153–161.
6   HuH² I 162–171.
7   HuH² I 172–181.

stücke pindarischen Dichtens auch einer nichtgräzistischen Leserschaft zu erschließen.

Eine Gesamtübersetzung der Epinikien Pindars hat Schadewaldt zwar angefertigt, sie ist aber nicht veröffentlicht worden[8]. Indes enthält die bereits erwähnte, mehrmals gehaltene Vorlesung eine Vielzahl von Übersetzungen der Siegeslieder Pindars und bietet damit einen gewissen Ersatz für die fehlende Gesamtübersetzung; außerdem bietet die Vorlesung in der Disposition durch die Unterscheidung kleinerer und größerer Epinikien einen anderen Zugang zur Dichtung Pindars als die Habilitationsschrift und darüber hinaus einen Zugriff aus den späteren Jahren, in den zum Teil die Ergebnisse der Pindarforschung aus der Zeit nach der Habilitationsschrift mit eingeflossen sind, was auch eine kritische Reflexion der eigenen Position erwarten lässt. In der Vorlesung werden zunächst die kleineren Gedichte vorgestellt, um die Hörer mit der komplizierten Architektonik des pindarischen Epinikions vertraut zu machen, bevor ausführlich die größeren Gedichte diskutiert werden.

Der Kreis schließt sich gleichsam durch einen Blick auf die rezeptionsgeschichtlichen Arbeiten, da Schadewaldt auch die Beziehungen Hölderlins zu Pindar untersucht hat. ›Pindar und Hölderlin‹ galt auch die letzte von Wolfgang Schadewaldt gehaltene Vorlesung im Jahre 1970, die im Philologischen Seminar der Universität Tübingen vorliegt, bislang jedenfalls jedoch nicht publiziert worden ist.

Zwei Forschernamen und damit zwei Ansätze sind für Schadewaldt in seiner Habilitationsschrift maßgeblich: Die Schrift ist Wilamowitz gewidmet, dessen ›Pindaros‹ wenige Jahre zuvor, 1922, erschienen war, ein Werk, dem Schadewaldt in mehrfacher Hinsicht verpflichtet ist. In scheinbarem Widerspruch zu dieser Widmung setzt sich Schadewaldt im ersten Kapitel mit der Einheitstheorie Boeckhs auseinander.

August Boeckh hatte nicht nur durch seine Ausgabe und seine metrischen Untersuchungen das Fundament für die Pindarforschung geschaffen, sondern ihr durch seine Einheitstheorie auch eine erste entscheidende Richtung gewiesen, indem er nachzuweisen suchte, dass die Sprunghaftigkeit, die man an jedem Gedicht Pindars feststellen kann, so sehr sie auch gewollt sein mag, keine ganz und gar beliebige ist, sondern vielmehr in festen Bahnen verläuft. Boeckh war es denn auch, der das Postulat aufstellte, dass jedes Gedicht eine Einheit sein müsse, obwohl die Mannigfaltigkeit und Buntheit der Inhalte nicht zu übersehen war. In dem 1821 erstmals erschienenen Kommentar Boeckhs und seines Schülers Dissen wurde in jedem Gedicht ein Grundgedanke herausgearbeitet, ein *vinculum maius*

---

8  Nachwort der Herausgeberin I. Schudoma, Vorlesungen Bd. 3, 357.

*omnes partes complectens*. Es würde hier entschieden zu weit führen, den Weg weiter zu verfolgen, den die Pindarforschung in der Nachfolge Boeckhs und seines Schülers Dissen gegangen ist; fest steht in jedem Falle, dass diese mehr und mehr in eine Sackgasse geriet, da die Suche nach dem Grundgedanken vielfach zu Banalitäten führte, auf die die Aussage eines pindarischen Gedichts reduziert wurde. Es war der Däne A.B. Drachmann, der in seiner 1891 erschienenen Dissertation[9] mit der Vorstellung von der Einheitlichkeit eines jeden Gedichts gründlich aufräumte, da der Grundgedanke, auf den die Suche nach der Einheit hinauslief, letztlich zumeist ausgesprochen vage blieb oder bisweilen sogar banal wurde und damit zu einer Einengung des Horizonts eines pindarischen Epinikions führte[10]. Wilamowitz' Pindarbuch von 1922 bildet den abschließenden Höhepunkt dieser – historistischen – Phase der Pindarforschung, die sich in ganz bewusster Opposition gegen die bis zu diesem Zeitpunkt sich abzeichnende Richtung des Pindarverständnisses herausgebildet hatte; sie lehnte es ab, nach einem einheitlichen Grundgedanken in jedem Epinikion zu suchen, eine Bemühung, die nach einem berühmten Wort als Hineingeheimnissen abgetan wurde; stattdessen war es Wilamowitz' Anliegen, sich wieder dem Einzelnen in jedem Gedicht zu widmen und auf dieser Grundlage zu einem schärfer konturierten Bild von Pindars Leben und darauf aufbauend auch zu einer klareren Vorstellung von seiner Dichtung zu gelangen.

Schadewaldt sucht beide Ansätze, den Boeckhs sowie den seines Lehrers Wilamowitz, zusammenzubringen, obwohl sie nach unseren Ausführungen diametral entgegengesetzt scheinen. Wilamowitz habe die Antwort auf die Frage nach der Einheit des pindarischen Gedichts gegeben[11]. Die Berechtigung dafür, Boeckh und Wilamowitz zusammenzubringen, sieht Schadewaldt in einem ähnlichen Formbegriff, den der Ansatz Wilamowitzens als immanenten in sich trage[12]. Dass Schadewaldt in den Ansätzen von Boeckh und Wilamowitz eher das Verbindende als das Trennende sieht, kommt auch noch viel später in der Vorlesung zum Aus-

---

9   Moderne Pindarfortolkning (De recentiorum interpretatione Pindarica), Kopenhagen 1891.
10  Für eine ins Detail gehende kritische Darstellung dieser Phase der Pindarforschung verweise ich auf D.C. Young, Pindaric Criticism, in: W.M. Calder III – J. Stern (Hgg.), Pindaros und Bakchylides, Wege der Forschung Bd. 134, Darmstadt 1970, 1–95, hier 2–38.
11  Schadewaldt, Aufbau 2 = 260: »Erst Wilamowitz, der durch Jahrzehnte im Sinne beider Männer (d.h. des ›Wortforschers Hermann‹ und des ›Sachforschers Boeckh‹) tätig war, hat zumal in seinem großen Pindarwerke die Deutung des einzelnen Gedichts aus dem Ganzen der historisch-persönlichen Lebenseinheit des Dichters zur Wissenschaft erhoben und damit in vielen Einzelfällen die, wenn auch nicht strenge, Gedankeneinheit des pindarischen Liedes gesichert.«
12  Kritisch zum Formbegriff Schadewaldts H. Fränkel in seiner Rezension in: Wege und Formen frühgriechischen Denkens. Literarische und philosophiegeschichtliche Studien, München ²1960, 354 Anm. 1 (urspr. Gnomon 6, 1930).

druck, wenn er dort schreibt: »Erst Boeckh hat den besonderen Reiz empfunden, der darin liegt, etwas, das uns als literarisches Produkt vorliegt, in Leben zurückzuverwandeln. Das wurde dann großartig weitergeführt in dem Pindarbuch von Wilamowitz, also fast hundert Jahre später, in seinem ›Pindaros‹, einem seiner schönsten und auch heute noch grundlegenden Bücher. Das Formale, der Aufbau der Gedichte, hat ihn weniger interessiert«[13]. In eine ganz ähnliche Richtung geht auch die Würdigung Boeckhs durch Wilamowitz, wenn er in der Einleitung zu seinem Pindarbuch schreibt: »Das eigentlich Neue war, dass Boeckh endlich den Dichter in die Geschichte seines Volkes einreihte und jedes Gedicht als ein Momentbild aus bestimmter Zeit und Umgebung auffasste«[14].

Der Ausgangspunkt der Betrachtung ist für Schadewaldt zunächst nicht die Frage nach der Einheit, sondern vorsichtiger die nach dem Aufbau oder nach der Komposition eines pindarischen Gedichts. Darin sieht er das gemeinsame Hauptziel einer jeden Pindarbetrachtung, dem sich alle anderen Ziele unterordnen[15]. Die Frage nach der Einheit, genauer nach der »Zusammenordnung der Teile, ihr Bezug aufeinander und auf das Ganze«, die Frage nach dem »Verhältnis des Einzelnen zum Ganzen, des Mannigfaltigen zur Einheit«[16] ist wieder zu stellen, obwohl sie nach Boeckh und Dissen in eine Sackgasse geführt hatte: »Allein der Wert einer Theorie ist unabhängig von ihrer Erscheinungsform wie von ihrer unmittelbaren Wirkung«[17]. Wilamowitz habe dem Einheitsgedanken insofern Geltung verschafft, als er die Deutung des einzelnen Gedichts aus dem Ganzen der historischen Persönlichkeit des Dichters erreicht habe; damit habe er die Gedankeneinheit des pindarischen Liedes gesichert. Indes wird darin wieder eine Verschiebung des Einheitsbegriffs erkennbar, da Schadewaldt die Einheit erneut stärker an das Einzelgedicht bindet und weniger über dieses hinausgeht. In der Sache ist die Abweichung von Wilamowitz demnach größer, als Schadewaldt selbst explizit zu erkennen gibt.

Boeckh hatte in den Epinikien Pindars drei verschiedene, für die Einheitlichkeit verantwortliche Faktoren ausgemacht, eine objektive Einheit (diese liegt für jenen im Geschichtlichen, also der Persönlichkeit und den Umständen des Siegers) sodann einen subjektiven Zweck (d.h. den Grundgedanken, den der Dichter seinem Gedicht zugrunde gelegt hat, beispielsweise die Absicht, den Sieger zu besingen, oder – spezifischer – Ermahnung, Trost für den Sieger oder dergleichen mehr) und schließlich eine formale Einheit. Schadewaldt lehnt sich nun sehr eng an Boeckhs Analyse an, indem er ebenfalls drei Aspekte herausstellt, nach denen die

---

13 Vorlesungen Bd. 3, 258.
14 U. v. Wilamowitz-Moellendorff, Pindaros, Berlin 1922, 7.
15 Aufbau 1f. (Seite des Einzelhefts) = 259f. (Seite des Jahresbands).
16 Aufbau 1 = 259.
17 Aufbau 1 = 259.

Dichtung Pindars zu betrachten sei; er selbst spricht von Gesichtspunkten oder – hier ähnlich wie Boeckh – von Zwecken, die er in einer anderen Reihenfolge als sein Vorgänger nennt, nämlich den stilistisch-formalen, gefolgt vom objektiv-historischen Zweck, schließlich den subjektiv-persönlichen Zweck. Dieser Ansatz scheint nicht allzu weit entfernt von Boeckh, allerdings werden die Verschiebungen deutlich, wenn wir die einzelnen Aspekte sowie ihr Zusammenspiel etwas näher betrachten: Unter dem stilistisch-formalen Aspekt will Schadewaldt »die durch die Tradition des Genos dem Geist des Dichters eingeprägten Denkformen«[18] betrachten, während er beim objektiven Zweck an das sogenannte Programm und beim subjektiven Zweck an die persönlichen Absichten des Dichters denkt, das Persönliche verstanden als »Ausdruck der überindividuellen geistigen Form, die sich an dem Menschen Pindar in seinem Beruf als Verwalter der Werte und Normen seines Standes verwirklicht«[19]; im Gegensatz zu Boeckh, der insgesamt drei verschiedene Einheitsfaktoren am Werk sah, konstituiert sich für Schadewaldt, der geltend macht, dass die drei genannten Zwecke nicht gleichwertig nebeneinander stehen und nicht in jedem Gedicht in gleicher Weise verwirklicht sind, die Einheit eines Gedichts aus dem Zusammenspiel des objektiven und subjektiven Zwecks, da beide nicht leicht in Einklang zu bringen sind und sich somit aus dem Zusammenspiel leicht Konflikte ergeben können. Er sieht also im Anspruch des Auftraggebers und in dem des berufenen Dichters zwei widerstreitende Kräfte, so dass sich das Dichten auch in einem gewissen Widerspruch zum Programm vollziehen kann. Diese Zuspitzung der Frage nach der Einheit verdankt sich einer Unterscheidung, die Wilamowitz eingeführt hatte und die Schadewaldt von diesem übernommen hat, nämlich der Trennung von offiziellen (für die Auftraggeber bestimmten) und persönlichen, vom Interesse des Dichters bestimmten Gedichtinhalten. Erst Schadewaldt indes hat diese Unterscheidung mit der Einheitsfrage verbunden und sie so wieder ins Spiel gebracht. Man sieht, welche Verschiebungen vonstatten gehen, wenngleich Schadewaldt sich andererseits von der Terminologie Boeckhs kaum entfernt, die er allerdings doch produktiv umgestaltet und in seinem Sinne fruchtbar zu machen sucht.

Nach der Entfaltung seiner Theorie geht Schadewaldt daran, aus den einzelnen Gedichten das in seinen Ausformungen zwar vielfältige, aber doch als Grundmuster erkennbare Programm zu eruieren, oder mit seinen eigenen Worten das Schema, das sich aus den in ihrer Erscheinungsform so vielfältigen Gedichten erschließen lässt. Der Begriff Programm, den Schadewaldt selbst als die »Forderungen des Herkommens und des Auftraggebers«[20] bestimmt, scheint aus Schröders

---

18 Aufbau 5 = 263.
19 Aufbau 6 = 264.
20 Aufbau 39 = 297.

Pythienkommentar übernommen (so Fränkel in seiner Rezension, wo er auch gewisse Vorbehalte gegen diesen Terminus zum Ausdruck bringt[21]), er reicht aber offenbar noch weiter zurück[22]. In den Vorlesungen spricht Schadewaldt, einen Begriff Pindars aufgreifend, stattdessen auch von einem τεθμός, der den Gedichten zugrunde liege, an welchen sich der Dichter zu halten hatte, um zu sagen, was gesagt werden musste, über den Sieg und den Sieger, »eine Art Tabulatur«, »ähnlich wie man heute etwa bei Beerdigungen dem Pfarrer einen Zettel gibt mit den Punkten, die er in seine Predigt mit einflechten soll: die Hauptdaten, die Namen, was der Tote für Unglück gehabt hat und was er Gutes getan und geleistet hat«[23]. Der Gewinn dieser ausgesprochen dicht geschriebenen Analyse für die Pindarforschung besteht denn auch heute noch zumal darin, dass Schadewaldt all die typischen Bauelemente des Epinikions sowie die charakteristischen, in verschiedenen Brechungen stets begegnenden Motivkomplexe und Einzelmotive, wie beispielsweise den Sieg-Lied-Komplex, das δέξαι-Motiv, das χρέος-Motiv oder das zweite Siegerlob, herausgearbeitet und erstmals benennt. Diese Terminologie gehört auch heute nach wie vor zum Standard der Pindarinterpretation[24]. Damit kommt bei Schadewaldt das Epinikion als Gattung erst eigentlich in den Blick. Mit dieser Analyse hat Schadewaldt allgemeine Anerkennung gefunden und seine Erkenntnisse zum Aufbau sind Ausgangspunkt für eine jede Pindarinterpretation.

Schadewaldt bleibt aber auch die Erprobung seiner Theorie an einem Einzelgedicht nicht schuldig: er wählt dafür mit N. 7 eines der bis heute umstrittensten Pindargedichte, das Sogeneslied, das »wohl komplizierteste Gedicht Pindars«[25], das deshalb besonders geeignet scheint, weil der Dichter in diesem frühen Epinikion – Schadewaldt datiert es im Anschluss an Wilamowitz auf 487[26] – den Anlass des Preises des Sieges des Sogenes auch zu einem ganz anderen, persönlichen Zweck nutzt, zu einer Rechtfertigung in eigener Sache, da er einige Jahre zuvor im sechsten Paian den aiginetischen Heros Neoptolemos nicht angemessen gewürdigt habe.

---

21  Fränkel, Wege und Formen... (wie Anm. 12), 353 mit Anm. 1.
22  R. Hamilton, Epinikion. General Form in the Odes of Pindar, The Hague 1974, 5 verweist auf Colin, Pindare, Straßburg 1841.
23  Vorlesungen Bd. 3, 264.
24  Die Ergebnisse Schadewaldts haben sogleich Eingang auch in die Handbücher gefunden (vgl. etwa F. Schwenn, RE-Artikel ›Pindaros‹ (1950), bes. Sp. 1685–1690); siehe ferner die Bemerkungen Thummers in seinem Isthmienkommentar (E. Thummer, Pindar: Die Isthmischen Gedichte, Heidelberg 1968, Bd. I, 9ff.) oder auch die Arbeit Hamiltons (wie Anm. 22), die als eine Weiterführung und Ergänzung der Arbeit Schadewaldts angesehen werden kann, insofern Hamilton die Position der einzelnen Motive und ihre Häufigkeit genauer untersuchen will.
25  Vorlesungen Bd. 3, 306.
26  Wie Anm. 25.

»Die Gegner des Einheitsgedankens bei Pindar, vor allem Nilsson, haben sich darum vor allem auf dieses Gedicht berufen und gefordert, hier solle man die Einheit einmal nachweisen, Pindar verbinde die Dinge, wie es eben kommt. Darum habe ich damals das Gedicht zum Ausgangspunkt genommen für meinen Versuch, eben doch eine bestimmte Einheit des pindarischen Gedichts aufzuweisen, etwas umständlich und nicht glücklich in der Terminologie; heute würde ich das anders ausdrücken«[27]. Im ersten Teil, im Mythos, erscheine die Apologie in der objektiven Form, der Geschichte werde hier eine andere Wendung gegeben – daher spricht Schadewaldt von einer ›Richtigstellung‹ –, im zweiten Teil folge dann das subjektive Element, Pindar spreche hier persönlich, als Gastfreund, das Charisverhältnis werde zur subjektiven Grundlage der Apologie. Am Ende des Gedichts biege Pindar wieder ganz in das Programm ein, dessen Apologie ganz und gar mit dem Lob des Siegers verwoben ist. Schadewaldt verweist auf einen doppelten Horizont des Neoptolemos-Mythos, die Geschichte von seiner Bestrafung in Delphi mache nur den vordergründigen Wortsinn aus, zugleich drücke sich darin etwas Tieferes aus, ein Schicksalswalten, indem Neoptolemos in Delphi das Amt eines Wahrers der Opfer erhalte. Das Gedicht erhält letztlich seine Einheit in der Gestalt und im Ethos des Dichters. Auch Fränkel hat in seiner bereits erwähnten Rezension anerkannt, dass das Sogeneslied eine besonders eindrucksvolle Bestätigung für die Bedeutung des Programms liefere, das sich gegenüber einem subjektiven Zweck durchzusetzen vermöge[28].

Das letzte Kapitel der Habilitationsschrift (›Das Programm in der reifen Kunst Pindars‹) weitet noch einmal den Blick, indem einige der späteren Gedichte Pindars, wie etwa P. 2 und 3 oder auch O. 2, analysiert werden. Wenn Schadewaldt von der reifen Kunst Pindars spricht, so ist damit bereits angezeigt, dass er von einer Entwicklung Pindars in seinem dichterischen Schaffen, das ja von 498 bis 448 reicht, ausgeht; in diesen späten Gedichten begegne eine neue Einheitlichkeit im Gedanklichen. Schadewaldt findet auch hier mehr als einen Zweck, das Programm stehe zwar auch hier im Vordergrund, doch gehe Pindar damit immer freier um. In den späten Gedichten sei der Mythos das Hauptorgan geworden, daraus ergebe sich eine ethische Vorstellung, die im Sinne einer Gedankeneinheit diese Gedichte weit über das Programm hinaus umspanne. Schadewaldt stellt in diesem Zusammenhang auch eine ›Literarisierung der Epinikienform‹ fest, die Epinikien auf Hieron, Theron und Arkesilas stellten die entscheidende Wendung in der Kunst Pindars dar, dessen panhellenische Wirksamkeit hier beginne[29].

---

27  Wie Anm. 25.
28  Wege und Formen… (wie Anm. 12) 358.
29  Aufbau 79 = 337.

Wir haben gesehen, dass die Frage nach der Einheit des pindarischen Epinikions wieder den Ausgangspunkt für Schadewaldt bildet. In der bereits mehrfach erwähnten Pindarvorlesung bringt Schadewaldt gleich anlässlich der Vorstellung des ersten Gedichts, N. 2, den Gedanken der Einheit ins Spiel: »Ich habe das in meinem Buch ... ausführlich dargestellt und kann es daher jetzt kurz machen. Nachdem Boeckh und zumal sein Fortsetzer Dissen eine Einheit moralischer oder gar ideenhafter Natur statuiert hatten, was dann bei ihren Schülern immer seltsamere Formen annahm, hat Drachmann kategorisch behauptet, es gäbe überhaupt keine Einheit in einem pindarischen Gedicht, alles sei rein assoziativ. Das galt noch in meiner Zeit, denn Wilamowitz hat sich um Fragen des Aufbaus nicht gekümmert. Darum habe ich in meinem Buch nachzuweisen versucht, dass es doch eine solche Einheit gibt und von welcher Art sie ist, und dass sie im Lauf der Entwicklung Pindars immer bedeutsamer wird. ... Den Nachweis, dass es so etwas gibt, habe ich indirekt geführt und gezeigt, dass zwar jedes Gedicht anders ist, dass es aber eben in diesem Anderssein auf eine zugrundeliegende Ordnung hinweist, die in der Abweichung nachweisbar ist«[30]. Es ist Schadewaldt zu verdanken, dass die Einheitsfrage, die nach den Irrwegen der Forschung im 19. Jahrhundert als verfehlt gelten konnte, in neuer Intensität und auf einer neuen Grundlage gestellt wurde, so dass David C. Young seinen grundlegenden forschungsgeschichtlichen Überblick zu Beginn der Sechzigerjahre mit der Feststellung eröffnet: »The history of Pindaric criticism is the history of the cardinal problem, unity«[31].

Nicht nur Schadewaldts Einheitsbegriff, sondern auch seine Lösung des Einheitsproblems des pindarischen Epinikions auf dem beschriebenen Wege über die Ansetzung eines persönlichen Zwecks in Opposition zu einem objektiven wurden bereits von Fränkel in seiner Rezension kritisiert, da wir nicht angeben können, warum der eine Zweck ein subjektiver, der andere ein objektiver sein soll. Die Kritik Fränkels hat auch Glenn Most in seiner in den Achtzigerjahren verfassten Dissertation wieder aufgegriffen, da er schreibt: »In effect, Schadewaldt has transposed onto a continuous pattern of statistical variation a conceptual dichotomy between public and private: it is far from clear what might make more frequent elements pubilc and less frequent ones private«[32]. Allerdings sind sich beide Forscher bei aller Kritik an einzelnen Ansätzen und Lösungsvorschlägen über die Jahre hinweg auch darin einig, welche Bedeutung Schadewaldts Buch für die Pindarforschung hatte und nach wie vor hat. Fränkel etwa würdigt abschließend die Arbeit Schadewaldts mit folgenden knappen Sätzen: »Tatsächlich haben die

---

30    Vorlesungen Bd. 3, 264.
31    Young, Pindaric Criticism (wie Anm. 10), 2.
32    G.W. Most, The Measures of Praise. Structure and Function in Pindar's Second Pythian and Seventh Nemean Odes (Hypomnemata 83), Göttingen 1985, 47.

Rückstände, von denen wir sprachen, Sch. nicht gehindert die Geschlossenheit von Pindars Denken und Gesamtwerk auf jeder Seite der Interpretation durch tiefe und schlagend richtige Deutungen nachzuformen«[33]. Gut ein halbes Jahrhundert später schreibt Most folgendes: »Schadewaldt's work remains indispensable and still provides the foundation for all later analyses of the composition of Pindar's odes; it is largely to him that Pindaric scholarship owes its recognition of the importance of conventional elements within Pindar's poetry and of the artistic function fulfilled by refences to the occasionality of the odes themselves«[34]. In diesem Sinne ist das Buch Schadewaldts auch heute maßgeblich für die Pindarforschung.

Einen wesentlichen Bestandteil pindarischer Siegeslieder hat Wolfgang Schadewaldt in seiner Aufbauanalyse allerdings weniger berücksichtigt: den Mythos. »Der sogenannte Mythos, der festeste Teil des Programms, nimmt meist die Mitte des Gedichtes ein«[35]. Nach dieser Bemerkung Schadewaldts zu Beginn seiner Ausführungen über ›Das Programm und seine Abwandlungen‹ erwartet man eine systematische Behandlung auch des Mythos, die indes ausbleibt, vielmehr werden die mit dem Mythos verbundenen Probleme nur kurz angesprochen. Dies hat zu der immer wieder aufgegriffenen Formulierung Fränkels geführt: »Der Mythos ist eben einfach immer da. So bleibt hier ein leerer weißer Fleck im Gesamtbild, der nur die Aufschrift ›Mythos‹ trägt, aber keine Farbe hat und keine Funktion«[36].

Diese Lücke haben denn auch in den folgenden Jahren andere zu schließen gesucht. Leonhard Ilig hat in seiner 1932 erschienen Kieler Dissertation das Problem systematisch untersucht und den Blick auf die Technik der mythischen Partien gerichtet, dabei allerdings die nichtmythischen Gedichtteile nur ungenügend berücksichtigt, während K. Fehr in seiner Züricher Dissertation ›Die Mythen bei Pindar‹ von 1936 die Mythen vornehmlich in inhaltlicher Hinsicht untersucht; Adolf Köhnken schließlich unternimmt in seiner Bonner Habilitationsschrift ›Die Funktion des Mythos bei Pindar. Interpretationen zu sechs Pindargedichten‹ von 1971 den Versuch, die Mythen von ihrer Funktion im Gedicht her zu erklären, und berücksichtigt dabei auch systematisch jeweils die Besonderheiten der einzelnen Mythen, um von der Eigenart des Mythos im Epinikion auch das Verständnis seiner Gesamtkomposition zu erklären. Ganz entschieden stellt Köhnken die Frage nach der Einheit des pindarischen Gedichts vom Mythos her und kommt in allen untersuchten Fällen zu dem Ergebnis, dass gerade der Mythos für die Einheitsfrage

---

33  Wege und Formen... (wie Anm. 12), 369.
34  Measures of Praise (wie Anm. 32), 46.
35  Aufbau 9 = 267.
36  Wege und Formen...(wie Anm. 12), 355.

von ungeheurer Bedeutung ist, dass sich eben vom Mythos her bei jedem der von ihm untersuchten Gedichte eine Einheit erschließt. Indes stößt man auch bei Schadewaldt selbst bereits, wenn auch eine systematische Behandlung des Mythos fehlen mag, en passant immer wieder auf wesentliche Einsichten zu seiner Funktion im jeweiligen Gedicht, die auch über den Index des Buches leicht zu erschließen sind (›Exegese des Mythos‹, ›Mythos‹). Schadewaldt geht näher auf den Ixionmythos von P. 2[37] wie auch auf den Mythos von P. 3[38] ein, die Mythen sind für ihn *paradeigmata*, im Falle von P. 2 zeigt Pindar mit dem Mythos von Ixion nicht nur, wie ernst es ihm mit der Pflicht zur Dankbarkeit gegenüber dem Fürsten ist, sondern der Mythos wird in der Weise gestaltet und weitergedacht, dass er zu einem grandiosen Beispiel dafür wird, wie Zeus als allmächtiger Wirker der Dike Gerechtigkeit übt. Insofern hat Schadewaldt an einigen Beispielen also durchaus gezeigt, dass der Mythos, wie er resümierend schreibt, als *paradeigma* es ist, der neben der Gnomik die Einheit des Gedichts zusammenhalte[39]. Darüber hinaus sei der Mythos die bedeutendste dieser Formen und »am meisten geeignet, die Entfaltung und Vertiefung von Pindars Dichten als Symptom greifbar zu machen«[40]. Dies hat auch Fränkel in seiner Rezension anerkannt, wenn er bemerkt, dass sich am Ende der Arbeit »vortreffliche Bemerkungen« über den Mythos fänden[41], und damit die eingangs zitierte Kritik wieder relativiert.

Darüber hinaus zeigt sich, dass die bereits erwähnten Untersuchungen zum Mythos bei Pindar zumindest zum Teil explizit an die Ergebnisse Schadewaldts anknüpfen oder sich in den durch Schadewaldt vorgegebenen Bahnen bewegen. Leonhard Ilig greift in seiner von Schadewaldt selbst besprochenen[42] Dissertation den von diesem eingeführten Begriff des *paradeigma* auf und knüpft ausdrücklich an dessen Ergebnisse an. Leitend bei seiner Untersuchung ist die Frage, warum Pindar gerade so und nicht anders erzählt, Gegenbild die epische Erzählweise, von der er die pindarische Darstellung abzugrenzen versucht. Auch Köhnken, der den Grund für das Fehlen einer systematischen Behandlung des Mythos bei Schadewaldt darin sieht, dass dieser einer systematischen, über das Einzelgedicht hinausgehenden Betrachtung am wenigsten zugänglich ist[43], ist bei seinem Anliegen zumindest von der Vorstellung Schadewaldts geleitet, dass sich die Einheit eines

---

37   Aufbau 67ff. = 325ff.
38   Aufbau 75 = 333.
39   Aufbau 80 = 338.
40   Wie Anm. 39.
41   Wege und Formen… (wie Anm. 12), 355.
42   HuH² I 181ff. (ursprünglich erschienen in der Deutschen Literaturzeitung 55 (1934)).
43   A. Köhnken, Die Funktion des Mythos bei Pindar. Interpretationen zu sechs Gedichten, Berlin – New York 1971, 228 Anm. 27.

jeden pindarischen Epinikions vom Gedicht selbst her erschließt, obwohl er andererseits freilich Schadewaldts Einheitsbegriff kritisiert[44].

Nach Schadewaldts Buch waren es vor allem die infolge des frühen Todes des Forschers unvollendet gebliebenen Arbeiten Bundys, die die Pindarforschung nachhaltig beeinflusst haben[45]. Dass Bundy Schadewaldts Untersuchungen der in den Siegesliedern immer wiederkehrenden Motive und Topoi Wesentliches verdankt, ist unstrittig. Nicht anders als Bundy, der zu Beginn seiner Untersuchung eine grundlegende Untersuchung der Konventionen chorlyrischer Dichtung fordert, hatte Schadewaldt den Blick auf die Gattung des Epinikions und seine Konventionen gelenkt. Auch Bundy geht von der Einheit des Epinikions aus, auch in Bundys Analyse spielt der Mythos keine wesentliche Rolle. Nirgendwo bei Bundy findet sich ein Hinweis auf die Funktion des Mythos, obwohl man hier freilich einräumen muss, dass er nur drei Gedichte Pindars ausführlich untersucht hat. Vielleicht hätte die geplante umfassende Abhandlung hier größere Klarheit gebracht.

Allerdings geht Bundy selbst nirgendwo in seiner Abhandlung ausführlicher auf die Vorarbeiten Schadewaldts ein, er verweist allenfalls zu Detailfragen auf ihn[46]. Umgekehrt nimmt Schadewaldt auch in seiner Pindarvorlesung, die in einer älteren Fassung 1958, also vor dem Erscheinen von Bundys Abhandlung (1962), in einer zweiten Fassung aber 1965/6 gehalten worden ist[47], nirgendwo explizit zur Arbeit von Bundy Stellung, er verweist auf ihn weder bei seiner Besprechung der neueren Literatur[48], noch ist in seiner Interpretation der von jenem ausführlich behandelten Gedichte O. 10 und 11[49] implizit erkennbar, dass Schadewaldt sich mit dieser Neuinterpretation auseinandergesetzt hätte.

Bundys Ansatz kann insgesamt sicherlich als eine Radikalisierung und Vereinseitigung der Position Schadewaldts angesehen werden: »There is no passage in Pindar and Bakhulides that is not in its primary intent enkomiastic – that is, designed to enhance the glory of a particular patron«[50]. In den von Schadewaldt her vertrauten Kategorien bedeutet dies, dass es für Bundy nur das Programm, den objektiven Zweck, den Preis des *laudandus* gibt. Alles Persönliche, für Schadewaldt der subjektive Zweck, wird diesem einen Ziel untergeordnet und in seiner Eigenständigkeit angezweifelt. Während für Schadewaldt gerade die Gedichte, »in denen

---

44 Vor allem Funktion des Mythos (wie Anm. 43), 5f.
45 E.L. Bundy, Studia Pindarica (I: The Eleventh Olympian Ode, II: The First Isthmian Ode), Berkeley – Los Angeles 1962.
46 Etwa Studia Pindarica I, 6 Anm. 22 zum Eingang von I. 7.
47 Nachwort der Herausgeberin, Vorlesungen Bd. 3, 357.
48 Vorlesungen Bd. 3, 322.
49 Vorlesungen Bd. 3, 280ff.
50 Studia Pindarica I, 3.

das natürlich gegebene Programm irgendwie gestört erscheint«[51], der Ausgangspunkt seiner Untersuchung sind, kommen persönliche Aussagen des Dichters Pindar in seiner Dichtung bei Bundy überhaupt nicht mehr zum Tragen; es gibt keine Digressionen und schroffen Abbrüche oder Übergänge, bei allen Themen, die angeschlagen werden, handelt es sich um ›foils‹, die aufgegriffen, dann aber wieder fallen gelassen und durch neue ›foils‹ ersetzt werden[52]. So ergibt sich für Bundy auch eine viel strengere Einheit in jedem Gedicht Pindars: er spricht von einer ›linear unity‹[53]. Bei dem ausführlich interpretierten Gedicht I. 1 sieht er »a perfect unity«: »its linear development from start to finish is perfectly lucid«[54]. Aber dennoch ergibt dies etwas anderes als die gedankliche Einheit und das Fortschreiten des Gedankens, das Schadewaldt[55] in den späten Epinikien Pindars neu feststellen zu können glaubt: »to follow the movement of the ode is not to follow the development of a thought that has a beginning, a middle, and an end, but to pursue the fulfillment of a single purpose through a complex orchestration of motives and themes that conduce to one end: the glorification, within the considerations of ethical, religious, social, and literary propriety, of Herodotos of Thebes, victor in the chariot race at the Isthmos«[56]. Bundys radikale, über den Einheitsbegriff Schadewaldts weit hinaus gehende ›linear unity‹ ist denn auch oft kritisiert worden, weil er damit der Komplexität eines pindarischen Epinikions schwerlich gerecht zu werden vermag. So spricht Young etwa von »a term inadequate for describing the poetic coherence of a Pindaric ode«[57]. Bei Bundy gelangt darüber hinaus das Konzept der ›foils‹ zu einer immensen Bedeutung. Auch Schadewaldt operiert in seinem Buch gelegentlich mit dem in der Pindarforschung durchaus geläufigen[58] Begriff der ›Folie‹. Problematisch wird er indes dann, wenn ihm eine solche Bedeutung wie in Bundys Gesamtkonzept zukommt[59]. Gerade die Radikalisierung des Schadewaldtschen Ansatzes führt letztlich bei Bundy zu einem zu eng gefassten und daher nicht haltbaren Einheitsbegriff.

---

51 Aufbau 8 = 266.
52 Vgl. bes. Studia Pindarica II, 35f. und zusammenfassend 91f.
53 Studia Pindarica I, 2; II, 35 und 91.
54 Beide Zitate Studia Pindarica II, 91.
55 Etwa Aufbau 335 = 77 zu P. 2 oder 337 = 79 zu P. 1.
56 Bundy, Studia Pindarica II, 91.
57 Pindaric criticism 87; zur Kritik an Bundys Einheitsbegriff vgl. auch E. Krummen, Pyrsos Hymnon, Berlin – New York 1990, 20.
58 Vgl. Young, Pindaric Criticism (wie Anm. 10), 87 Anm. 183.
59 Vgl. die Generalkritik Youngs, Pindaric Criticism (wie Anm. 10), 87: »Most of Pindar is, Bundy's term, foil, and such an attitude creates a major problem. Even if we grant that a major part of Pindar is foil, we must still ask the question: Why did Pindar choose these specific passages to serve as foil in this specific poem? When this question is asked the whole concept of a foil which is to be dismissed seems useless«.

Insgesamt zeigen aber sicherlich auch die Arbeiten Bundys, wie ungeheuer befruchtend der junge Schadewaldt mit seinem eher schmalen Pindarbuch auf die nachfolgende Pindarforschung gewirkt hat. Es darf mit Fug und Recht als eines der wichtigsten Pindarbücher des 20. Jahrhunderts bezeichnet werden.

*(3)*

Nach dieser ausführlicheren Betrachtung der Arbeiten Schadewaldts zu Pindar möchte ich noch kurz auf die Arbeiten zu Sappho, seinen zweiten Schwerpunkt im Bereich der frühgriechischen Lyrik, eingehen, indem ich versuche, sein Verständnis der Dichterin durch einige Zitate aus dem Buch zu skizzieren und in die Forschung einzuordnen.

Schadewaldts Sapphobuch ist in den ersten Nachkriegsjahren erschienen. Freilich war die Situation der Sapphoforschung in der ersten Hälfte des zwanzigsten Jahrhunderts eine ganz andere als die der Pindarforschung: Zumindest in den ersten Jahrzehnten wurden noch neue, auch größere Fragmente Sapphos entdeckt und publiziert[60]. Beispielsweise wurden die beiden Teile des Kleis-Liedes (heute F 98 a und b in der Zählung Voigts) in den Jahren 1939 und 1941 erstediert. An der philologischen Erschließung dieses Liedes hat sich Schadewaldt mit einem ursprünglich 1953 erschienenen Aufsatz (Sappho: »An die Tochter Kleis« = HuH I 145 – 153) beteiligt und zur Frage des Übergangs vom sog. Kopenhagener zum Mailänder Fragment Stellung genommen und damit zur Klärung des Zusammenhangs zwischen beiden Gedichtteilen entscheidend beigetragen, worin er einen Sappho eigentümlichen Seitenhieb auf den mytilenischen Machthaber Pittakos sieht.

In einem frühen Aufsatz[61] interpretiert Schadewaldt das Trostgedicht Nr. 94 in der Zählung Voigts (= 96 Diehl) und zeichnet in fortlaufender Auseinandersetzung mit den vorgeschlagenen Deutungen die Bewegung im Gedicht nach, wie Sappho, die Trostbedürftige, dem Mädchen Trost spendet und, indem sie dies tut, auch sich selber Trost zu spenden und über die Trennung hinwegzuhelfen vermag.

Das Anliegen Schadewaldts in seinem 1950 erschienenen Buch, das im Vergleich zu der Pindararbeit in Anlage, Ausrichtung, Sprache und Stil kaum verschiedener sein könnte, ist nun aber ein ganz anderes, nämlich die Dichterin Sappho mit allen ihren Gedichten »gelehrten wie weiteren Kreisen«[62] näher zu bringen, und

---

60   Einen tabellarischen Überblick über das für Sappho Neuentdeckte gibt J. Latacz, Zu den ›pragmatischen‹ Tendenzen der gegenwärtigen gräzistischen Lyrik-Interpretation, in: Erschließung der Antike. Kleine Schriften zur Literatur der Griechen und Römer, hrsg. v. F. Graf, J. v. Ungern-Sternberg, A. Schmitt, 1994, S. 287 (= WJA 12, 1986, 39).
61   HuH² I 134–145: Zu Sappho (ursprünglich 1936).
62   Sappho 7.

deshalb bietet er ihre Fragmente nur in deutscher Übersetzung, allerdings doch so, dass selbst kleinste Fragmente berücksichtigt und in einen möglichen Kontext eingeordnet werden. Ziel des Buches ist es, die Dichterin Sappho, die er »zu den nicht eben seltenen bekannten Unbekannten der Weltliteratur« rechnet[63], als die Entdeckerin der Liebe zu erfassen, ihre Fragmente damit unter dem Aspekt der Liebe zu beschreiben und so ihrem Werk eine Einheit zu geben. Schadewaldt geht von den äußeren Umständen des Lebens Sapphos aus und geht in diesem Zusammenhang auch ausführlich auf die antiken zum Teil der Sappholegende zuzuordnenden Nachrichten über die Dichterin ein, behandelt dann Fragen des soziologischen Kontexts der Dichtung Sapphos, um im zweiten Teil des Buches alle wichtigen Fragmente unter inhaltlichen Gesichtspunkten in den alle möglichen Facetten berücksichtigenden Rahmen des Liebesgeschehens einzuordnen (›Liebeserwartung‹, ›Liebesentbehrung‹, ›Gegenwart der Liebe‹, ›Sehnsucht und Ferne‹, ›Rückkehr‹, ›Wiedersehen‹, ›Untreue‹). Der Eindruck der Einheit des Werkes und der – trotz der fragmentarischen Überlieferung – Vollständigkeit des entworfenen Sapphobildes drängt sich dem Leser auf vor allem auch durch die gewählte Darstellung vom einem ›ersten Lied‹ (dem Gebet an Aphrodite) bis hin zu einem Kapitel über das ›siebente Lied‹ (F 5 V.), das unter den thematischen Aspekt der Rückkehr gestellt wird, und die Anfügung von zwei Kapiteln über ›Letzte Bruchstücke‹ und ›Allerletzte Bruchstücke‹. In diesen Liedern sieht Schadewaldt die »Hauptdokumente für Sapphos Dasein in der Liebe«[64]: »Was aber so entsteht, beschreibt den ganzen Kreis des Phasenwandels in der Liebe: Liebeserwartung und Liebesentbehrung, Gegenwart der Liebe, Abschied, Ferne – nur die Liebeserfüllung fehlt durchaus«[65]: denn »Sapphos Dasein in der Liebe ist Dasein der Entbehrung«[66], Sappho habe sich, wie Schadewaldt in den einleitenden Kapiteln seines Buches schreibt, »in Leben, Liebe, Leiden, Lehre, jenen Vier, auf ihre Art, sehr weiblich, unwillkürlich, dichterisch auf die hohe See des Schönen begeben«[67]. Ihr Wesen selbst tue sich vor uns auf, »nicht mehr als teilnehmendes, sondern als betroffenes. Es ist die gleiche Welt wie vorher, die so erscheint: Aphrodites Welt mit all ihrem Zubehör an Dingen, Verrichtungen, Beziehungen, Verhältnissen, jedoch nun in einer neuen Dimension erfahren: nicht bloß teilnehmend umfaßt und festgehalten, sondern aus eigenem Dasein ausgestanden als etwas, das in dieses Dasein eingreift, es so durchgreift, daß man es nicht nur leidet, sondern selber lebt und ist, und darum gar nicht mehr ›Welt‹, zerfallend in Außenwelt und Innenwelt, sondern umgrei-

---

63  Sappho 7.
64  Sappho 76.
65  Sappho 76.
66  Sappho 76.
67  Sappho 22.

fende Wirklichkeit als Wirkendheit«[68]. Sappho umfasse ihre Welt mit ihrem Herzen. Ihr ›dichterisches Tagwerk‹ bestehe darin, »ein liebenswürdiges Stück Welt, Aphroditewelt«, zu Poesie werden zu lassen, »so wie die Griechen Poesie verstanden: als im Seelenspiegel einfältig und rein Erscheinung werdende Wirklichkeit«[69]. Die Liebe erhält so eine höhere Bedeutung: »... die Liebe und was alles an Stimmungen sie begleitet, [sind] nicht bloß zufällige, die Menschenbrust durchziehende Wolkenzüge, sondern Widerschein großer Wirklichkeiten, göttlicher, wie die Griechen dafür sagten, denen gegenüber der Mensch sich als ausgesetzt empfindet, derart jedoch, daß er so als Ausgesetzter, Ergriffener, Hingegebener Ereignis spürt und darüber selbst ein Ereignis wird«[70].

In dem bereits erwähnten, zehn Jahre nach dem Sapphobuch erschienenen Aufsatz über ›Das Wort der Dichtung‹[71] spricht Schadewaldt von einer »zarten, vielgestaltigen Archetypik der Gefühle«, die sich bei Sappho auftue, Gefühle, in denen sich »mächtige Seiendheiten« offenbaren[72]. Er betont somit sehr stark – und für das heutige Verständnis gewiss zu stark – die subjektive und persönliche Dimension der Dichtung Sapphos und damit eine Dimension, die andere Interpreten dieser Zeit wie etwa Fränkel darin nicht gefunden hatten. Der genannte Aufsatz ist überhaupt für eine Würdigung des Sapphobuches von großer Bedeutung, weil Schadewaldt in ihm sein Grundverständnis von Poesie überhaupt formuliert und darlegt[73]. In ihm werden letztlich die Kategorien bereitgestellt und begründet, mit denen Schadewaldt auch die Dichtung Sapphos seinem Leser näher zu bringen sucht.

Indes hatte das in den ersten Nachkriegsjahren erschienene Buch über Sappho sein eigenes Schicksal: Der Text ist mit Anmerkungen versehen, die deshalb ins Leere verweisen, weil der geplante zweite Band, in dem die Anmerkungen hätten ausgeführt werden sollen, niemals erschienen ist. Die eigentliche Diskussion wissenschaftlicher Detailprobleme sowie Hinweise auf die einschlägige Forschungsliteratur waren wohl für diesen zweiten Band geplant, nach dessen Ausbleiben nun Leerstellen geblieben sind, ein Umstand, der die wissenschaftliche Aufnahme des Buches sicherlich erschwert hat. Schadewaldt selbst kommt auf dieses Schicksal seines Buches in der Vorlesung über Sappho zu sprechen[74], bedauernd, dass die Arbeit »wissenschaftlich nicht recht ernst genommen« wurde und dass auch die

---

68   Sappho 75.
69   Sappho 17.
70   Sappho 90.
71   HuH² II 750–772 (1960).
72   HuH² I 759.
73   Vgl. hierzu die Ausführungen Schwinges in diesem Band S. 103–106.
74   Vorlesungen Bd. 3, 134f.

Übersetzung keine positive Würdigung erfahren hat. Außerdem räumt er an dieser Stelle auch ein, dass der Stil des Buches »damals wohl noch etwas manieriert war«.

Heute sind gerade die ›pragmatischen Komponenten‹ eines Gedichts, d.h. vor allem die Frage nach dem ursprünglichen Publikum, bei der Interpretation frühgriechischer Lyrik zunehmend in den Mittelpunkt des Interesses gerückt. Auch bei Sappho stellt sich die Frage, für welches Publikum sie ihre Gedichte verfasst hat[75]. Schadewaldt, der bereits in einem Aufsatz aus dem Jahr 1933 über ›Lebenszeit und Greisenalter im frühen Griechentum‹ betont, dass »das lyrische Gedicht ... aus einer bestimmten Gegenwart für eine bestimmte Gegenwart, den Kreis der Zechgenossen, den Thiasos der Frauen, die Gemeinde der Polis gedichtet« sei[76], geht auf den soziologischen Kontext der Gedichte Sapphos zu Beginn seines Buches ein und verweist auf die ›Frauenkultur von hoher Pflege‹ auf Lesbos[77]: die Mädchen seien in Bünden, Thiasoi, auf die Hochzeit vorbereitet worden. Auf Wilamowitz, der Sappho ausführlicher als Vorsteherin eines solchen Mädchenkreises dargestellt hatte, war das Wort gemünzt worden, Sappho sei die Directrice eines Mädchenpensionats[78]. Merkelbach hat in einem Aufsatz, der einige Jahre nach Schadewaldts Sapphobuch erschienen ist, diesen Kreis näher zu bestimmen versucht[79]. Diese Vorstellung hat zuletzt Holt N. Parker widerlegen wollen[80]. Man wird zwar heute auf den Begriff des Thiasos in diesem Zusammenhang mit Sicherheit verzichten, aber das lange Verweilen der Mädchen bei Sappho sowie der Altersunterschied zwischen der Dichterin und den in ihrer Obhut befindlichen Mädchen lässt sich unschwer aus den Fragmenten der Dichterin belegen, so dass auch Rösler über die Grundannahmen, von denen auch Schadewaldt ausgeht, letztlich nicht hinauskommt: »Sapphos Lyrik etwa erweist sich dabei als zum einen Teil für den intimen Kreis der bei ihr lebenden Mädchen bestimmt, zum anderen für die Teilnehmer

---

75  Zum pragmatischen Ansatz vgl. die in Anm. 60 genannte Arbeit von Latacz; zu diesem Ansatz zuletzt kritisch Th.A. Schmitz, Die pragmatische Deutung der frühgriechischen Lyrik: Eine Überprüfung anhand von Sapphos Abschiedsliedern frg. 94 und 96, in: J.P. Schwind (Hg.), Klassische Philologie *inter disciplinas*. Aktuelle Konzepte zu Gegenstand und Methode eines Grundlagenfaches, Heidelberg 2001, 51–72. Weiterführende Literatur zum pragmatischen Ansatz dort 52f. mit Anm. 4–7.
76  HuH² I, 109–127, hier 118. Dieses Zitat bei W. Rösler, Die frühe griechische Lyrik und ihre Interpretation. Versuch einer Situationsbeschreibung. Poetica 16, 1984, 177–205, hier 183.
77  Sappho 10.
78  Dazu Schadewaldt in Vorlesungen Bd. 3, 150f.
79  R. Merkelbach, Sappho und ihr Kreis, Philologus 101, 1957, 1–27. Vgl. dazu die Ausführungen Röslers, Die frühe griechische Lyrik ... (wie Anm. 76), 185.
80  H.N. Parker, Sappho Schoolmistress, TAPA 123, 1993, 309–352 (= E. Greene (ed.), Re-Reading Sappho. Reception and Transmission, Berkeley 1996, 146–183). Zur Frage des Thiasos vgl. etwa Schmitz (wie Anm. 73) 54f. mit Anm. 15.

der Hochzeitsfeiern, mit denen die Zugehörigkeit der Mädchen zu jenem Kreis jeweils endete«[81]. Obschon eine endgültige Klärung der Frage nach dem sapphischen Mädchenkreis auch heute nicht in Sicht ist – dies wohl auch deshalb, weil die Zeugnisse nicht eindeutig sind und unser Wissen um den soziologischen Kontext der Dichtung Sapphos einfach zu bruchstückhaft ist –, hat sich in der Forschung die auch von Schadewaldt vertretene Position, daß es einen solchen Kreis um Sappho gegeben hat, auch gegen den Generalangriff Parkers durchaus behaupten können[82].

Hier scheint mir noch ein Aspekt erwähnenswert: In den letzten Jahrzehnten ist auch die Frage nach den näheren Implikationen der sapphischen Homoerotik im Zuge der ›gay and women studies‹ zunehmend in den Mittelpunkt des Interesses gerückt[83]. Schadewaldt, der auf diese Zusammenhänge auch in den Vorlesungen eingeht, ist dort sehr schnell und eindeutig bereit zu konstatieren, dass wir in den Gedichten Sapphos mit dem Phänomen der Homoerotik zu tun haben, um diese Feststellung allerdings sogleich dahingehend einzuschränken, daß es in den Gedichten jedenfalls keine Spur davon gebe, daß diese Homoerotik zwischen Frauen tatsächlich zu sexueller Aktivität geführt habe[84]. Nun könnte man gegen diese Auffassung auf F 94.21ff. V. verweisen, wo davon die Rede ist, daß das Verlangen gestillt wurde. Scheinbar ist eindeutig, welche Art von Verlangen dies sein muß, da im Kontext von weichen Lagern die Rede ist (v. 21)[85]. Allerdings könnte Schadewaldt mit gutem Recht doch wohl darauf verweisen, daß der pothos an dieser Stelle nicht näher bestimmt werden kann, da das Fragment gerade hier abbricht, außerdem daß der Vorgang mit äußerster Zurückhaltung beschrieben wird und der körperliche Aspekt der Homoerotik nirgendwo sonst in den Fragmenten Sapphos zur Sprache kommt. Offensichtlich hat diese Seite in der Tat für Sappho keine große Rolle gespielt.

---

81   Rösler, Die frühe griechische Lyrik ... (wie Anm. 76), 197.
82   Eine sehr ausgewogene Darstellung der Problematik jetzt bei G. Tsomis, Zusammenschau der frühgriechischen monodischen Melik (Alkaios, Sappho, Anakreon), Palingenesia 70, Stuttgart 2001, 23–37 im Kapitel ›Sappho und ihr Kreis‹.
83   Nur exemplarisch seien hier einige Arbeit genannt: Page duBois, Sappho is Burning, Chicago – London 1995, J. McIntosh Snyder, Lesbian Desire in the Lyrics of Sappho, New York 1997 sowie der in Anm. 75 genannte von E. Greene herausgegebene Sammelband ›Re-Reading Sappho‹.
84   Vorlesungen Bd. 3, 152.
85   F 94, 21ff. V.: καὶ στρώμν [αν ἐπ]ὶ μολθάκαν
           ἀπάλαν παρ[      ] ονων
           ἐξίης πόθο[ν   ].νίδων.
     – Vgl. etwa die Deutung dieser Verse bei Schmitz (wie Anm. 70), 60.

Schon dieser recht knapp gehaltene Versuch einer Charakterisierung des Sapphobuches läßt die Unterschiede zur Pindararbeit deutlich werden, doch kommt auch im Sapphobuch eines der zentralen Anliegen Schadewaldts zum Tragen, nämlich die Frage nach der Einheit, wenngleich diese bei Sappho auf einer anderen Ebene anzusiedeln ist als bei Pindar. Schadewaldts Monographie ist als der erste Versuch zumindest im deutschsprachigen Raum anzusehen, ein Gesamtbild von der Dichtung Sapphos zu entwerfen und diese Dichtung zugleich einem weiteren Publikum zugänglich zu machen. Dass sich Schadewaldt für dieses erste größere Experiment in dieser Richtung ausgerechnet die so fragmentarisch überlieferte Dichtung Sapphos ausgewählt hat, mag als ein gewagtes und vielleicht auch problematisches Unternehmen erscheinen, da er auch die kleinsten Fragmente in ihrem möglichen Kontext zu erschließen versucht, aber andererseits ist dies die einzige Möglichkeit, Sappho als Dichterin vor uns lebendig werden zu lassen[86].

Insgesamt darf man wohl festhalten, dass Wolfgang Schadewaldt auf dem Gebiet der frühgriechischen Lyrik vor allem mit seinem Pindarbuch auch international nachhaltig gewirkt hat: Er hat damit die Gattung des Epinikions zum ersten Mal entscheidend in den Mittelpunkt des Forschungsinteresses gestellt, seine Untersuchungen zum Aufbau des pindarischen Siegesliedes sind bis heute der Ausgangspunkt für jede Beschäftigung mit Pindar geblieben. Eine solche Wirkung war dem ganz anders ausgerichteten Sapphobuch nicht beschieden – und konnte ihm auch aufgrund der teilweise geschilderten Umstände nicht beschieden sein.

---

86 Man vergleiche zum gewählten Verfahren Schadewaldts Bemerkungen Sappho 23 in dem Kapitel ›Weitere Wegweisung‹: »Gesagt sei noch, daß hier die Reste Sapphos auch im deutschen Wortlaut in breitestem Umfang bis hinab auf eben noch kenntliche Wörter erscheinen werden. Auch das Vereinzelte Wort ist oft so sprechend bei dieser Frau, und durchaus nötig ist es für ihr wahres Bild, daß man die Hauptstücke ihrer Dichtung vom ganzen Umkreis des bei ihr Möglichen sieht. ... Wo das Zerstörte den Gedanken noch mit Wahrscheinlichkeit erschließen läßt, sind Ergänzungen gegeben; wo nicht, auch im Deutschen die Torsen hingesetzt«.

*Hellmut Flashar*

# WOLFGANG SCHADEWALDT UND DIE GRIECHISCHE TRAGÖDIE

Neben dem Epos war die griechische Tragödie das Hauptarbeits- und Forschungsgebiet von Wolfgang Schadewaldt. Von der Dissertation bis zu den letzten Vorlesungen und späten Übersetzungen hat ihn die Tragödie sein Leben lang begleitet. Dabei sind die folgenden Komplexe zu unterscheiden:
Analysen und Interpretationen zu einzelnen Erscheinungen der Tragödie.
Arbeiten zur griechischen Tragödie im Verhältnis zu neuzeitlicher Dramatik.
Die Übersetzungen und der Bezug zum Theater.
Der Gesamtprospekt der griechischen Tragödie.
1. Zu den Einzelanalysen gehört in allererster Linie bereits die Dissertation ›Monolog und Selbstgespräch‹, die der 24-jährige in Berlin eingereicht hat und die 1926 gedruckt ist[1]. Sie brachte ein Ergebnis, das im Kern akzeptiert, aber später nicht immer zur Kenntnis genommen worden ist. Der Ausgangspunkt war eine 18 Jahre zuvor erschienene Abhandlung von Friedrich Leo, Der Monolog im Drama (1908), und zwar eigentlich nur die ersten 35 Seiten dieser 120 Seiten langen Abhandlung. Leo wollte zeigen, daß der Monolog in der dramatischen Weltliteratur der Neuzeit seinen Ursprung in der römischen und indirekt in der griechischen Neuen Komödie des Menander hat, und zwar im Sinne der einsamen Rede auf leerer Bühne, in der eine Person Absichten, Überlegungen, Betrachtungen und Emotionen ausströmen läßt. Leo hat weiter ausgeführt, daß diese Art Monolog sich in der griechischen Tragödie nicht oder kaum findet. Die Tragödiendichter, namentlich Euripides, hätten zwar immer wieder Versuche in Richtung auf einen Monolog gemacht, aber die Reden in den Tragödien hätten zum weit überwiegenden Teil nicht den Charakter eines regelrechten Monologes. Den Grund dafür sah Leo in der nahezu ständigen Anwesenheit des Chores, der ein Gegenüber auch dann darstellt, wenn er in einer Einzelrede nicht förmlich angeredet wird. Aus dieser Gat-

---

[1] Monolog und Selbstgespräch. Untersuchungen zur Formgeschichte der griechischen Tragödie. Neue Philologische Untersuchungen 2, Berlin 1926, 2. Auflage 1966.

tungstradition heraus hätten die Tragiker auch dort, wo der Chor nicht auf der Bühne ist, vor allem im Prolog, aber auch an den Stellen, an denen der Dichter den Chor gelegentlich im Verlaufe des Stückes von der Bühne entfernt hat, den Monolog nicht eigentlich ausgebildet, sondern nur Surrogate von Monologen entwickelt. Erst die chorlose Neue Komödie vermochte den förmlichen Monolog des Einsamen auszubilden.

Schadewaldt übernimmt die Analyse von Leo weitgehend mit den Worten: »Eine erprobte philologische Kunst klärte durch scharfsinnige Sonderung und überlegte Gruppierung den Tatbestand.« Aber seine Begründung ist eine andere. Nicht die Anwesenheit des Chores, überhaupt kein technischer Zwang ist für die angeblich mangelnde Ausbildung des Monologes verantwortlich, sondern ein anderes Bild vom Menschen, wie man auch gerade an dem chorfreien Prolog sehen kann. Die Übertragung des neuzeitlichen Monologbegriffes auf die griechische Tragödie ist ein Anachronismus, weil in der Einzelrede der Tragödie das Pathos des Menschen nicht in sich selbst versinkt, sondern alle Empfindung stets an einem Gegenüber objektiviert wird. So verabschiedet sich Schadewaldt relativ rasch von dem Begriff ›Monolog‹ überhaupt, um im weitaus größeren Teil seiner Arbeit über ›Selbstgespräch‹ zu handeln, das sich überall und an allen Stellen der Tragödie findet. In umfangreichen Analysen, die eine stupende Kenntnis der gesamten griechischen Tragödie verraten, werden in unterschiedlicher Ausführlichkeit (über Aischylos 16, über Sophokles 39, über Euripides 168 Seiten) alle ›monologischen‹ Selbstäußerungen von Dramenpersonen behandelt. Das Ergebnis ist dies, daß das Organ der Selbstäußerung in der Tragödie die Anrufung ist, oft in der Form von Gebeten, so vor allem bei Aischylos, bei dem derartige Anrufungen fast immer auf Götter oder gotterfüllte Wesen gehen, während bei Sophokles neben Göttern und Dämonen auch Elemente, Abwesende, Tote, Belebtes und Unbelebtes, die Dinge der Natur und der Umwelt, ja sogar der Phantasie Objekte der Anrufung im Selbstgespräch darstellen können. »Die Person vermag sich einem Gegenüber zuzuwenden, das nur in der Vorstellung des Affektes existiert« (155). Nur bei Euripides kann das Gegenüber des Redenden er selber sein, in der Selbstanrede, die Schadewaldt »das eigentliche Selbstgespräch« nennt und so definiert: »Unter eigentlichem Selbstgespräch wird diejenige Form der Selbstäußerung verstanden, in der die handelnde Person im Gegenüber mit dem eigenen Ich Empfindungen und Gedanken kundgibt« (189). Mit auffallender Kürze, nämlich nur einer einzigen Zeile, wird auf Selbstanreden im Epos hingewiesen: »Wir wissen, daß das Reden an Herz und Sinn im Epos geläufig war« (201), aber darin liege nicht der Keim der Selbstanrede in der euripideischen Tragödie, die unter anderen Bedingungen entstanden sei als das Epos. Man spürt, daß die intensive Beschäftigung Schadewaldts mit dem homerischen Epos noch bevorsteht.

Ohne jetzt auf weitere Details der Analysen eingehen zu können, zitiere ich den Schlußsatz des Buches: »Man kann mit guten Gründen den Monolog der dramatischen Weltliteratur aus der Antike herleiten, aber man muß auch anerkennen, daß erst antikes Menschentum versunken und neues Menschentum entstanden sein mußte, ehe der Monolog als die geheime Zwiesprache der Seele mit sich selbst, das Alleinsein als der gemäße äußere Leib des einsam Redenden zu völlig neuer Bedeutsamkeit gelangen konnte« (262). Alfred Körte bemerkt dazu in seiner Rezension[2]: »Wie das Alleinsein der gemäße äußere Leib des einsam Redenden genannt werden kann, entzieht sich meinem Verständnis. Gelegentlich wünschte man dem Verf. mehr Erdennähe.« Ich gestehe, daß ich diesen Satz sehr wohl verstehen kann und füge hinzu, daß die Sprache schon dieses Erstlingswerkes – wohl auch unter dem Eindruck einer frühen Goethelektüre – anspruchsvoll und erlesen ist, nicht manieriert (das ist nur das Sapphobuch von 1950), alle ausgetretenen Schlagwörter und Redensarten meidend. Das Buch ist übrigens auch in der Classical Review rezensiert worden von John T. Sheppard[3], und zwar sehr positiv, der allerdings etwas pauschal résumiert mit den Worten: »The book is full of good things.« Der junge Schadewaldt hatte aber vor allem das Glück, von dem alten Wilamowitz sehr wohlwollend rezensiert zu werden, der sogleich zu Anfang formuliert: »Hier ... begrüßen wir das Auftreten eines wirklichen Forschers noch freudiger als ein gutes Buch«, dessen Hauptthese er zustimmt, dessen gelegentliche Wiederholungen er als kennzeichnend für eine Jugendarbeit willig hinzunehmen bereit ist und der seine Rezension mit den vielzitierten Worten »umzulernen stets bereit« beschließt[4].

In den folgenden Jahren steht die Beschäftigung Schadewaldts mit der Tragödie im Zeichen der mikrophilologischen Einzelanalyse[5]. Im Vordergrund steht auffallenderweise Aischylos, über den in den Jahren 1932–1936 drei Aufsätze mit einem Umfang von insgesamt über 100 Seiten entstanden sind. Es geht um den Kommos in den ›Choephoren‹, um den seinerzeit neu entdeckten Niobe-Papyrus und um die Achilleis-Trilogie. Hinzu kommt dann später der 1961 veröffentlichte Aufsatz über die Wappnung des Eteokles in den ›Sieben gegen Theben‹. Die Einzelheiten müssen hier naturgemäß unerörtert bleiben. Es sind vor allem drei allgemeinere Aspekte, die hervorgehoben zu werden verdienen. 1. Die auch in präziser Auseinandersetzung mit der Forschung geführten Einzelanalysen mit vielen Anmerkun-

---

2　Philologische Wochenschrift 47,1927,1–8.
3　Classical Review 41,1927, 177–178.
4　Deutsche Literaturzeitung 47,1927,1–8. Nachdruck in U. von Wilamowitz-Moellendorff, Kleine Schriften I, Berlin 1935, 464–466.
5　Die im Folgenden besprochenen Arbeiten Schadewaldts sind abgedruckt in W.S., Hellas und Hesperien, 2. Auflage, Zürich 1970.

gen, mit textkritischen Observationen, mit minutiösen Wortuntersuchungen sind stets in einem überlegten, klaren, ausgefeilten Stil gehalten. 2. Die Auseinandersetzung mit der Forschung ist vornehm, nie verletzend. Ein Beispiel: Am Ende des Niobe-Aufsatzes heißt es über den italienischen Philologen Girolamo Vitelli, mit dem Schadewaldt nicht einer Meinung ist: »Und so bitte ich Vitelli, meine Hypothese nochmals mit freundlicher Geduld zu prüfen, wenn sie ihm nun ausgewachsener und, wie ich hoffe, auch ausgereifter vor Augen kommt.« 3. Stets sucht Schadewaldt die Einzelbeobachtung mit dem Grundsätzlichen der Tragödie in der Deutung zu verbinden. Ich zitiere nur einen Satz. Das aus dem Niobe-Papyrus erkennbare Schweigen der Heldin gibt Anlaß zu folgender Bemerkung: »Das Verstummen des Menschen im Staunen, im Nachdenken, in der Erregung, in der Qual ist schon dem Epos nicht fremd. Doch erst in der Tragödie konnte es in seiner tiefsten Bedeutung fühlbar und gestaltbar werden, wo leibhaftig gehandelt und in einem Zuge gesungen und gesprochen wird, kann es ein unmittelbar ›redendes‹ Schweigen geben, ein Schweigen, das der Zuschauer eigentlich hört.« Es ist dies eine glänzende und gültige Charakterisierung der Differenz von Epos und Drama im bedeutungsvollen Schweigen, ein beliebig herausgegriffenes Beispiel aus der Fülle subtiler Beobachtungen, in denen das Einzelne zum Prinzipiellen führt.

Den vier Aufsätzen über Aischylos stehen nur zwei, zeitlich weit auseinanderliegende Arbeiten über Euripides an der Seite. Es ist einerseits eine ganz frühe Studie (1928) über ein Papyrusbruchstück aus dem euripideischen ›Phrixos‹, die Schadewaldt vor dem Druck noch Wilamowitz zeigen konnte, und 24 Jahre später eine methodisch ganz ähnlich angelegte Arbeit wiederum über ein Papyrusbruchstück aus dem ›Alkmaion in Psophis‹. In beiden Fällen geht es um die Zuweisung des Papyrus zu dem jeweiligen Stück und damit zu Euripides. Im Falle des ›Phrixos‹ hat sich Schadewaldts Analyse durch neuere Papyrusfunde glänzend bestätigt. Nur konnte er nicht wissen, daß Euripides zwei Phrixos-Tragödien geschrieben hat und unklar bleibt, welchem der beiden Stücke die von Schadewaldt rekonstruierte Verhörszene gehört. Beim ›Alkmaion‹ ist auch nach dem von Schadewaldt rekonstruierten Szenar der ganzen Tragödie zweifelhaft geblieben, ob das Papyrusbruchstück, das den Ausgangspunkt der Analyse Schadewaldts bildet, dem ›Alkmaion von Psophis‹ (und damit dem euripideischen Frühwerk) oder dem ›Alkmaion von Korinth‹ (und damit dem euripideischen Spätwerk) zuzuweisen ist[6].

Zu Sophokles gibt es vergleichbare Arbeiten mit ähnlichem methodischen Zuschnitt merkwürdigerweise kaum. Allenfalls wäre der Aufsatz über das zweite Stasimon des ›König Ödipus‹ aus dem Jahre 1956 zu nennen. Indessen hat Schadewaldt zwei Rezensionen über Sophoklesbücher geschrieben und sich damit in

---

6   Freundlicher Hinweis von Richard Kannnicht.

einem von ihm sonst eher gemiedenen Genos bewegt. Es geht um Karl Reinhardts ›Sophokles‹ (1933) und um das 1936 erschienene Sophokles-Buch von Thomas B. L. Webster. In beiden Besprechungen wird erneut der noble Ton des Respektes deutlich. Insbesondere die Auseinandersetzung mit Reinhardt ist für Schadewaldts eigene Auffassung der Tragödie des Sophokles von höchster Bedeutung geworden. Ein Zitat: »Unsere gesamte Anschauung von der Sophokleischen Kunst wächst in eine völlig neue Tiefendimension hinein.« Die Sonderung von (relativ) frühen und späten Tragödien, die darin sichtbare Entwicklung in der Szenengestaltung, die Art, wie der sophokleische Mensch vom Horizont des Göttlichen umschlossen ist, und vieles mehr wird an diesem Buch gerühmt. Kritisiert wird neben der Frühdatierung der ›Trachinierinnen‹ sowohl die Kennzeichnung eines »Noch nicht« in den frühen als auch die Annahme einer nur gespielten Tragik in den späten Tragödien, »als sei die Welt, in der die Götter aus der Ferne lenken, entgötterte Welt und die Tragödie schon mit dem ›König Ödipus‹ gestorben« – eine Kritik, die völlig berechtigt ist. Im übrigen gibt es zu Sophokles von Schadewaldt eher Arbeiten allgemeineren Charakters, die nur teilweise als geglückt angesehen werden können. Eine Abhandlung über ›Aias‹ und ›Antigone‹ hatte Schadewaldt selber später zurückgezogen, und die Leipziger Antrittsvorlesung von 1935 (Schadewaldt hatte mit 35 Jahren bereits den dritten Ruf) mit dem Titel: ›Sophokles und Athen‹ vermag selbst in Rücksicht auf das besondere Genos einer Antrittsvorlesung nur teilweise zu überzeugen. Was wirklich in Athen zur Zeit des Sophokles vor sich ging, erfährt man kaum. Alles wird sogleich ins Allgemeine gewendet und ins Pathetische gesteigert. Ein Satz wie: »Das Klassische und das Nationale ruhn bei Sophokles in Einem, weil hier einmal der Saftgang des Lebens aus der verborgenen Wurzel aufsteigend die höchste Blüte nährt und gestaltet« ist in der metaphorischen Abwandlung des goethischen Modells der Pflanzenmorphologie eigentlich kein Zeugnis für die Prägnanz und Eleganz der Diktion, die Schadewaldt ja sonst in hohem Maße zu Gebote steht. Ganz anders die Abhandlung: ›Sophokles und das Leid‹, als Vortrag 1944, in einer Zeit des Leidens, gehalten, aber klugerweise ohne einen expliziten Aktualitätsbezug[7]. Die Herausarbeitung des Leides in seiner schärfsten Form und unerbittlichen Auswegslosigkeit als Grundkategorie des Tragischen gehört zu dem Besten, was über Sophokles geschrieben ist.

Die einführenden Essays über Sophokles und die einzelnen Tragödien gehören zu den Übersetzungen und können hier unerörtert bleiben.

2. Die Arbeiten Schadewaldts zur griechischen Tragödie im Verhältnis zur neuzeitlichen Dramatik sind von einer so überwältigenden Fülle, daß sie hier noch nicht einmal aufgezählt, geschweige denn im einzelnen besprochen werden kön-

---

7  Dies gilt auch für die (schwer greifbare) 1. Auflage.

nen. Was er über Shakespeare, Kleist, Goethe, Schiller, Hölderlin, Richard Wagner, Gerhart Hauptmann, T. S. Eliot und Carl Orff jeweils im Verhältnis zur griechischen Tragödie geschrieben hat, gewinnt seine besondere Bedeutung dadurch, daß Schadewaldt hier mit der Gabe der Observation und der Kunst der Interpretation des Klassischen Philologen in diese neuzeitlichen Phänomene wirklich eingedrungen ist. Es hat ihm dies Respekt und Anerkennung nicht nur von Literaturwissenschaftlern aller Richtungen, sondern auch von Männern der Kunst wie Wieland Wagner und Carl Orff eingetragen. Dabei geht der wissenschaftliche Austausch gerade mit Wagner und Orff (um nur diese zu nennen) weit über das Publizierte hinaus. Der Briefwechsel zwischen Orff und Schadewaldt umfaßt über 100 Briefe. Gewiß konnte sich Schadewaldt mit all diesen Aktivitäten noch von einer Welt des Bürgertums getragen wissen, die heute – von Restoasen abgesehen – zerbrochen ist. Umso wichtiger wäre es, diese und ähnliche Bemühungen unter gewandelten Bedingungen heute fortzusetzen. Es muß dies nicht jeder Klassische Philologe tun, und es wird immer mit Recht die rein fachimmanenten Forschungen wie Editionsphilologie, Textkritik usw. geben, aber daß das Fach im ganzen von einer Öffentlichkeit überhaupt noch wahrgenommen und dann auch erhalten wird, hängt nicht zuletzt an derartigen Ausstrahlungen, wie sie Schadewaldt vorbildlich geleistet hat.

3. Über die Übersetzungen und den Bezug zum Theater will ich hier nur Weniges sagen. Schadewaldt hat aus dem Bereich der Tragödie die ›Perser‹ und die ›Sieben gegen Theben‹ des Aischylos sowie alle erhaltenen Tragödien des Sophokles und die ›Bakchen‹ des Euripides übersetzt. Alle Übersetzungen sind mit Ausnahme des ›Philoktet‹ auf öffentlichen Bühnen aufgeführt worden. Schadewaldt hat in Hans Gaugler, Günther Fleckenstein, Gustav Rudolf Sellner und Hansgünther Heyme bedeutende Regisseure für seine Übersetzungen gefunden. Die Übersetzungen in ihrer unbedingten Worttreue haben für den Philologen fast den Charakter eines Kommentares, weil man genau merkt, wie Schadewaldt den griechischen Text verstanden hat bis in die textkritischen Entscheidungen hinein, was bei den Übersetzungen etwa von Wilamowitz oder Buschor gar nicht möglich wäre. Die Übersetzungen jedenfalls der Tragödien (bei Homer mag es anders sein) gewinnen ihre Plastizität nur beim lauten Lesen (oder eben auf der Bühne selbst); sie sind ja auch im Hinblick auf die Bühne entstanden. Dort aber werden sie heute nur noch relativ selten aufgeführt; vor allem aber Hansgünther Heyme verwendet sie alljährlich auf den Ruhr-Festspielen in Recklinghausen. Das hängt einerseits damit zusammen, daß der lebendige Kontakt zu Schadewaldt, den Heyme ja noch hatte, heute fehlt, andererseits aber mit einer gewandelten Situation des Theaters. Schadewaldts Prinzip der dokumentarischen Übersetzung ging mit der Überzeugung einher, daß das Wort der Tragödie in seiner Unversehrtheit und Vollständigkeit die Grundlage der theatralischen Veranstaltung sei. Ich zitiere Schadewaldt: »Die

Hauptsache ist schließlich das tragische Wort. Die Inszenierung hat vornehmlich ihm zu dienen« (Hellas und Hesperien II 669). Diese Auffassung wird heute weder von Theaterpraktikern noch von Theaterwissenschaftlern und Kritikern in ihrer Mehrheit geteilt. Vielmehr nimmt der Regisseur das Recht für sich in Anspruch, autonom und gleichberechtigt dem Text gegenüberzustehen, der dann nicht mehr bevorzugt, sondern gleichrangig neben jedem beliebigen Requisit oder optischen Effekt steht. Es kommt hinzu, daß im Zeichen der Postmoderne das Aufbrechen der Form zugunsten des Fragmentarischen beliebt ist – Tendenzen also vorherrschen, die das Gegenteil von dem bedeuten, was Schadewaldt mit seinen Übersetzungen wollte. Die Wahl einer Übersetzung für eine Theateraufführung kann so zu einer Beliebigkeit werden, zumal dann, wenn aus mehreren vorhandenen Übersetzungen eine Textfassung zusammengestellt wird, die dann als ›Übertragung‹ verwendet wird. Gewiß muß man bei den Theaterleuten unterscheiden. Peter Stein hat wiederholt bekräftigt, für ihn sei der Text »sakrosankt«; Heyme spricht vom »Kleben am Text«, aber die gegenteilige Auffassung und Praxis ist weit verbreitet. Der Dramaturg und Codirektor des ›Theaters an der Ruhr‹ in Mühlheim hat es so formuliert: »Theater ist nicht Vermittlung von Literatur... Ein Kostüm oder ein Scheinwerfer ist so wichtig wie der Text. Es ist fast beliebig, welchen Text Sie nehmen«[8]. Kurz: die Rahmenbedingungen in der Welt des Theaters, in dem ohnehin der Anteil an antiken Dramen im Repertoire in den letzten ca. 20 Jahren spürbar zurückgegangen ist, sind der Aufnahme der Übersetzungen Schadewaldts nicht günstig. Eine andere Frage ist, ob diese Übersetzungen, die jetzt ein bis zwei Generationen zurückliegen, noch Ausdruck unseres heutigen Sprachempfindens sein können. Ich würde diese Frage gegenwärtig bejahen, doch ist der Philologe mit seiner Affinität zum antiken Wort hier sicher nicht die letzte Instanz.

4. Der Gesamtprospekt der griechischen Tragödie. Wie Schadewaldt über die griechische Tragödie im ganzen dachte, erfährt man vor allem in dem postum erst 1991 erschienenen Band: ›Die griechische Tragödie‹, der insgesamt fünf Vorlesungen über die drei Tragiker aus den Jahren 1966–1970 enthält, und zwar unverändert so, wie sie gehalten wurden, allerdings ergänzt durch eine umfangreiche Bibliographie. Ich will jetzt nicht in die im übrigen rein theoretische Diskussion darüber eintreten, ob es sinnvoll ist, die Vorlesungen so zu drucken; es war jedenfalls durchaus im Sinne Schadewaldts. Aber wir haben nun verschriftlichte Mündlichkeit vor uns und dabei Dinge, die man wohl kaum im Hinblick auf eine Buchpublikation geschrieben hätte, so z. B. den Satz: »Noch nachtragen möchte ich den Hinweis, daß es unter den vielen Neubearbeitungen antiker Stücke durch progressive junge Dramatiker jetzt auch einen ›Philoktet‹ von Heiner Müller gibt, der ihn

---

8 In: G.Binder/B.Effe (Hgg.), Das antike Theater, Trier 1998 (Bochumer Altertumswissenschaftliches Colloquium 33), 434.

nicht nur bearbeitet, sondern völlig umgebaut hat. Ich kenne das Stück nicht, es scheint aber beachtlich zu sein« (303). Das Stück des damals immerhin fast 40-jährigen Heiner Müller, das 1968 in München uraufgeführt wurde, war schon 1965 und danach mehrfach gedruckt; der Text wäre jedenfalls für die Sophoklesvorlesung von 1969/70 leicht zu beschaffen gewesen. Aber es war eben eine Vorlesung, in der solche Äußerungen vorkommen. Auch zeigen die vagen Literaturangaben, daß systematisches Bibliographieren oder das Anlegen von Zettelkästen Schadewaldts Sache nicht war. Er las an gelehrter Literatur, was er zur Verfügung hatte, das aber sehr gründlich, so daß er über die Hauptrichtungen der Forschung ein sicheres Urteil hatte.

Er las vor einem großen Publikum, das man auch zusammenhalten mußte im Verlaufe des Semesters. Das tut man, indem man einerseits die Großartigkeit des Gegenstandes hervorhebt und andererseits allgemeine Bemerkungen einstreut, die die Hörer als Lebensweisheiten auch auf sich beziehen können. Beides tut Schadewaldt in reichem Maße. Ich gebe nur jeweils *ein* Beispiel. Im Verlaufe von wenigen Seiten (255–262) finden sich bei der Interpretation der ›Trachinierinnen‹ folgende Wendungen: »dies großartige Stück«; »es ist wunderbar, wie das alles gerundet und geballt ist«; »und wieder eine großartige Wendung«; »es ist großartig«. Ähnliche Bemerkungen kann man überall in diesem Buch finden. Und nun die ›Lebensweisheit‹. Schadewaldt findet Antigone, obwohl sie rational argumentiert, naiv und fügt hinzu: »Auch naive Menschen sind ja nicht nur emotionell, sondern können sehr verständig argumentieren, wenn auch das Denkerische bei ihnen nicht das Primäre ist« (246).

Auf das Konto der Mündlichkeit geht auch die stoffliche Disproportion des Buches. Die Biographie des Sophokles nimmt 21 Seiten ein, weil Schadewaldt offenbar am Anfang des Semesters stand, die ›Orestie‹ des Aischylos wird – gegen Ende eines Semesters – auf nur sechs Seiten abgehandelt; auf die ›Eumeniden‹ entfallen nur wenige Zeilen.

Nach diesen Andeutungen über die durch die ursprüngliche Mündlichkeit bedingte Eigenart des Buches sollen jetzt Grundzüge der Auffassung Schadewaldts von der griechischen Tragödie zur Sprache kommen, und zwar gelegentlich auch kritisch. Zuerst aber muß gesagt sein, daß sich überall glänzende, einfach und nachvollziehbar vorgetragene Interpretationen finden im Sinne dessen, was Schadewaldt selber, Goethe folgend, das ›Morphologische‹ genannt hat. Zur Evidenz der Darstellung tragen auch die graphischen Schemata bei, die Schadewaldt für jede Tragödie angelegt hat, in denen das Knochengerüst der Tragödie im Durchdenken der Strukturen freigelegt ist.

Der Gesamtprospekt der Tragödie ist in erheblichem Maße durch die Poetik des Aristoteles geprägt. Gleich zu Beginn findet sich Schadewaldt »in der glücklichen Lage, nicht von modernen Theorien ausgehen zu müssen« (9), sondern von der aristotelischen ›Poetik‹, deren Aussagen über die Tragödie er auf 25 Seiten erhellend analysiert, sich dabei weitgehend auf einen umfangreichen Hermesaufsatz von 1956 (›Furcht und Mitleid?‹) stützend. Noch einmal wird ausführlich die Lehre von den tragischen Affekten Eleos und Phobos und deren Beseitigung durch die Katharsis im Sinne einer emotionalen, nicht moralischen Wirkung dargelegt. Aber die Dinge werden jetzt übersteigert, wenn Eleos und Phobos als »Grundorgane der Menschheit« (33) bezeichnet werden. Es hängt das damit zusammen, daß Schadewaldt dazu neigt, die Bestimmungen des Aristoteles über die griechische Tragödie nicht nur als richtig, sondern zugleich als erschöpfend anzusehen. Doch Aristoteles reduziert die vielfältige Wirkung der Tragödie auf das Feld der Emotionen, was aber nicht ausschließt, daß die Tragödie in der Bindung an ihre ursprünglichen Aufführungsbedingungen nicht noch ganz andere Wirkungen ausgeübt hat, wie sie in Sympathielenkungen durch den Dichter, in Reflexionen über das Verhalten einzelner in einer Gemeinschaft im Rahmen der Polis gelegen haben. Insofern ist die Alternative: emotionale Erschütterung oder moralische Besserung, die Schadewaldt immer wieder emphatisch diskutiert, im Hinblick auf die Wirklichkeit der Tragödie zu schematisch und undifferenziert. Schadewaldt wirft ferner anderen mit Recht vor, sie hätten in die Aussage des Aristoteles eigene Vorstellungen hineingetragen. Aber er tut es auch, so z. B. beim sog. tragischen Konflikt. Erst sagt er: »Bei Aristoteles ist keine Rede davon, es gibt keine einzige Stelle, wo ein solcher Konflikt gefordert würde« (31). Aber er findet den Konflikt bei Aristoteles »keimhaft angedeutet«. Noch gravierender aber ist, daß Schadewaldt seine durch Reinhardt beeinflußte Deutung der Tragödie als ein daimonisches Geschehen in der aristotelischen ›Poetik‹ reflektiert finden will. Diese Deutung hängt ja mit dem Verhältnis: Mensch – Gott in der Tragödie zusammen, und es ist evident, daß diese ganze religiöse Dimension der Tragödie bei Aristoteles nicht vorkommt. Gleichwohl formuliert Schadewaldt: »Grundlegend ist, daß Aristoteles die Tragödie irgendwie als daimonisches Geschehen sieht« (31). Er führt dazu aus, daß Aristoteles das tragische Geschehen »als die Kakodaimonie des Lebens bestimmt« (29), und bezieht sich dabei allein auf den schon textkritisch ganz umstrittenen, von den neueren Herausgebern (Kassel, Lucas) athetierten Satz: »Die Eudaimonie und die Kakodaimonie liegen in der Handlung« (6, 1450 a 17). Aber es ist klar, daß das mit dem daimonischen Geschehen der Tragödie nichts zu tun hat, sondern mit den Grundkategorien der aristotelischen Ethik, die nichts Daimonisches an sich hat. Aristoteles will nur sagen: Glück und Unglück erweisen sich im Handeln. Entsprechend dem Bestreben, die Poetik ganz nahe an die Tragödie zu rücken, wird auch nirgends darüber reflektiert, daß Aristoteles sich über die Tragödie in einer gegenüber dem 5. Jahrhundert veränderten kulturellen Situation (endgültiger Durchbruch der Schriftkultur; Absterben der politischen Bezüge) geäußert hat. So kommt es auch zu der anachronistischen Redeweise, diese und jene Tragödie hätte

»Forderungen« des Aristoteles »erfüllt«. Man muß doch umgekehrt fragen (was Schadewaldt im übrigen auch tut), ob die Handlungsstrukturen der Tragödie hinsichtlich ihres Wirkungspotentials von Aristoteles angemessen erfaßt und dann nachträglich in die Form von Postulaten sozusagen als Wertmaßstäbe gekleidet sind.

Vielleicht hängt es auch mit der Zugrundelegung der aristotelischen Theorie zusammen, daß bei der Interpretation der einzelnen Tragödien nahezu nie danach gefragt wird, wie die Tragödien wohl auf den zeitgenössischen Rezipienten gewirkt haben, wie sie in das Fest eingebettet waren, wie die Situation der Polis konkret war, kurz: es fehlt die ganze politische Dimension der Tragödie, die doch nicht erst seit Christian Meier, sondern eigentlich seit Karl Otfried Müller und dann vor allem bei Wilamowitz Beachtung gefunden hat. Selbst dort, wo es sich aufdrängt, z.B. beim ›König Ödipus‹, wird das Politische anläßlich der Erwähnung der Pest ganz kurz abgetan (268f.); ebenso fehlt es völlig bei der Interpretation der ›Orestie‹. Es geht um Strukturen und um die Morphologie der Tragödie, die aus der ganzen Fülle der genauen Kenntnis der griechischen Tragödie eindrucksvoll transparent gemacht wird.

Dabei findet Schadewaldt – hier ganz unabhängig von Aristoteles – eine ebenso einfache wie einleuchtende Formel für das Tragische der Tragödie, die in der Tat als Wesensmerkmal aller griechischen Tragödien gelten kann. Es sind die Begriffe Leid und Streit. In jeder griechischen Tragödie wird gelitten, in jeder griechischen Tragödie wird gestritten, und zwar radikaler und extremer als z. B. im homerischen Epos. Das klingt simpel, aber es trifft eben in unterschiedlicher Ausprägung auf alle Tragödien zu, während andere Theorien des Tragischen oft von philosophischen Prämissen ausgehen und sich nur auf eine oder wenige Tragödien beziehen. Die grundlegende Bestimmung der Tragödie durch diese beiden Begriffe findet sich übrigens nur in diesem Band und damit nur in den Vorlesungen. Allenfalls kann ›Sophokles und das Leid‹ als eine Vorstudie dazu angesehen werden; aber es fehlte damals noch die Wechselbeziehung zum Streit.

An den Tragödien des Aischylos wird gezeigt, wie diese sich aus einfachen Formen einer mit dem Namen Thespis verknüpften Urtragödie und typischen Bestandteilen wie z. B. der Hikesie (so am ausgeprägtesten in den ausführlich interpretierten ›Hiketiden‹) entwickelt haben. Schadewaldt zeigt ferner, wie im Sinne des Aristoteles die einzelnen Tragödien Kurven – Schadewaldt sagt: Kraftkurven – des Schreckens und des Jammers mit der befreienden Erleichterung (Katharsis) am Schluß durchlaufen. Zum Glück verbleibt die Interpretation der aischyleischen Tragödie nicht in den Kategorien der aristotelischen ›Poetik‹. Aus der Fülle der Aspekte hebe ich nur die religiöse Dimension hervor, wo Schadewaldt in fast naiver Einfachheit, aber so vorher noch nicht gesehener Klarheit ausführt, daß unter den griechischen Göttern nur Zeus und Apollon eine eigentliche Theologie entwickelt haben und daß dabei Zeus für Aischylos, Apollon für Sophokles bestimmend war. Leider konnte Schadewaldt, wohl durch die Kürze des Semesters bedingt, die Bedeutung der Zeusreligion in der nur sehr skizzenhaft besprochenen ›Orestie‹ nicht mehr aufzeigen.

Bei Sophokles wird diese Kategorie des Religiösen in das von Schadewaldt überall aufgespürte ›Daimonische‹ verwandelt, das ihm durch die Auseinandersetzung mit Reinhardts Sophoklesbuch wichtig geworden war, dessen Bedeutung er jetzt noch einmal hervorhebt und das er nun stärker kritisiert als in der früheren Rezension. Er findet das Buch jetzt »bei aller Geballtheit der Sprache doch teilweise manieriert bis zur Koketterie«, und: »es ist doch ein leichter Schleier, der vor der Sache liegt« (202). Aber Schadewaldt nimmt den Begriff der »tragischen Situation«, der bei Reinhardt das Verhältnis des Menschen zum Gott bezeichnet, seinerseits auf und wandelt es ab in das »Daimonische«. Er tut dabei teilweise das Gleiche, was er bei Reinhardt kritisiert. An Reinhardts Antigone-Interpretation bemängelt er: »Alles ist vollständig entstofflicht« und »projiziert auf allgemeine dynamische Kategorien« (239). Aber es ist nicht sehr viel anders, wenn Schadewaldt über die ›Antigone‹ sagt: »Nicht die Gestalt ist das wichtigste, sondern der Raum des Daimonisch-Göttlichen, in dem sich das vollzieht« (252). Dieses ›Daimonische‹ ist ihm immer wieder »das eigentliche Geschehen«, das aber dann im Nimbus des Numinosen merkwürdig vage bleibt. »Wir spüren überall ein geheimes Walten«, heißt es einmal (252). Selbst Kreons Verblendung (in der ›Antigone‹) wird als »daimonische Gewalt« gedeutet (246); Deianeira in den ›Trachinierinnen‹ ist »Werkzeug des Daimonischen« (266). Seinen Höhepunkt erreicht diese Art der Interpretation im ›König Ödipus‹ mit der »Daimonie des Wissenwollens um jeden Preis«, mit der Deutung der Tragödie als »Offenbarwerden von Wirklichkeit«, als »Erlebnis eines Ereigniswerdens der Wahrheit«, als »Beispiel althellenischer Passion« (278–281), in – wie mir scheint – existentialistischer Übersteigerung, wie sie Schadewaldt in Reinhardt gerade kritisiert: »Alles ist in ... reine Funktion verwandelt, und zwar existentialistische Funktion« (239). Überhaupt spürt man, wie Schadewaldt sich bei der Interpretation der Tragödien des Sophokles, die er genau kannte und die ihm so am Herzen lagen, – unter dem Einfluß von Aristoteles und Reinhardt – schwer tut, dabei eine Überhöhung sucht und doch gelegentlich auf eine Gesamtdeutung verzichtet: »Auch hier wollen wir von einem Versuch der Gesamtdeutung absehen« (277), so im Falle der ›Antigone‹ und des ›König Ödipus‹. Stärker als bei den beiden anderen Tragikern ist im Falle des Sophokles die neuere Forschung andere Wege gegangen, insbesondere in der Deutung des ›König Ödipus‹, aber auch in Fragen der Datierung der Stücke[9].

---

9  Vgl. H. Flashar, Sophokles. Dichter im demokratischen Athen, München 2000.

Ohne die Fülle der einzelnen Beobachtungen zu Sophokles abwerten zu wollen, empfinde ich doch die wegen der offenbaren Kürze des Semesters gewiß etwas abrupt endenden Darlegungen über Euripides als das Beste des Buches. Das liegt wohl auch daran, daß es eine erstmalige und auch einmalige Vorlesung gewesen ist, die Schadewaldt ein Jahr vor seiner Emeritierung nach über 40-jähriger Lehre gehalten hat. Eben deshalb wirkt die Darstellung frisch, weil neu, amüsant, von hintergründiger Ironie, ohne problematische Überhöhungen, ohne das Korsett der aristotelischen Theorie. Schadewaldt sagt einleitend, daß er schon seit seiner Studentenzeit keinen Autor so intensiv gelesen hat wie Euripides; er knüpft jetzt wieder an seine Dissertation an, die er ein Euripidesbuch nennt, das aber schon von der Themenstellung her nur ein Teilaspekt sein konnte von dem, was jetzt vorliegt. Es rundet sich hier wie nirgends sonst ein lebenslanges Ringen mit der Tragödie. Was wir vor uns haben, ist neben einer ausführlichen, auch Fragen der Überlieferungsgeschichte einbeziehenden Einleitung eine einläßliche Interpretation der ›Alkestis‹ und der ›Medea‹, während die übrigen Tragödien nur sehr summarisch behandelt werden. Aber das ist alles glänzend gemacht, mit ständigem Blick auf die Weltliteratur, auf die riesige Wirkungsgeschichte des Euripides, auf die Eigenart seiner Dichtung im Unterschied zu den beiden anderen Tragikern. Nur ganz Weniges hebe ich exemplarisch hervor. Mit souveräner Unbefangenheit wird die wirklich banale Oberflächlichkeit herausgestellt, mit der August Wilhelm Schlegel die griechische Tragödie behandelt und Euripides abgewertet hat; am Dichter selber werden die Bedeutung der Sentenz, die Bewältigung des Pathologischen durch Kunst, das Bekenntnis zur reinen Kunst, das Herauswachsen des Humanen aus dem Religiösen und vieles mehr behandelt. Euripides ist für Schadewaldt kein dichtender Rhetor, Sophist oder Philosoph, sondern ein großer Dichter, ein Dichter der Krise. Der letzte Satz in Schadewaldts Darstellung heißt: »Wenn man ein Buch über ihn schreiben wollte, dann müßte es heißen: Euripides als Dichter« (432). Wäre es Schadewaldt vergönnt gewesen, aus der Summe seiner Erfahrung dieses Buch zu schreiben – es wäre ein Höhepunkt der Tragödienforschung geworden.

Aber auch so muß das Fazit lauten: Es gibt niemanden, der im 20. Jahrhundert so viel für die Erforschung der griechischen Tragödie, ihrer Wirkung in der europäischen Dramatik, ihrer Präsenz in der Öffentlichkeit, zumal auf der Bühne, getan hat wie Wolfgang Schadewaldt.

*Thomas Alexander Szlezák*

# WOLFGANG SCHADEWALDT ALS ÜBERSETZER

*(1)*

Daß es ins Deutsche – eine Sprache, die von ca. 90 Millionen Menschen gesprochen wird – eine große Fülle von Übersetzungen aller Art gibt, betrachten wir im allgemeinen als eine bloße Selbstverständlichkeit, und das heißt in der Praxis, daß wir damit leben und davon profitieren, ohne etwas dabei zu finden, ja oft ohne es überhaupt zu bemerken. Das gilt auch, und besonders, für Übersetzungen aus der Antike. Die große Rolle, die die griechisch-römische Kultur für die deutsche Kultur der letzen zweieinhalb Jahrhunderte gespielt hat, scheint es wie von selbst mit sich zu bringen, daß uns eine stattliche Auswahl von Übersetzungen aller bedeutenderen Autoren zur Verfügung steht.

Aber natürlich versteht sich nichts von selbst im Bereich von Sprache und Literatur. Hier walten keine naturgesetzlichen Regelmäßigkeiten. Was nicht mühsam erarbeitet wird, steht nicht zur Verfügung. Nicht einmal die Gesetze des Marktes gelten hier uneingeschränkt, insofern die Übersetzer ihre Produkte nicht direkt auf den Markt bringen können, um eine vermutete Nachfrage zu befriedigen – sie sind vielmehr von der Markteinschätzung der Buchproduzenten abhängig. Und hat ein Verlag eine Nachfrage ausgemacht – und vielleicht sogar zu Recht ausgemacht –, so heißt das noch lange nicht, daß sie auch umgehend befriedigt werden kann – zumindest so lange man an der Forderung festhält, daß die Übersetzung dem Niveau des Originals angemessen sein soll. Und damit sind wir beim Kern der Sache, bei dem, worum es Wolfgang Schadewaldt in seinem übersetzerischen Werk stets ging: wie wahrt man angesichts einer bestehenden Übersetzungskultur einerseits die lebendige Beziehung zur sich wandelnden Gegenwartssprache und andererseits das für den Literaturkundigen feststehende, unverrückbare Niveau der großen Literaturdenkmäler des Griechischen. Die Qualität der deutschen Übersetzungstradition zu steigern war Schadewaldts großes Ziel – aber nicht so sehr um dieser Tradition willen, als vielmehr um der Griechen willen, deren große Dichtung nach seiner Überzeugung in einer ursprünglichen Weise zu uns redet, die es zu bewahren oder vielmehr erst wiederzugewinnen gilt.

Mit Schadewaldts Übersetzungen sind wir alle zu einem gewissen Grad vertraut. Man muß nicht Homerforscher, ja nicht einmal Philologe sein, um eine ungefähre Vorstellung von seiner Prosaübersetzung der ›Odyssee‹ und seiner rhythmisierten Wiedergabe der ›Ilias‹ zu haben. Auch seine nach und nach erschienenen Übertragungen der sophokleischen Tragödien – der ›Philoktetes‹ kam als letztes Stück 1999 – gewinnen allmählich einen gewissen Bekanntheitsgrad auch außerhalb der Zunft bei Literaturliebhabern ohne Griechischkenntnisse.

Die folgenden Ausführungen wollen nichts weiter als zu dieser vorhandenen, relativ weit verbreiteten Kenntnis und Wertschätzung der Schadewaldtschen Übersetzungen einen Hintergrund liefern, der zum besseren Verständnis seiner Leistung beitragen könnte, und zwar zunächst in Form eines Überblicks über die übersetzerische Gesamtleistung, verbunden mit einer notgedrungen sehr summarischen Aufzählung der Bemühungen anderer Übersetzer in diesem Jahrhundert, sodann durch eine Zusammenstellung und kurze Auswertung von Schadewaldts theoretischen und programmatischen Äußerungen zum Problem des Übersetzens – denn ein Problem hat er zeitlebens darin gesehen, nicht nur eine Aufgabe und ein leidenschaflich betriebenes Spiel.

*(2)*

Das Übersetzen bildete eine zentral wichtige Beschäftigung, vielleicht die wichtigste, in Schadewaldts letztem Lebensdrittel. Über den Beginn dieser Tätigkeit machte er im Artemis-Symposion über das Übersetzen antiker Dichtung von 1960 eine halbwegs genaue Angabe: »vor jetzt so ungefähr fünfzehn Jahren [ging ich] ernster an das Geschäft des Übersetzens«[1]. Also ungefähr ab 1945. Der Zeitpunkt ist vielleicht signifikant. In seinem öffentlichen Habilitationsvortrag von 1927 hatte der damals 27-jährige Schadewaldt gesagt: »Das Schicksal herbeizurufen, das die Übersetzung zeitigt, ist dem einzelnen nicht gegeben«[2]. War das Schicksal, das Schadewaldts Übersetzungen »zeitigte«, der verlorene Krieg? Möglich scheint mir das, und damit steht auch nicht im Widerspruch, daß es kürzere Übersetzungsproben auch aus der Zeit vor 1945 gibt. Die ›Legende von Homer dem fahrenden Sän-

---

1   Das Problem der Übersetzung antiker Dichtung. Referat und Schlußwort, in: Artemis-Symposion, Zürich-Stuttgart 1963, 22–41 und 51–55; obiges Zitat: 27.
2   Das Problem des Übersetzens. Öffentlicher Habilitationsvortrag an der Universität Berlin 1927. Die Antike 3, 1927, 287–303, wieder abgedruckt in: Hellas und Hesperion. Gesammelte Schriften zur Antike und zur neueren Literatur in zwei Bänden, Band II, Zürich und Stuttgart 1970, 608–622, Zitat 622. (Dieser zweite Band der zweiten Ausgabe (1970) der Gesammelten Schriften von Wolfgang Schadewaldt wird im Folgenden zitiert als »HuH$^2$, II«.)

ger. Ein altgriechisches Volksbuch< war 1942 erschienen, die Rede des Perikles für die Gefallenen 1943. Die Interpretationen homerischer Szenen, jeweils mit wörtlicher Übersetzung längerer Passagen (bis zu 500 Versen) vorneweg, die in >Von Homers Welt und Werk< versammelt sind[3], stammen aus den Jahren 1935 – 43. Verglichen mit der Produktion nach dem Krieg sind das sozusagen Vorboten. Am Rande zu erwähnen sind auch zwei Parerga, die man bei Schadewaldt nicht so ohne weiteres erwarten würde und die er in den frühen 50-er Jahren für seinen Freund Carl Orff lieferte: die deutsche Fassung des Textbuchs von >Trionfo di Afrodite< (1951), sowie eine Übersetzung der >Carmina Burana< von 1953.

In den 50-er Jahren beginnt nun jene »ernstere« Beschäftigung mit dem Übersetzen Früchte zu tragen. Im Sappho-Buch von 1950 sind alle Fragmente der lesbischen Dichterin verdeutscht. 1952 wird Schadewaldts erste Sophokles-Übersetzung auf einer deutschen Bühne gespielt, der >König Ödipus< im Landestheater Darmstadt. Die >Elektra< 1956 ebendort, 1958 folgt Aristophanes' >Lysistrata<. Im selben Jahr erscheint die Prosa-Übersetzung der >Odyssee< bei Rowohlt, was damals, als es noch weit weniger Taschenbuchverlage gab, mit einer unerhörten Breitenwirkung einherging. Eine große Breitenwirkung muß man auch dem Rundfunk jener Jahre zubilligen, als das Fernsehen noch nicht alle Haushalte erreicht hatte. Im Rundfunk waren Teile der Prosa-Odyssee schon 1957 zu hören gewesen, mehr dann 1958, während der >König Ödipus<, die wohl am meisten gesendete Übersetzung, seit dem Jahr der Erstaufführung 1952 immer wieder im Hörfunk verschiedener deutscher Sender zu hören war. Es ging dann weiter mit den >Persern< und den >Sieben gegen Theben< (Aufführungen 1959 und 60 in Heidelberg und Tübingen), in den 60-er Jahren mit Menanders >Schiedsgericht< (1963), mit Aristophanes' >Vögeln< und >Acharnern< (1966 und 1969) sowie wieder mit Sophokles: >Antigone<, >Aias< und >Oidipus auf Kolonos< (1964, 1967, 1968). Die gedruckte Fassung der Übersetzungen folgte meist in kurzem Abstand auf die Erstaufführung. Hervorzuheben ist der vom Suhrkamp Verlag 1964 herausgebrachte stattliche Band >Griechisches Theater< mit acht Dramen von Aischylos, Sophokles, Aristophanes und Menander, ein Band, der übrigens die Widmung »In memoriam Peter Suhrkamp« trägt. Von seinem Freund Peter Suhrkamp zitierte Schadewaldt gerne den Satz »In den Übersetzungen verlaufen die Einschlagfäden aus der Weltliteratur in das Gewebe der nationalen Sprachen hinüber«[4]. Veröffentlichungen einzelner pindarischer Oden gab es seit 1959 (da wurde die >Zehnte Nemeische Ode< Martin Heidegger zum 70. Geburtstag gewidmet). Die >Olympischen Oden< insgesamt wurden deutsch vorgelegt 1972

---

3  Wolfgang Schadewaldt, Von Homers Welt und Werk. Aufsätze und Auslegungen zur homerischen Frage. Dritte, erweiterte Auflage, 1959, 205–374.
4  HuH$^2$ II 686.

(mit Einzelerklärungen von Ingeborg Schudoma), im gleichen Jahr von Euripides – dem Tragiker, von dem Schadewaldt sagte, er »könne« ihn »eigentlich am besten« – die ›Bakchen‹.

Zu dieser Zeit arbeitet Schadewaldt bereits an seinem letzten, größten Übersetzungswerk, an dem heute, ein Vierteljahrhundert danach, sein Rang als Übersetzer am ehesten festgemacht wird: an der Übertragung der ›Ilias‹, in der er nicht mehr, wie noch in den Übersetzungsproben der ›Homerischen Szenen‹, den Hexameter durch Prosa wiedergibt, sondern, unter Wahrung der Versgrenzen und der Wortstellung, durch eine dichterische Prosa oder besser, um ein noch schlimmeres Oxymoron zu bilden, durch einen metrikfreien Hexameter.

Blickt man nun auf dieses übersetzerische Gesamtwerk, so fällt auf, daß, von geringen Ausnahmen abgesehen, nur Texte von hohem und höchstem dichterischen Anspruch den Gegenstand von Schadewaldts Bemühungen bildeten. Das sagt einerseits viel über den Charakter des Mannes aus, der für sich selbst nur die strengsten Maßstäbe als gültig anerkennen wollte, selbst wenn ihn das zu der Einsicht führte, daß Übersetzen nach dem höchsten Anspruch im Grunde unmöglich ist[5]. Es sagt ferner viel über Schadewaldts Auffassung von der Bedeutung hoher Dichtung für den Menschen und der Bedeutung der Griechen für unsere heutige Kultur. Man fühlt sich bei seiner Auswahl der übersetzten Werke an das Apophthegma seines Lehrers Wilamowitz über die Philologie insgesamt erinnert: wenn man das Tun des Philologen unter dem Bild der »Jägerei« fassen wollte, so bleibe da immer noch der »Unterschied, ob man Löwen jagt oder Flöhe fängt«[6]. Schadewaldt der philologische Übersetzer war definitiv Großwildjäger. Als Übersetzer von Nonnos und Quintus von Smyrna kann man ihn sich nicht vorstellen.

*(3)*

Ein kurzer Blick auf die Übersetzungsbemühungen anderer Philologen und Freunde der Antike im 20. Jahrhundert ist hier unerläßlich, auch wenn an dieser Stelle die bloße Aufzählung schon lückenhaft und vollends die Charakterisierung der einzelnen Leistungen schemenhaft und pauschal bleiben muß .

Die ›Ilias‹ wurde in unserem Jahrhundert neu übersetzt von Thassilo von Scheffer 1913, von Rudolf Alexander Schröder 1943, von Hans Rupé 1948, von Gerhard Scheibner 1972, und schließlich, nach Schadewaldts Tod, von Dietrich Ebener 1976 und von Roland Hampe 1979. Sie alle versuchten – bis auf Gerhard

---

5   HuH² II 608, 616f.
6   HuH² II 607

Scheibner, der eine rhythmische Prosa bot –, das Homerische am Homer durch den deutschen Hexameter einzufangen. Die ›Odyssee‹ wurde übersetzt 1910 von Rudolf Alexander Schröder, 1918 von Thassilo von Scheffer, 1976 von Dietrich Ebener, 1979 von Roland Hampe und 1981 von Friedrich Georg Jünger. All das weiter im Hexameter, wieder mit der Ausnahme von Gerhard Scheibners Prosa-Übersetzung, die 1983 erschien. Das 20. Jahrhundert brachte also, zusammen mit Schadewaldts Übersetzungen, sieben neue Iliaden und Odysseen, und sechs davon gehören jeweils zu einer Gesamtübertragung Homers. Thassilo von Scheffer ging noch einen Schritt weiter und übersetzte auch Hesiod und die homerischen Hymnen, also die gesamte archaische hexametrische Dichtung.

Die Sappho-Übertragung steht in Konkurrenz zu fünf anderen: M. Hausmann 1946/49, Horst Rüdiger 1949, Karl-Wilhelm Eigenbrodt 1952, Emil Staiger 1957 und Max Treu 1968[4]. Zu Pindar gab es gleichfalls fünf Gesamtübersetzungen: von Franz Dornseiff 1921, Ludwig Wolde 1942, Oskar Werner 1967, Eugen Dönt 1986 und 1992 von Dieter Bremer, der, einst in Tübingen promoviert, sich zum dokumentarischen Übersetzen im Sinne Schadewaldts bekennt.

Auch beim Übertragen der Tragiker war das 20. Jahrhundert nicht müßig. Aischylos' ›Perser‹, die Schadewaldt 1964 herausbrachte, gab es schon von Hans Bogner (1916), Ludwig Wolde (1938), Franz Stoeßl (1952), Herbert Friedrich Waser (1952) und S. Müller (1958) im Rahmen von Gesamtübertragungen, als Einzelausgabe auch von Oskar Werner (1943[3]), Georg Lange (1944[3]) und Ernst Buschor (1953). Die ›Sieben gegen Theben‹, von Schadewaldt ebenfalls 1964 vorgelegt, lagen in den genannten Gesamtausgaben vor sowie einzeln von Kurt Schilling (1940). Als Verfasser von Bakchen-Übersetzungen, die Schadewaldt (1972) bekannt waren oder bekannt sein konnten, sind zu nennen Dietrich Ebener (1966) und Ernst Buschor (1957). Und Buschor ist noch ein drittes Mal als ἀντίτεχνος Schadewaldts zu vermerken durch seine Sophokles-Übersetzungen, die Schadewaldt offenbar schätzte, sonst hätte er nicht 1968, als von ihm selbst die Tragödien ›Trachinierinnen‹, ›Philoktetes‹ und ›Oidipus auf Kolonos‹ noch ausstanden, in der Artemis-Ausgabe seine eigenen Verdeutschungen mit denjenigen Buschors in einem Band vereinigt. Eine Gesamtübersetzung des Sophokles hatte 1944 der Germanist Emil Staiger vorgelegt, der mit Schadewaldt vieles gemeinsam hatte: beide waren profunde Kenner sowohl der deutschen als auch der griechischen Literatur, beide waren sie souveräne Interpreten und zugleich Meister des gesprochenen Wortes, beide hatten sie Heidegger gründlich rezipiert, und beide reflektierten über ihr philologisches und übersetzerisches Tun in philosophischer Weise. So war es kein Wunder, daß sie 1960 auf einem Symposion über das Übersetzen in Zürich zusammen und zugleich gegeneinander auftraten.

Da Schadewaldt Prosa-Texte (mit zwei Ausnahmen) nicht übersetzt hat, brauche ich die z.T. bedeutenden Leistungen auf diesem Gebiet nicht Revue passieren zu lassen. An nachklassischer Dichtung wurde etwa Kallimachos übersetzt von Emil Staiger (1955), und Apollonios von Rhodos von Thassilo von Scheffer (1940), neuerdings von Reinhold Glei und Stephanie Natzel-Glei (1996). Musaios legte Hans Färber auf deutsch vor (1961), Nonnos von Panopolis Dietrich Ebener 1985, aber lange vor ihm auch schon der unermüdliche Thassilo von Scheffer 1925–1933 (1947²), der natürlich auch den Froschmäusekrieg nicht ausgelassen hatte (1941) – alles, was griechischer Hexameter ist, mundete ihm offenbar.

In diesem Umfeld einer sehr vielfältigen deutschen Übersetzertradition muß Schadewaldts Werk sich behaupten. Quantitativ tragen die bereits mehrfach erwähnten Thassilo von Scheffer und Dietrich Ebener den Preis davon, allein Nonnos mit 25000 Versen verschafft ihnen einen ungeheuren Vorsprung. Von Scheffer hielt sich, wie erwähnt, ganz im Bereich der Hexameterdichtung, Ebener übersetzte auch den ganzen Euripides. Nimmt man nun diesen Gesichtspunkt des Unterschieds der Gattungen hinzu, so sticht Schadewaldts Leistung auch quantitativ hervor: abgesehen davon, daß keiner der anderen Übersetzer auch als Interpret der übersetzten Autoren Bleibendes geleistet hat, hat auch niemand so viele der unverwechselbar griechischen Literaturformen für das Deutsche zurückzugewinnen versucht wie Schadewaldt, der umfangreiche Übertragungen aus der archaischen Epik, der frühgriechischen Monodie, dem spätarchaischen Chorlied, der frühen und der ›klassischen‹ Tragödie, der Alten und der Neuen Komödie vorlegte.

Aber ihn selbst interessierte mit Sicherheit nicht dieser quantitative Aspekt, sondern allein die Frage des sprachlichen Niveaus der Übersetzung. Für eine angemessene Erörterung dieser Frage, die ja auch für uns letztlich die einzig relevante ist, müssen wir uns nun Schadewaldts Theorie des Übersetzens zuwenden.

*(4)*

Theoretische Arbeiten von Schadewaldt zur Aufgabe des Übersetzers gibt es von seiner Berliner öffentlichen Habilitationsvorlesung 1927 bis zum Nachwort seiner Ilias-Übersetzung 1975, also über einen Zeitraum von fast 50 Jahren. Vier der wichtigsten dieser Arbeiten sind im zweiten Band von ›Hellas und Hesperien‹ abgedruckt[7]. Für die Skizze der schadewaldtschen Übersetzungstheorie, die ich hier versuche, stütze ich mich auf folgende sieben Arbeiten, die manche Überschneidungen und Doppelungen aufweisen – was ganz natürlich ist, wenn man bedenkt, daß Schadewaldt immer wieder eingeladen wurde, seine Auffassung darzulegen –, die aber doch alle auch ein individuelles Gepräge haben:

1. Die erwähnte frühe Vorlesung ›Das Problem des Übersetzens‹ (1927).

2. Das Artemis-Symposion ›Das Problem der Übersetzung antiker Dichtung‹ vom November 1960 (gedruckt 1963), auf dem Schadewaldt seine Ansichten im Dialog mit Emil Staiger entwickelte, unter Teilnahme einer Reihe von namhaften Philologen wie Kurt von Fritz, Karl Kerényi, Manu Leumann, Peter Von der Mühll, Ernst Zinn und vielen anderen.

3. Das Nachwort zu ›Griechisches Theater‹ (1964).

4. Die Festansprache anläßlich der Eröffnung der Frankfurter Buchmesse 1965 ›Die Übersetzung im Zeitalter der Kommunikation‹ – ein Vortrag, in dem, entsprechend dem Publikum, wenig vom Griechischen die Rede ist, der statt dessen die Rolle des Übersetzens im Rahmen der allgemeinen Kulturentwicklung reflektiert. Als Kontrast dazu

5. die sehr ins einzelne gehende Studie ›Aus der Werkstatt meines Übersetzens‹ (1966), in der Schadewaldt anhand der Anrufung des Eros in Sophokles' ›Antigone‹ dartut, welche Überzeugungen ihm von Zeile zu Zeile die Feder führten. Ferner

6. der Vortrag ›Antikes Drama auf dem Theater heute‹, der bebildert 1970 als selbständige Broschüre erschien und in dieser Form Martin Heidegger zum achtzigsten Geburtstag gewidmet ist – so wie 1959 die Zehnte Nemeische Ode Heidegger zum 70. gewidmet war. Und schließlich

7. die Bemerkungen ›Zur Übersetzung‹ im Nachwort der Ilias von 1975.

Vorweg eine kurze Bemerkung zur intellektuellen Eigenart dieser Arbeiten. Sie zeichnen sich – abgesehen von der gewohnten sicheren Diktion und der bisweilen sogar spannenden Darstellungsweise – vor allem durch einen sehr weiten geistigen Horizont aus. Diesem Theoretiker des Übersetzens ist offenbar die literarische Tradition der Deutschen seit der Goethe-Zeit bestens vertraut, ebenso auch die Theorie des Übersetzens seit Schleiermacher (1813) und wiederum Goethe[8]. Die generellen hermeneutischen Probleme sind ihm geläufig, etwa wenn er über die drei Arten der Vergegenwärtigung reflektiert, ebenso wie die historische Bedingtheit des Übersetzens – er hat eine klarumrissene Auffassung vom Platz der verschiedenen Formen des Übersetzens in der geistigen Entwicklung einer Nation. Und dem Ganzen liegt eine bestimmte Auffassung von Sprache und von großer Dichtung

---

[7]  In der Numerierung der unten folgenden Aufzählung sind das die Nummern 1, 4, 5, 6: (1) Das Problem des Übersetzens, 1927, HuH² II 608–622; (4) Die Übersetzung im Zeitalter der Kommunikation, 1966, HuH² II 680–688; (5) Aus der Werkstatt meines Übersetzens. Dargetan an der Ausrufung des Eros in Sophokles' »Antigone«, 1966, HuH² II 671–680; (6) Antikes Drama auf dem Theater heute. Übersetzung und Inszenierung, 1970, HuH² II 650–671.

[8]  Eine sehr instruktive Sammlung von 26 meist kürzeren Texten zur Theorie des Übersetzens überwiegend von deutschen Autoren (u.a. von Luther, Goethe, Jacob Grimm, Nietzsche, Heidegger, Gadamer) gab Hans Joachim Störig (Hrsg.), Das Problem des Übersetzens, Stuttgart 1963.

zugrunde, in der sich überdies eine Auffassung des Menschen und seiner Aufgabe spiegelt. Und während Schadewaldt in erster Linie seine eigenen Überzeugungen positiv darlegt, erweist er sich nebenher auch noch als nicht bösartiger, eher milder, aber doch sehr wirkungsvoller Satiriker: nämlich dann, wenn er die aufgeplusterten »pseudopoetischen Rhetorisierungen« des Übersetzungsstils, den er selbst meidet, mit Beispielen vorführt[9].

Nun zur Theorie selbst. Ausgangspunkt war für Schadewaldt die Beobachtung, daß ein doppelter Maßstab für Übersetzungen allgemein rezipiert ist. Einerseits verlangt man unbedingte Genauigkeit, größtmögliche sprachliche Nähe zum Original von allen Übersetzungen, die Dokumente (im weitesten Sinne) wiedergeben wollen. Andererseits gesteht man allen Übersetzungen von Dichtung eine erstaunliche Freiheit zu, u.a. die Freiheit von Weglassungen, Hinzufügungen und Umstellungen, ferner das Recht, Begriffe des Originals durch moderne Begriffe und Bilder des Dichters durch eigene Bilder wiederzugeben.

Die exakte Wiedergabe des Dokumentarischen ist das Dolmetschen. »Die Tätigkeit des Dolmetschers ist zweckbestimmt. Der Dolmetscher steht durchaus im Dienste der Information und soll Verständnis vermitteln über Sachen, Daten, Fakten, Absichten, an denen man praktisch interessiert ist. Sein Bereich ist die technische Sachwelt« . Und da der Dolmetscher »es mit der Sprache als Information zu tun hat, d.h. mit der Sprache als reinem Werkzeug der Verständigung«, wird er »auch selbst zum Werkzeug der Verständigung«[10].

Um solchen Wechsel von einer Sprache zur anderen klar abzugrenzen von dem, woran ihm gelegen ist, will Schadewaldt den Ausdruck »Übersetzen« dem Dolmetschen gar nicht zugestehen, sondern »der Wiedergabe solcher sprachlicher Werke vorbehalten wissen«, in denen es nicht so sehr auf Sachen, Daten, Fakten ankommt, »sondern wo in der auch hier notwendig mit umfaßten Sachwelt entscheidend doch der Mensch zugegen ist, …, wo die materialen Inhalte sich also in den menschlichgeistigen Gehalt hinein integrieren«[11].

Diesem nicht-dolmetschenden Übersetzen gewährte man bisher eine schier unbegrenzte Freiheit. Die Vorstellung war, daß man den fremden Dichter ins Deutsche herüberholen müsse. Der solle zu uns am besten sprechen wie er als Deutscher zu Deutschen gesprochen haben würde. Zuerst scheint der englische Dichter John Dryden im 17. Jh. für einen englischen Vergil die analoge Forderung erhoben zu haben[12]. Sie wurde seit dem 18. Jahrhundert auch bei den Deutschen verbindlich. Einen extremen Vertreter dieser Auffassung sieht Schadewaldt in sei-

---

9    Griechisches Theater, 1964, z.B. 39, 497, 673, 675–6.
10   HuH$^2$ II 683.
11   HuH$^2$ II 683.
12   Artemis-Symposion (s.o. Anm. 1) 26.

nem Lehrer Wilamowitz, den er mit Formulierungen zitiert wie »eine jede Übersetzung sei Travestie, Umkleidung« oder »es bleibe die Seele, aber sie wechsle den Leib«, oder »den Buchstaben gelte es zu verachten und den Geist zu bewahren«[13]. Diese Trennung von Leib und Seele, von Kleid und Leib, die offensichtlich gegen die schon in der deutschen Klassik und Romantik erkannte notwendige Einheit von Form und Inhalt verstößt, lehnt Schadewaldt entschieden ab. Hier ein Stückchen schadewaldtscher Satire: »das ganze Kleiderbild« bereite ihm Unbehagen »wenn ich mir mit lebendiger Phantasie vorstelle, Sophokles solle seines attischen Chitons entkleidet und in einen modernen Sakkoanzug gesteckt werden«[14]. Schadewaldt nennt diese Art des Übersetzens das »transponierende« Übersetzen. Es ist ein verfälschendes Übersetzen, denn insbesondere durch ihre Lizenz, antike Bilder und Begriffe durch moderne zu ersetzen weckt die transponierende Übersetzung falsche Assoziationen. »Ihr Glanz ist ein falscher Glanz« (HuH$^2$, II 656). Solche Übersetzung lebt von klassizistischer Glätte und vom pseudopoetischen hohen Ausdruck (vgl. II 665); sie erschließt das Original nicht, sondern verdeckt es[15].

Drei Arten des transponierenden Übersetzens werden unterschieden: 1. das Tansponieren in eine im Deutschen schon bestehende Konvention, eine bestimmte Dichtersprache, dergestalt daß man beim Lesen griechischer Lyrik ständig Heine, Geibel oder Mörike zu hören meint, oder bei Wilamowitz im Drama ständig Goethe und Schiller[16]; 2. die »kompendiarische Reduktion des Worts der alten Dichter auf die bloße Meinung«, und 3. »jenes Bedichten des alten Dichters, das willkürlich variierend das originale Wort umspielt und überspielt«[17].

Die Tendenz der Kritik am Dolmetschen einerseits, am Transponieren andererseits ist klar genug: Schadewaldt fordert »dokumentarisches Übersetzen« auch für die Dichtung. Doch wie soll das sinnvoll sein? Sind Dichtungen denn Dokumente?

Die überraschende Antwort ist: Ja, große Dichtung ist »Dokumentation von etwas, das sich einmal ereignet hat«. Was die großen griechischen Dichter schreiben, hat »auch als Wort noch den Ereignischarakter«, und eben dies ist der Grund, warum »diese Dinge ja noch heute für uns leben«[18]. Diesen »eigentümlichen Dokumentationscharakter auch der Dichtung« will Schadewaldt festhalten, und da wäre Rücksicht auf das moderne Publikum und seine Konventionen fehl am Platz. »Diesem Ereignishaften im Worte [fühle ich mich] mit Haut und Haar verpflichtet«, lesen wir im Artemis-Symposion[19].

---

13 Artemis-Symposion 26.
14 Artemis-Symposion 27.
15 HuH$^2$ II 656 und 665.
16 Schadewaldt fand das »schrecklich«: Artemis-Symposion 28f.
17 Griechisches Theater, 1964, 495.
18 Artemis-Symposion 30.

Wenn wir dann noch lesen, daß das dokumentarische Übersetzen dann unabdingbar ist, wenn »das Wort im höchsten Sinne original seinsträchtig, weltenthaltend ist« , daß es der »ursprünglichen« Sprache angemessen ist und daß der Übersetzer in einem gegebenen Fall »nur *Seiendes*« vorfand, das er »auch im deutschen Wortlaut spürbar zu machen« versuchte, ferner daß das dichterische Wort »ganz neu und umfassend nicht bloß ›verstanden‹, sondern innerlich ›vernommen‹ … werden« will, was dann zu einem »ganz umfassenden Verstehen und Vernehmen von Dasein zu Dasein« führt[20], so verstehen wir, warum Schadewaldt gerade Martin Heidegger zum 70. und zum 80. Geburtstag eine Übersetzung und eine Reflexion über sein Übersetzen widmete: die Auffassung von Sprache, die in solchen Formulierungen zum Vorschein kommt, ist offensichtlich verwandt mit Heideggers Gedanken vom Seinsgeschick und vom Ereignis des Seins in der Sprache, das wir vernehmen können und das die Denker vor Platon ursprünglicher vernommen haben.

Der Begriff des ›dokumentarischen Übersetzens‹ wendet sich gegen das pseudopoetische, willkürliche und verfälschende transponierende Übersetzen und postuliert durch das Adjektiv »dokumentarisch« eine neue Genauigkeit gerade in der Wiedergabe von Dichtung. Es dürfte aber klar sein, daß Dichtung dadurch nicht zu der Art von Dokument gemacht werden soll, für die das Dolmetschen die angemessene Art der Wiedergabe ist. Das heißt aber, daß in der Redeweise von der »dokumentarischen Übersetzung« und von der Dichtung als »Dokumentation von etwas, das sich einmal ereignet hat« sich doch wohl eine doppelte Bedeutung von ›Dokument‹ bzw. ›Dokumentation‹ verbirgt, die Schadewaldt, wenn ich nicht etwas übersehen habe, nirgends reflektiert hat: um die Willkür zu beenden, wird die strenge Bindung des Dolmetschens an das Dokument zum Vorbild oder gar Maßstab gemacht. Gleichzeitig hat aber gerade Schadewaldt ein überaus klares Bewußtsein davon, daß die dichterische ›Dokumentation‹, die er als Übersetzer vor sich hat, einen völlig anderen ›Ereignischarakter‹ hat als die Ereignisse, die in – sagen wir – juristische oder historische Dokumente eingehen können. ›Dokumentation‹ meint im einen Fall ein möglichst eindeutiges Fixieren des Faktischen und aller Parameter in den Kategorien Ort, Zeit, Quantität, Qualität usw., im anderen ein der faktischen Fixierbarkeit gerade entzogenes Sehenlassen des Wesens und das Erschließen einer Einsicht, die im Alltag von Unwesentlichem verdeckt wird.

Welche Berechtigung bleibt bei dieser Auffassung von Dichtung und vom Übersetzen den anderen beiden Formen der Wiedergabe fremdsprachlicher Texte? Das bloße Dolmetschen ist selbst für »Werke der Poesie« »nicht ohne Nutzen« so lange es darum geht, überhaupt nur zu erfahren, was in einem noch unbekannten

---

19   Artemis-Symposion 31.
20   Artemis-Symposion 33; HuH² II 672, 679, 684.

Werk zur Sprache kommt. Solche Wiedergabe »mag die höchste Form des Übersetzens bezeichnen, wo immer es gilt, einer literaturarmen Nation aus der Fremde Surrogate herbeizuschaffen«. »Als geistige Erscheinung jedoch ist das Dolmetschen in Deutschland überwunden, seitdem der historische Sinn sich über das Interesse für Kuriositäten erhob und mit dem Erwachen zu eigener Nationalität und zu eigener Individualität die Andersartigkeit der Völker und der Zeiten begriffen wurde«[21]. Diese Andersartigkeit blieb unbegriffen noch im Deutschland des 18. Jh.s, als die Meinung vorherrschte, eine exakte Übersetzung sei gleichwertig mit dem Original. Die Aufgabe des Übersetzers wird also durch die geistige Reife der nationalen Kultur definiert. Anders gesagt: seit der Goethe-Zeit unterliegt das Übersetzen ins Deutsche höchsten Ansprüchen.

Gleichwohl wird für Schadewaldt auch das transponierende Übersetzen, so hart er es auch kritisieren kann, nicht etwa funktionslos. »Es ist überalldort am Platz, wo die Sprache des Originals den Charakter des Redensartlichen hat«[22]. Gemeint ist etwa »das literarisierte Griechisch der Kaiserzeit und der Spätantike«, etwa Plutarch. Das Transponieren in die eigene Gefühlswelt und Denkweise ist aber notwendig auch bei der Komödie, weil die Flüssigkeit des Dialogs es verlangt und weil der Witz in der Übersetzung sonst nicht als Witz wirken könnte. Schadewaldt ordnet denn auch seine eigenen Übersetzungen der ›Legende von Homer dem fahrenden Sänger‹ und der ›Lysistrata‹ dieser Art des Übersetzens zu, zumindest partiell[23].

Und was ist nun das »dokumentarische Übersetzen«? Schadewaldt verbindet damit durchaus nicht einen Anspruch auf Vollkommenheit des Umsetzens von einer Sprache in die andere. Keine Spur von Selbstüberschätzung: über der Unmöglichkeit des Übersetzens im höchsten Sinn raisonniert schon der frühe theoretische Versuch von 1927, und nach langer und erfolgreicher Praxis weiß der Übersetzer 1970 immer noch: »Das Original läßt sich auf keine Weise erschöpfend in seiner Ganzheit übersetzen. Die Übersetzung, welcher Art sie sei, vermag nur *einen* Aspekt des Originals wiederzugeben«[24].

Die drei Forderungen, denen sich der dokumentarische Übersetzer zu unterwerfen hat, hat Schadewaldt immer wieder aufgezählt[25]: er muß erstens vollständig übersetzen, darf nichts weglassen und nichts hinzufügen; er muß zweitens »die ursprünglichen Bilder und Vorstellungen des Originals unverbogen auch im Deutschen bewahren«, und drittens soll er die Abfolge der Begriffe und Vorstellungen so

---

21  HuH² II 610 und 613.
22  HuH² II 654.
23  Griech. Theater 497, vgl. HuH² II 654, 672.
24  HuH² II 617 und 658.
25  Griech. Theater 495 (mit Verweis auf frühere Ausführungen), HuH² II 657, 673.

weit es möglich ist einhalten, d.h. griechische Syntax und Wortfolge nach Möglichkeit im Deutschen reproduzieren.

Diese Forderungen klingen zunächst naheliegend, einleuchtend, einfach. Daß die Sache aber subtil und schwierig werden kann, ahnt man, sobald man in einer dieser Aufzählungen liest, als »höheres und umfassendes Prinzip«, das über die Anwendung der drei Forderungen entscheide, komme der Takt hinzu, »das heißt: der Instinkt für das jeweils Angemessene (*prepon*)«[26].

In der Praxis zeigt sich dann, daß die drei scheinbar einfachen Forderungen schwer durchführbar und, falls konsequent eingehalten, mit großen Opfern verbunden sind. Am ehesten ist noch die Forderung der Vollständigkeit einzuhalten. Doch allein dies, daß man nichts unterschlägt und nichts hinzufügt, würde genügen, um die Übernahme des Metrums des Originals auszuschließen. Weit mehr Kühnheit verlangt das Beibehalten der originalen Begriffe und Bilder, die uns sehr fremd sein können, und die Bewahrung der Abfolge der Vorstellungen. Um dieser Ziele willen ist Schadewaldt bereit, »lieber der deutschen Sprache Abbruch zu tun als vom Wort zu weichen«[27] – doch dieses Bekenntnis ist gar nicht seines, sondern übernommen von Martin Luther. Mit Luthers zupackender Art vor Augen, ist Schadewaldt bereit, dem heutigen Leser fremdartige Bilder vorzusetzen, ihn mit harten Fügungen und einer oft kaum noch deutsch zu nennenden Syntax zu provozieren, um seiner geliebten griechischen Vorlage nahebleiben zu können. Gemessen an diesem bewußten Verzicht auf ein gefälliges, eingängiges Deutsch ist der Verzicht auf das Metrum und auf die genaue Einhaltung der Verszahlen (in Tragödien und Komödien) das Geringere. Der Übersetzer muß eben wissen, was er opfern kann und was nicht, dokumentarisches Übersetzen ist »eine Kunst des Opferns«. Für »die Bewahrung des Gedankens, der Vorstellungen, der Sinngestalt« wird »die äußere Form des Orignals« geopfert[28].

Sogleich stellt sich der Gedanke ein, ob nicht »damit überhaupt die Poesie verloren geht?«[29] Schadewaldt bannt den gefährlichen Gedanken, indem er sich bei Goethe und Heinrich von Kleist, »denen man ... ein Wissen um das Dichterische nicht absprechen kann«, versichert, daß auch ihnen »der reine, vollkommene Gehalt« (Goethe) oder »die reine innere Sinngestalt« (Schadewaldt) wichtiger war als die äußere Form.

Wenn Luther lieber der Sprache Gewalt antat, »als vom Wort zu weichen«, so deswegen, weil dies Wort für ihn das geoffenbarte Wort Gottes war. Heidnisch-hei-

---

26 Griech. Theater 494.
27 Artemis-Symposion 33.
28 HuH² II 658.
29 HuH² II 658.

deggerisch wird bei Schadewaldt daraus das Nicht-weichen-Wollen vom ereignishaften Wort ursprünglicher, großer Dichtung.

Ein andermal kann das letzte Ziel des Übersetzers – wieder im Anschluß an Goethe – auch konkreter umschrieben werden: es gelte, in jeder Literatur als »das eigentliche Entscheidende und Wirksame« »das allgemeine Menschliche« herauszustellen: der Übersetzer ist so »ein Prophet des Humanen«[30]. Wer sich fragt, warum Schadewaldt gerade Homer und Sophokles vollständig übersetzt hat, mag sich an dieses Wort erinnern.

*(5)*

Wie *wirkt* nun die dokumentarische Übersetzung? Bei Homer ist entscheidend wichtig sein »außerordentlicher Lakonismus« (Goethe), den sie einzufangen vermag, während er unter dem Zwang des Metrums leicht verloren geht. Bei Sophokles wird sie der Härte und dem großen Ernst seiner Lyrik gerecht. Denn sie beschönigt nicht, verniedlicht nicht, verbiegt und zähmt nicht. Sie sucht nicht die Verletzung des Deutsch der Normalsprache, scheut aber auch nicht vor ihr zurück. Denn das Deutsche ist für Schadewaldt auch Potentialität, die sich unter dem Einfluß der Griechen auch anders verwirklichen läßt als bisher üblich. Man kann auch deutsch reden, wenn man von allem Üblichen abweicht. Das meint Schadewaldt mit »dem Deutschen Abbruch tun«.

Keineswegs ist gesucht eine Verletzung des »Wesens des Deutschen«, wohl aber das Treffen jener »feinen Mittellinie«, »wo das Deutsche noch deutsch und doch auch schon griechisch ist«[31]. Ja, Schadewaldt will als deutscher Übersetzer in gewissem Sinne griechisch schreiben, weil er überzeugt ist, daß die Übersetzung, die keine ›Kopie‹ und kein ›Konterfei‹ des Originals ist[32], sondern etwas Anderes, Neues, das die ursprüngliche Sinngestalt in einer anderen Sprache neu verwirklicht, eben deswegen in die griechische Literatur gehört[33].

Was man ihm zum Vorwurf gemacht hat, nämlich daß er nicht den Sophokles ins Deutsche, sondern das Deutsche in den Sophokles übertrage, akzeptiert Schadewaldt voll und ganz. Eben das will er: unsere Sprache in den Homer, in Pindar, in Sophokles hinübertragen. Was er sich davon verspricht, ist eine »totale Bereicherung des eigenen Daseins der Einzelnen wie der Gesellschaft durch die Dokumentation andersartigen menschlichen Daseins«, oder Bereicherung durch »einen ganz

---

30  HuH² II 687, 688.
31  Artemis-Symposion 24, vgl. HuH² II 657.
32  HuH² II 617, 673, vgl. Artemis-Symposion 36.
33  HuH² II 620, vgl. Griech. Theater 496.

umfassenden Akt der Aneignung anderer menschlicher Daseinsarten für das eigene Dasein«[34].

Ob man sich nun persönlich bereichert fühlt, wenn man Schadewaldts an der Grenze zwischen dem Deutschen und dem Griechischen angesiedelte Aneignung etwa der archaischen Existenzform in der ›Ilias‹ oder der tragischen bei Sophokles auf sich wirken läßt, muß jeder und jede nach längerer Beschäftigung selbst entscheiden. Daß diese Übersetzungen jedenfalls die Möglichkeit dazu eröffnen, und wohl in höherem Maß als Übersetzungen des »transponierenden« Typs, werden nur wenige bestreiten wollen – zu groß ist die Zahl der Leser und Leserinnen, die diese Bereicherung gerade durch Schadewaldts »deutsche« Griechen für sich persönlich bezeugen können.

*(6)*

Zum Abschluß will ich versuchen, an zwei Beispielen zu zeigen, wie sich die drei Forderungen des dokumentarischen Übersetzens im Einzelfall auswirken.

Betrachen wir zunächst die zehn ersten Zeilen der ›Ilias‹ im griechischen Original, danach in Schadewaldts Übersetzung, danach in den chronologisch angeordneten fünf hexametrischen Übersetzungen, auf die dann die Prosa-Übersetzung von G. Scheibner folgen soll. Beim anschließenden Versuch eines Vergleichs der sieben Fassungen wird Schadewaldts freier Vers zunächst den hexametrischen Wiedergaben gegenübergestellt und danach erst mit der für sich stehenden Prosa-Übersetzung Scheibners verglichen werden.

Μῆνιν ἄειδε, θεά, Πηληϊάδεω Ἀχιλῆος
οὐλομένην, ἣ μυρί' Ἀχαιοῖς ἄλγε' ἔθηκε,
πολλὰς δ' ἰφθίμους ψυχὰς Ἄϊδι προΐαψεν
ἡρώων, αὐτοὺς δὲ ἑλώρια τεῦχε κύνεσσιν
οἰωνοῖσί τε πᾶσι, Διὸς δ' ἐτελείετο βουλή,
ἐξ οὗ δὴ τὰ πρῶτα διαστήτην ἐρίσαντε
Ἀτρεΐδης τε ἄναξ ἀνδρῶν καὶ δῖος Ἀχιλλεύς.
Τίς τ' ἄρ σφωε θεῶν ἔριδι ξυνέηκε μάχεσθαι;
Λητοῦς καὶ Διὸς υἱός· ὁ γὰρ βασιλῆϊ χολωθεὶς
νοῦσον ἀνὰ στρατὸν ὦρσε κακήν, ὀλέκοντο δὲ λαοί

Den Zorn singe, Göttin, des Peleus-Sohns Achilleus,
Den verderblichen, der zehntausend Schmerzen über die Achaier brachte
Und viele kraftvolle Seelen dem Hades vorwarf
Von Helden, sie selbst aber zur Beute schuf den Hunden
Und den Vögeln zum Mahl, und es erfüllte sich des Zeus Ratschluß –

---

34   HuH² II 684; vgl. 656, 672.

Von da beginnend, wo sich zuerst im Streit entzweiten
Der Atreus-Sohn, der Herr der Männer, und der göttliche Achilleus.
Wer von den Göttern brachte sie aneinander, im Streit zu kämpfen?
Der Sohn der Leto und des Zeus. Denn der, dem Könige zürnend,
Erregte eine Krankheit im Heer, eine schlimme, und es starben die Völker, ...
*Wolfgang Schadewaldt 1975*

Singe, o Göttin, den Groll des Peleïaden Achilleus,
Wie unselig er schuf ein endlos Leid den Achaiern,
Viel starkmütige Seelen der Helden zum Hades entsandte,
Helden, die er nun ließ zum Raube liegen den Hunden
Und den Geiern zum Fraß – so ward Zeus' Wille vollendet –
Seit dem Tage, da einst in streitendem Hader sich trennten
Artreus' Sohn, der Gebieter des Volks, und der hehre Achilleus.
Wer denn nur unter den Göttern verhetzte die beiden zum Streite?
Zeus' und Letos Sohn. Denn, über den König erbittert,
Sandte er greuliche Seuche ins Lager, nun starben die Mannen ...
*Thassilo von Scheffer 1913/1947*

Sing, o Muse, den Zorn des Peleussohnes Achilleus,
Unheilszorn, der Leiden, unzählige, schuf den Achaiern,
Tapfere Seelen viel, gar viel dem Aïdes hinwarf,
Heldenvolk, und ließ ihren Leib den Hunden zum Raube,
Gab ihn den Vögeln zum Fraß; und ward Zeus' Wille vollendet
Seit dem Tag, da hadernd die zween voneinander getreten,
Atreus' Sohn, der Heger des Heers, und der starke Peleide.
Welcher Unsterbliche brachte die zween mit Streit aneinander?
Leto's Sohn, der Sprosse des Zeus. Der zürnte dem König,
Sandte die Sucht das Lager entlang: da starben die Völker. – ...
*Rudolf Alexander Schröder 1943*

Singe, Göttin, den Zorn des Peleiaden Achilleus,
Der zum Verhängnis unendliche Leiden schuf den Achaiern
Und die Seelen so vieler gewaltiger Helden zum Hades
Sandte, aber sie selbst zum Raub den Hunden gewährte
Und den Vögeln zum Fraß – so wurde der Wille Kronions
Endlich erfüllt –, nachdem sich einmal im Zwiste geschieden
Atreus' Sohn, der Herrscher des Volks und der edle Achilleus.
Wer von den Göttern reizte sie auf zu feindlichem Hader?
Zeus' und Letos Sohn. Denn dieser zürnte dem König,
Sandte verderbliche Seuche durchs Heer, und es sanken die Völker, ...
*Hans Rupé 1948*

Göttin, besinge die tödliche Wut des Peliden Achilleus,
die den Achaiern tausendfältige Leiden bescherte,
zahlreiche tapfere Heldenseelen zum Hades entsandte
und die Leiber zur Beute den Hunden, zum Fraße den Vögeln
vorwarf – derart mußte der Wille des Zeus sich erfüllen – ,
seit einmal der Atride, der oberste Feldherr des Heeres,
sich überworfen hatte im Streit mit dem edlen Achilleus.

Wer von den Göttern verfeindete sie? Der Sprößling der Leto
und des Zeus. Er hegte Erbitterung gegen den König,
ließ deshalb im Heere die Seuche wüten: die Männer
starben – ...

*Dietrich Ebener 1976*

Göttin, singe mir nun des Peleussohnes Achilleus
Unheilbringenden Zorn, der tausend Leid den Achäern
Schuf und viele stattliche Seelen zum Hades hinabstieß
Der Heroen, sie selbst zur Beute machte den Hunden
Und den Vögeln zum Fraß – Zeus' Ratschluß ging in Erfüllung – ,
Seit die beiden zuerst sich in Streit und Hader entzweiten,
Atreus' Sohn, der Gebieter im Heer, und der edle Achilleus.
Welcher der Götter brachte die beiden im Streit aneinander?
Letos und Zeus' Sohn; denn der, dem Könige zürnend,
Ließ im Heer eine Seuche entstehn; es starben die Mannen, ...

*Roland Hampe 1979*

Den Zorn des Peliden Achilleus besinge, Göttin, den verfluchten Zorn! Er brachte den Achaiern eine Unzahl von Qualen, viele tapfere Heldenseelen warf er dem Hades vor, ihre Leiber machte er den Hunden zur Beute und den Raubvögeln zum Fraße; so erfüllte sich der Wille des Zeus. Beginne das Lied mit dem Ursprung des Zorns, als es im Streite erstmals zum Bruch kam zwischen dem Atriden, dem Feldherrn des Heeres, und dem göttlichen Achilleus!

Wer von den Göttern hetzte die beiden im Streit aufeinander zum Kampfe? Der Sohn der Leto und des Zeus. Denn er grollte dem König Agamemnon und ließ eine schlimme Seuche auf das Heerlager los; da kamen die Männer um, ...

*Gerhard Scheibner 1972*

μῆνις, der Zorn des Achilleus als der eigentliche Gegenstand der ›Ilias‹, ist im ersten Wort benannt. ›Zorn‹ für μῆνις haben vier der Übersetzer (ohne Scheibner, der, wie angedeutet, getrennt behandelt werden wird), nur Thassilo von Scheffer hat das etwas poetischere ›Groll‹, während Ebener das hier sicher unpassende Wort ›Wut‹ wählte. Den Zorn aber auch wirklich wie Homer an die erste Stelle zu setzen, hat nur Schadewaldt gewagt – er vertauscht ungern und selten die Abfolge der Vorstellungen.

θεά: die Göttin, die durch den Aoiden singen soll, wird zur »o Göttin« und »o Muse« bei Thassilo von Scheffer und Rudolf Alexander Schröder, wobei das undeutsche, aber typisch griechische »o« beim Vokativ im Original gerade fehlt. Alle anderen haben »Göttin«, in der Mitte des Verses aber, wie Homer, wieder nur Schadewaldt.

Πηληϊάδεω 'Αχιλῆος: zwei Übersetzer (Thassilo von Scheffer, Hans Rupé) wagten es, die griechische Bezeichnung der Abstammung in der Form »des Peleïaden Achilleus« dem deutschen Leser zuzumuten, was 1913 (Thassilo von Scheffer) vielleicht noch ging (während es später, bei Scheibner und Ebener, zu »des Peliden Achilleus« vereinfacht wurde). Doch schon Rudolf Alexander Schröder schrieb »des Peleussohnes Achilleus«, gefolgt von Hampe. Schadewaldt aber macht eine winzige Änderung: »des Peleus-Sohns Achilleus« – so ist im ersten Vers programmatisch das hexametrische Ende vermieden (obwohl auch Schadewaldt etwa in Vers 9 schreiben kann »dem Könige zürnend«, wo auch die nicht-daktylische Form »dem König zürnend« möglich gewesen wäre).

Weiter mit dem Namen des Haupthelden: καὶ δῖος 'Αχιλλεύς am Versende (7) wird zu »der hehre Achilleus« (Thassilo von Scheffer) und »der edle Achilleus« (Rupé und Hampe, ähnlich Ebener), was beides angeht, während Rudolf Alexander Schröders »der starke Peleide« unnötigerweise doppelt vom Griechischen abweicht. Aber alle fünf wahren den Klauselrhythmus – ∪ ∪ – –. Schadewaldt opfert den hexametrischen Klang der wörtlichen Übersetzung »der göttliche Achilleus«.

πολλὰς δ' ἰφθίμους ψυχὰς Ἄιδι προΐαψεν
ἡρώων, αὐτοὺς δὲ ἑλώρια τεῦχε κύνεσσιν
οἰωνοῖσί τε δαῖτα –

alle sieben Übersetzungen gehen von Zenodotos' Text δαῖτα aus, bei sechsen wird daraus »zum Fraß(e)«. Aber δαίς ist auch das ›Mahl‹ der Menschen – nur Schadewaldt vermeidet die pseudopoetische Verstärkung, die in ›Fraß‹ statt ›Mahl‹ liegt. Und was wird ›gefressen‹? Nach Rudolf Alexander Schröder der ›Leib‹ des ›Heldenvolkes‹, was wieder ein sehr selbständiges »Bedichten« (Schadewaldt) des alten Dichters ist. Wohl nach Schröder schrieben Scheibner und Ebener ›Leiber‹. Die anderen haben richtig »sie selbst«, also die Helden als Mahlzeit der Hunde und Vögel. Der Gegenbegriff zu αὐτούς, die ἴφθιμοι ψυχαί, sind »stark*mütige* Seelen« (Thassilo von Scheffer), »tapfere Seelen« (Rudolf Alexander Schröder, nach ihm wieder Scheibner und Ebener »tapfere Heldenseelen«) oder gar »stattliche Seelen« (Hampe), während Hans Rupé ἰφθίμους per Übersetzungsenallage zu den »gewaltigen

Helden« zieht. Einfacher und Homer näher als all das ist Schadewaldts unprätentiöses »viele kraftvolle Seelen«.

'Εξ οὗ δή (Vers 6) – »von da beginnend« übersetzt Schadewaldt, was eine Interpretation darstellt, aber eine zweifellos richtige, und sogar nötige, weil ohne sie die Beziehung zu ἄειδε (Vers 1) nicht mehr spürbar ist. Und eben dies ist meines Erachtens allen anderen Übersetzungen passiert, denn wer verbindet schon »Seit dem Tag(e)« oder »Seit die beiden« (Hampe) oder »seit einmal« (Ebener) mit »Singe, Göttin«? Dieser einzige Verstoß Schadewaldts in diesen zehn Versen gegen sein Prinzip, nichts hinzuzufügen, scheint also wohlüberlegt zu sein.

Die Duale in διαστήτην ἐρίσαντε und σφωε gab Rudolf Alexander Schröder durch »die zween« wieder, was im Deutschen aber nicht rezipiert ist, allenfalls in norddeutschen Dialekten. Hampe schreibt »die beiden«, was eine gute Lösung ist, während alle anderen, auch Schadewaldt, auf die Wiedergabe der Duale verzichten.

νοῦσον ἀνὰ στρατὸν ὦρσε κακήν, ὀλέκοντο δὲ λαοί (Vers 10): die ›Mannen‹, die da starben bei Thassilo von Scheffer und wieder bei Hampe, sind zwar die richtigere Übersetzung gegenüber ›Völker‹, das Schröder, Rupé und Schadewaldt haben, aber für heutiges Deutsch allzu offensichtlich archaisierend. Es ist mir unklar, warum Schadewaldt nicht (wie Scheibner und Ebener) einfach ›Männer‹ schrieb (denn der ἄναξ ἀνδρῶν (7) meint ja klarerweise dasselbe wie der sprichwörtliche ποιμὴν λαῶν). – Was machte Apollon in seinem Zorn gegen Agamemnon? »Sandte er greuliche Seuche ins Lager« (Thassilo von Scheffer), »Sandte verderbliche Seuche durchs Heer« (Hans Rupé). Eine »Seuche« ist es auch bei Hampe, Apollon »läßt« sie – etwas verwaschen – »entstehen«, bei Ebener läßt er sie pseudopoetisch »wüten«. Farbig aber ganz abwegig Rudolf Alexander Schröders »sandte die Sucht das Lager entlang«. »Sucht« war immer schon ungenau und ist heute vollends mit anderen Assoziationen belastet. Aber ist die »Seuche« der anderen Übersetzer viel besser? Es muß halt ›poetisch‹ hergehen beim Homer, und dafür ist »Seuche« wie es scheint besser geeignet. Aber die Sprache des Epos kennt auch den λοιμός (noch im 1. Buch: Vers 61, 97), und wenn dieses Wort die Seuche bezeichnet, dann ist es nachgerade falsch, hier für νοῦσον »Seuche« zu übersetzen: die schlimme Krankheit, νοῦσος κακή, wird erst später als λοιμός spezifiziert. Auch »erregte« für ὦρσε ist prägnanter als »sandte«, so daß insgesamt Schadewaldts Vers 10 (bis auf die »Völker«) den anderen Übersetzungen doch wohl vorzuziehen ist wegen seiner Prägnanz und Textnähe.

Nun noch ein Wort zu Scheibners Prosa-Übersetzung. »Den Zorn des Peliden Achilleus besinge, Göttin, den verfluchten Zorn!«, lautet der Anfang. Der Prosa-Übersetzer muß sich eben nicht an die Abfolge der Vorstellungen halten, er kann den ›Zorn‹, den er richtig als erstes Wort setzt, sofort mit seinem Subjekt Achilleus verbinden. Das von Homer in den nächsten Vers hinübergezogene schwerwiegende Beiwort οὐλομένην mochte Scheibner offenbar nicht alleine stehen lassen – das hätte wohl irgendwie unprosaisch, ›poetisch‹, geklungen –, daher ist der ›Zorn‹ noch einmal gesetzt und rahmt so den ersten Satz. Ausdrucksstark ist das, es führt aber auch weit weg von der Syntax des Originals. Und ein drittes Mal bemüht Scheibner den von Homer nur einmal benannten ›Zorn‹: »Beginne das Lied mit dem Ursprung des Zorns« (Vers 6). Der Sinn von ἐξ οὗ δὴ τὰ πρῶτα ist damit genau getroffen, doch der deutsche Text gerät so mehr zu einer kommentierenden Paraphrase als zu einer wirklichen Übersetzung. Die schwer erkennbare Anknüfung an ἄειδε hatte Schadewaldt mit sparsameren Mitteln erreicht.

Was die Wortwahl Scheibners betrifft, so sind einzelne Übereinstimmungen mit den hexametrischen Übersetzungen schon erwähnt worden. Wendungen, die ihm eigen sind und bei anderen Übersetzern kaum denkbar wären, sind »eine Unzahl von Qualen«(V. 2), »als es im Streite zum Bruch kam« (V. 6, für διαστήτην ἐρίσαντε), »hetzte ... aufeinander« (V. 8) oder »er ... ließ eine schlimme Seuche auf das Heerlager los« (V. 10). Man kann nicht gut am Prosaischen dieser Wendungen Anstoß nehmen, denn eine Prosa-Übersetzung war ja gewollt. Aber vielleicht darf man doch fragen, ob sie nicht *zu prosaisch* sind. Die Prosa als solche zwingt doch keinen Übersetzer, eine Seuche »loszulassen«. Der Vergleich mit Scheibner läßt uns die übersetzerische Weisheit und den sprachlichen Takt Schadewaldts erkennen: die Odyssee, die so randvoll ist mit Unheroischem und ›Biotischem‹, übertrug er in deutsche Prosa (ohne freilich jemals etwa eine Seuche »loszulassen«), für die strengere und härtere Ilias aber wählte er mit gutem Grund eine andere Weise der Übertragung.

Wo zeigt sich also in den ersten zehn Versen der ›Ilias‹ die Befolgung der drei Forderungen des dokumentarischen Übersetzens durch Schadewaldt?
1. ›Nichts weglassen, nichts hinzufügen‹: Hinzugefügt hat Schadewaldt das Wort »beginnend« in Vers 7, wohl im Interesse der Klarheit. Er vermied aber Dinge wie »mir nun« (Vers 1, Hampe) oder »im Streit und Hader entzweiten« (Vers 6, Hampe). Er vermied es auch, das δέ in Διὸς δ' ἐτελείετο βουλή zu verschlucken, wodurch bei Hampe ein Asyndeton in Parenthese, also eine dem Original nicht entsprechende Syntax entsteht. Hampe hatte in seinem Nachwort (S. 565) gegen Schadewaldt stolz verkündet, er kenne das nicht, daß der deutsche Hexameter schneller fertig sei, er habe nirgends strecken müssen – schon seine ersten Verse zeigen, daß er den Mund zu voll genommen hat.
2. ›Die Bilder und Vorstellungen des Originals nicht übermalen‹: also keine ›greuliche Seuche‹ bei Schadewaldt, sondern ›nur‹ die ›schlimme Krankheit‹, keine ›starkmütigen‹ oder ›tapferen‹ oder ›stattlichen‹ Seelen, wo doch Homer von kraftvollen Seelen spricht. Die Krankheit wird ›erregt‹, statt ›gesandt‹ (geschweige denn

›losgelassen‹). Wir dürfen auch dankbar sein, daß es keinen »streitenden Hader« mehr gibt, keinen »feindlichen Hader«, keinen »Streit und Hader«, und vor allem keinen »Fraß« mehr.

3. ›Die Abfolge der Vorstellungen wahren‹: von dieser Forderung wird ganz leicht abgewichen in Vers 5, 9 und 10 – aber stets um die Lesbarkeit bzw. ein vertretbares Deutsch zu erhalten (die ›Krankheit‹ etwa an den Anfang des Verses zu stellen, würde ihn nicht mehr deutsch klingen lassen). Ansonsten ist die griechische Wortfolge erstaunlich genau befolgt, und stets zum Vorteil des Verses.

Schadewaldt hatte mit einem provokativen Oxymoron verkündet, er wolle eine »poetische Interlinearversion« schaffen. Wie kann man bei hoher Dichtung etwas so Banales wie eine Interlinearversion anbieten wollen? Doch genau die hat Schadewaldt gewagt, und dennoch kommt bei ihm die nüchterne Klarheit, die plastische Kraft und der hohe Ernst der homerischen Dichtung besser zum Ausdruck als bei Übersetzern, die höhere Ambitionen verfolgten als die, eine Interlinearversion zu liefern.

Als zweites Beispiel sei Sophokles OK 668 – 680 gewählt.

εὐίππου, ξένε, τᾶσδε χώ-
ρας ἵκου τὰ κράτιστα γᾶς ἔπαυλα,
τὸν ἀργῆτα Κολωνόν, ἔνθ
ἁ λίγεια μινύρεται
θαμίζουσα μάλιστ᾽ ἀη-
δὼν χλωραῖς ὑπὸ βάσσαις,
τὸν οἰνωπὸν ἔχουσα κισ-
σὸν καὶ τὰν ἄβατον θεοῦ
φυλλάδα μυριόκαρπον ἀνάλιον
ἀνήνεμόν τε πάντων
χειμώνων· ἵν ὁ βακχιώ-
τας ἀεὶ Διόνυσος ἐμβατεύει
θείαις ἀμφιπολῶν τιθήναις.

Zu dieses rossegeguten Landes, Fremder,
Herrlichstem Platz auf Erden
Bist du gekommen:
Zum schimmernden Kolonos, wo
Am häufigsten verweilend
Die hellstimmige Nachtigall schluchzt
In grünenden Tälern
Und den weinfarbenen Efeu bewohnt
Und das unzugängliche, des Gottes Laub
Mit tausendfältigen Früchten,
Geschützt vor der Sonne, geschützt vor dem Wehn

Aller Stürme, dort wo der trunkene immer,
Dionysos, einhergeht,
Schwärmend mit seinen
Göttlichen Ammen.

*Wolfgang Schadewaldt 1968 (1996)*


Zu pferdereichen Landes Gehöft,
Dem trefflichen, bist du kommen, auf
Kolonos' weiße Erde, da
Mit hellen Tönen je und je
Die Nachtigall schluchzt, verborgen tief
Im grünen Tal, und gerne bewohnt
Weindunklen Efeu und, entrückt,
Des Gottes lichtlos Blätterwek,
Das hüllet tausendfältige Frucht,
Von allen Winden beschützt, wo im
Geleit der Göttlichen, die ihn einst
Gesäugt, Dionysos immerdar
Mit seinen Scharen schwärmet.

*Emil Staiger 1944*


Rossetummelnden Lands
Lieblichste Hütten,
Kolonos' schimmernde Hügel,
Nahmen, Fremder, dich auf.
Nachtigall liebt dieses Tals
Dunkelschattend Gebüsch,
Singt die klagenden Lieder,
Unter dem Weinlaub des Efeus versteckt,
Im strenge verwehrten
Hochheiligen Garten,
Wo im ewigen Schatten,
Im Frieden der Lüfte,
Tausend Früchte gedeihen.
Dionysos der Tänzer
Kommt selbst mit dem Chor der
Göttlichen Ammen.

*Ernst Buschor 1959*


Freund, zur prangensten Siedlung hier

dieses Landes der schönen Pferde kamst du:
Zum kalkhellen Kolonos, wo
schluchzt und flötet die Nachtigall,
wo allzeit sie am liebsten weilt,
in der grünenden Waldschlucht,
im weinfarbenen Efeu wohnt,
im unnahbaren Gotteshain,
der in der Fülle des Laubs und der Früchte doch
vor Sonnenglut und Stürmen
bleibt geschützt, wo der immerdar
freudetrunkne Dionysos einherzieht,
mit den göttlichen Mägden schwärmend.

*Wilhelm Willige 1966*

Die äolischen Maße dieser ersten Strophe des ersten Stasimons des ›Oidipus bei Kolonos‹ auch im deutschen Text beizubehalten versuchte nur Willige. Staiger behielt wenigstens die Zahl der Verse bei, während Schadewaldt und Buschor sie von 13 auf 15 bzw. 16 vermehrten. Dagegen ist nichts einzwenden – wenn der ursprüngliche Rhythmus geopfert wird, kann auch der Umfang der neuen rhythmischen Einheiten neu bestimmt werden und somit die Zahl der Verse vom Original abweichen.

Der griechische Text bietet zwei scheinbare Redundanzen: in 668/9 ist es beim ersten Lesen nicht leicht zu erkennen, wie sich τᾶσδε χώρας und γᾶς zueinander verhalten, und in 679/80 scheinen ἐμβατεύει und ἀμφιπολῶν mehr oder weniger für dieselbe Vorstellung zu stehen. Die Schwierigkeit zu Beginn der Strophe hat nur Schadewaldt gemeistert (die anderen Übersetzer geben nur χώρας wieder und lassen γᾶς fallen[35]), die geringere Schwierigkeit am Ende auch Willige.

Gegen die von Sophokles gewählte Abfolge der Vorstellungen konnte man bei der reihenden Schilderung der numinosen Landschaft und Vegetation von Kolonos nicht leicht verstoßen, aber da, wo es doch möglich war, nämlich am Anfang, gelang es zwei Übersetzern: der angeredete »Fremde« (ξένε, 668), also die Hauptfigur Oidipus, steht bei Buschor hinter ›Kolonos‹ (670), bei Willige hingegen als »Freund« (aber φίλε würde der Chor zu Oidipus wohl nicht sagen) an erster Stelle, während Staiger die Anrede überhaupt unterschlägt. Nur Schadewaldt hat den »Fremden« wie Sophokles als zweite Vorstellung hinter dem »rosseguten Land« (wobei die im Griechischen problemlose Trennung von εὔιππου τᾶσδε χώρας durch ξένε im Deutschen nicht nachzubilden war).

---

[35] Wenn Staigers »Kolonos' weiße Erde« (670) vom Wort γᾶς in 669 inspiriert sein sollte, so wäre das eine befremdliche Verkennung der Syntax dieser Strophe.

Die kühnsten Abweichungen von der Vorstellungswelt des sophokleischen Liedes finden sich bei Buschor. Gewiß »klagt« oder »schluchzt« (Staiger, Schadewaldt) die Nachtigall im Griechischen (μινύρεται, 671), aber sie »*singt*« nicht »die klagenden *Lieder*«. Der ständige Aufenthalt der Nachtigall in den grünen Tälern von Kolonos wird zur ›Liebe‹ des Vogels zum ›dunkelschattenden Gebüsch‹ ›dieses Tals‹, der schwärmende Dionysos wird zum ›Tänzer‹ (678f.), der ›selbst mit dem Chor der Ammen‹ kommt – weder ›selbst‹ noch der ›Chor‹ stehen im Text. Der ›strenge verwehrte hochheilige Garten‹ ist eine eher irreführende Überinterpretation von τὰν ἄβατον θεοῦ φυλλάδα (675f.), ebenso der ›ewige Schatten‹ und der ›Frieden der Lüfte‹ für ἀνάλιον und ἀνήνεμον. Hier wird der griechische Tragiker großzügig »bedichtet«, ohne daß dabei Lyrik von eigenem ästhetischem Reiz entstünde. Durch mangelnden Respekt vor der Sprache des Originals kann man große Dichtung nicht ›verbessern‹.

Weit seriöser wirkt Staigers Verdeutschung. Doch ist die schon erwähnte Weglassung der Anrede des Fremden ebenso unnötig und unverständlich wie die paraphrasierende Erklärung der »göttlichen Ammen« (680) durch »der Göttlichen, die ihn einst gesäugt« und die unmotivierte Umstellung am Strophenende. »Verborgen tief im grünen Tal« ist ebenfalls eine doch wohl unnötige Verdeutlichung von χλωραῖς ὑπὸ βάσσαις (673). Weit störender aber sind die gutgemeinten pseudopoetischen Formen »bist du kommen«, »je und je«, »hüllet«, »immerdar« und »schwärmet«.

Williges ›metrisch getreue‹ Umsetzung ist nicht direkt vergleichbar mit den anderen (ähnlich, in dieser einen Hinsicht, der Prosa-Übersetzung der ›Ilias‹ durch Scheibner). Das Ziel, deutsche äolische Rhythmen zu schreiben, die gut verständlich und irgendwie auch gefällig sind, ist nicht schlecht verwirklicht. Der Preis, der dafür zu zahlen war, ist indes ziemlich hoch. Der »unnahbare Gotteshain« (675) trifft nicht das hier Gemeinte, während »schluchzt und flötet die Nachtigall« (671) und »der immerdar freudetrunkne Di̅onysos« (679) etwas viel ‹poetische› Farbe auflegen – wobei die Form »freudetrunkne« statt »freudetrunkene« noch hinzunehmen wäre, nicht aber das metrisch erzwungene Di̅onysos mit langer zweiter Silbe. Die ›metrische Treue‹ kommt so an ihre Grenzen. Wie bei Scheibner ist auch hier zu fragen, ob die auf den ersten Blick sehr einleuchtende Zielsetzung wirklich sinnvoll ist.

Ich bin mir bewußt, daß die Analyse von 10 Versen Homer und 12 Versen Sophokles keine hinreichende Grundlage für ein abschließendes Urteil bilden können. Ich wage es trotzdem, meine Beobachtungen und Wertungen mitzuteilen, da die zwei mitgeteilten Proben stellvertretend für zahlreiche andere stehen, die ich durchgeführt habe, und da ich überzeugt bin, daß Leser von ganz unterschiedlicher ästhetischer Orientierung gleichwohl meistenteils zu ähnlichen Ergebnissen kommen werden, sofern sie nur gewillt sind, sich dem Kosmos der Vorstellungen, der in der großen Dichtung der Griechen für uns aufbewahrt ist, anzuvertrauen.

Schadewaldt hat nicht nur als Theoretiker des Übersetzens die ältere Reflexion seit der Goethezeit über diese für jede Kulturnation zentral wichtige geistig-künstlerische Leistung auf den Punkt gebracht. Er hat auch den Mut und vor allem das sprachliche Vermögen besessen, die Prinzipien des dokumentarischen Übersetzens in großem Stil zu verwirklichen. Er hat damit der deutschen Kultur des 20. und 21. Jahrhunderts einen Dienst erwiesen, der seine übrigen – wahrhaft nicht geringen – Leistungen noch übertrifft.

*Hans Krämer*

# WOLFGANG SCHADEWALDT UND DAS PROBLEM DES HUMANISMUS

*(1)*

Geht man von dem Begriff des *Humanismus* aus, den Wolfgang Schadewaldt im Kreis um seinen Lehrer Werner Jaeger vorgefunden hat, so ist damit die Bemühung um ein normatives Menschenbild gemeint, wie sie zuerst in der griechischen und römischen Antike hervorgetreten ist. Es ging und geht hier um den Menschen an sich, losgelöst von allen Spezialisierungen sowie fremdbestimmten Indienstnahmen und Interessen. Ein solcher Humanismus erschöpft sich nicht in Wissenschaft, sondern enthält auch vorwissenschaftliche, ja nicht-begriffliche, bildhafte und ästhetische oder künstlerische Momente, die auf eine Bildungs- und Lebensform hinführen. Neben dem Gelehrtenhumanismus steht darum in der Regel auch ein Bildungs- und Schulhumanismus[1].

Die Entwicklung des Humanismus in der Neuzeit zeigt nun eine zunehmende Vermitteltheit des Verhältnisses zur Antike. Schon im Renaissancehumanismus ist es umstritten gewesen, inwieweit die Alten und ihre Werke als Muster imitiert werden sollten (manche plädierten dafür, nicht die Autoren, sondern nur die Poetiken müßten befolgt werden). Im 17. Jahrhundert war dann die querelle des anciens et des modernes um den Primat der Vorzüglichkeit entweder zugunsten der Moderne entschieden oder sogar bereits historistisch entschärft worden[2] (wie später bei Herder).

Gegen die damit sich abzeichnende Neutralisierung der Antike sind verschiedene Zwischenlösungen ins Feld geführt worden, die die historistische Bezuglosig-

---

1   Klärungsbedürftig ist das Verhältnis von Humanismus und *Klassizismus*: Soweit die Antike selbst der ›klassische‹ Bezugspunkt des Humanismus ist, ist der Humanismus klassizistisch – im Unterschied etwa zu neueren, im 19. und 20. Jahrhundert aufgekommenen Formen des Humanismus (vgl. u. S. 90) –; sonst kann der Begriff des Klassischen ganz verschiedene – normativ-»kanonische« oder deskriptive – Bedeutungen annehmen und bezieht sich dann überwiegend auf Literatur und Kunst.

keit der Antike auffangen sollten, ohne in den Vorbild- und Nachahmungsgedanken des naiven Humanismus und Klassizismus zurückzufallen. So gab es zwar im Umkreis des deutschen Neuhumanismus am Ende des 18. Jahrhunderts noch Vertreter des Vorbildgedankens wie Winckelmann, Humboldt oder Niethammer[3], aber auch reflektiertere Theorien wie die von Schiller und Friedrich Schlegel[4], die mit entgegengesetzter Ponderierung der antiken Dichtungsart auch in der Moderne noch eine analogische Funktion zu reservieren suchten (in Gestalt von quasi-naiven Werken neben den sentimentalischen bei Schiller und mit dem objektiven Typus neben dem interessanten bei Schlegel).

Eine andere Art der Vermittlung war die, die, soweit ich sehe, zuerst August Boeckh in seiner ›Enzyklopädie und Methodenlehre der philologischen Wissenschaften‹[5] vorgeschlagen hat und die in der Antike zwar nicht die Vollendung, wohl aber die Elemente, Fundamente und Prinzipien unserer Kultur angelegt fand. Deren Nachvollzug fördere unser Selbstverständnis propädeutisch und didaktisch, indem er uns in die Lage setze, alles Spätere von seinen Grundlagen her besser zu verstehen. Der Vorbildcharakter der Antike ist hier angesichts einer übermächtigen Moderne fallengelassen; demgegenüber wird ihr *grundlegender* Charakter betont und sie damit einer historistischen Vergleichgültigung entzogen.

Eben dies ist aber auch die Konzeption des sogenannten Dritten Humanismus Werner *Jaegers* gewesen, wie er sie zwischen den beiden Weltkriegen programmatisch propagiert hat. Jaegers Anliegen war es, im Gegenzug zur Altertumswissenschaft des 19. Jahrhunderts Historismus und Humanismus wieder miteinander zu versöhnen. Dies geschah einmal durch die Aufdeckung eines latenten Klassizismus im Historismus selber (etwa bei Wilamowitz)[6], zum andern durch die Suggestion, daß die Griechen selbst einen Erziehungshumanismus vertreten hätten, der ihre wirkungsgeschichtliche Rolle als Erzieher Europas erklärte und zugleich die Klassische Philologie vom Zentrum ihres Gegenstandes her auf normatives Erziehertum verpflichtete[7]. Viel wichtiger war es aber, daß Jaeger die historistische Distan-

---

2   Zusammenfassend H.R. Jauss, Literaturgeschichte als Provokation der Literaturwissenschaft, Frankfurt 1970 (es 418), 70ff. Schon bei Rabelais und in der Schule von Chartres deutet sich der Überlegenheitsanspruch der Moderne mit der Metapher an, daß wir Heutigen als Zwerge auf den Schultern von Riesen stehen und daher weiter sehen als diese.
3   A. Buck, Humanismus. Seine europäische Entwicklung in Dokumenten und Darstellungen, Freiburg/München 1987, 347ff., 383ff., 389ff.
4   F. Schiller, Über naive und sentimentalische Dichtung, 1795; F. Schlegel, Über das Studium der griechischen Poesie, 1795/97 (mit gegenläufiger Ponderierung: Schiller betont mehr den Primat der modernen, Schlegel den Primat der antiken – »objektiven« – Poesie).
5   A. Boeckh, Enzyklopädie und Methodenlehre der philologischen Wissenschaften, Erster Hauptteil, Darmstadt ³1966, 32f.
6   W. Jaeger, Humanistische Reden und Vorträge, Berlin ²1960, 219ff.

zierung und damit den Gegensatz zum Humanismus durch den Hinweis auf die inhaltliche Kontinuität zwischen Antike und Gegenwart zu unterlaufen suchte[8]. (Es wäre darum falsch, den Gegensatz auf den zwischen Positivismus und Normativismus zu verkürzen; das entscheidende Problem war stets die Überbrückung der historischen Entfremdung der Tradition.) Jaeger verabschiedete dabei aber nun den Vorbildgedanken – und den Gegenbegriff der Nachahmung (imitatio) – endgültig und formalisierte das Verhältnis grundlegend. An die Stelle der zur unmittelbaren Nachahmung empfohlenen bestimmten Exempel, Paradigmen, Standards, Muster, Vorbilder und Normen treten die sich durchhaltenden *Grund- und Wesensformen*, die dauernden Prinzipien, die Grundgedanken und Grundgesetze des Geistes, die Formen unseres Seins und die Urphänomene, die auch noch unsere Gegenwart mitkonstituieren[9].

*(2)*

Erst nach dem zeitgeschichtlich bedingten Niedergang des Dritten Humanismus, von der Mitte der Fünfziger Jahre an, hat Schadewaldt, der sich von Hause aus nicht als Theoretiker oder gar Programmatiker verstand, den Ansatz Jaegers aufgegriffen und selbständig weitergeführt. Die Wendung, die er der Zurücknahme ins Formale und Generelle gegeben hat, ist durch den *Modellgedanken* charakterisiert, den Schadewaldt in diesem Zusammenhang als erster aufgebracht hat. Der Modellgedanke funktionalisiert das Verhältnis zwischen Antike und Gegenwart, spezifiziert und konkretisiert die Grundformen Jaegers und stellt überdies eine Verbindung zur modernen Wissenschaftstheorie her. Schadewaldt kann dabei an bestimmte terminologische Vorgaben zumal bei Platon anknüpfen[10]. Modelle findet Schadewaldt bei den Griechen für alle Bereiche der Wirklichkeit entworfen: für das kosmische Weltbild, für das Menschenbild (wozu auch das Bild vom Staat gehört) und schließlich für die Gottesvorstellung[11]. Im einzelnen rechnet Schadewaldt mit einer »ungeheuren Fülle von Modellen des Menschlichen und Seienden« in Form

---

7   W. Jaeger, Paideia. Die Formung des griechischen Menschen, ³1959, I–III; ders., Humanistische Reden und Vorträge a.a.O. 63, 109, 111ff., 150ff.
8   W. Jaeger, Humanistische Reden und Vorträge a.a.O. 25, 55, 106, 112, 116, 125, 162, 180.
9   W. Jaeger, Humanistische Reden und Vorträge a.a.O. 116, 125ff., 165, 171ff., 222, 249. Vgl. N. Rüdiger, Wesen und Wandlung des Humanismus, Schlußkapitel: Der Dritte Humanismus, Hamburg 1937, 289ff. = H. Oppermann (Hg.), Humanismus, Wege der Forschung, Band 17, 1970, 215ff. (mit der Ersetzung des Vorbildlichen durch das Agonale). – Von ›Grundformen‹ haben auch Nietzsche und später Howald, E.R. Curtius oder Snell gesprochen.
10  Platon, Politeia 509 A, 510 A, D, 515 A, 517 A, 533 A (εἰκών); Politikos 277 Dff., 279 Aff., vgl. 285 C–287 B (παράδειγμα). Vgl. Hellas und Hesperien, Zürich und Stuttgart ¹1960, 430, 433.
11  Hellas und Hesperien a.a.O. 430ff., 931.

von »Bildern, Gestalten und Situationen, Weltentwürfen, Methoden des Denkens wie Gestaltens«[12]. Modelle können also sowohl begrifflicher wie struktureller oder bildlicher oder auch methodischer Natur sein. Prototypisch wird davon das *Weltbild* behandelt, das mit dem System der homozentrischen Sphären und dem Epizykelsystem für die Planetenbewegungen einen allmählichen Fortschritt nach Art der neuzeitlichen Naturwissenschaft erkennen läßt[13]. Für das Menschenbild und damit für den humanistischen Anspruch im engeren Sinn kommt Schadewaldt immer wieder auf das *soma autarkes*, die selbständige Person, zurück, die Thukydides den Perikles im Lob Athens rühmen läßt[14] – ersichtlich verstanden als Modell für die Persönlichkeitsidee und den Autonomiegedanken der Neuzeit.

Schadewaldt hat den Modellbegriff immer wieder umkreist und ihn direkt vom Begriff des Vorbilds abgehoben[15]: Das Modell wirkt nicht normativ und präskriptiv, sondern erschließend, es ist ein vorläufiger, vereinfachter Entwurf, der der weiteren Ausführung und der Korrektur fähig und bedürftig ist und die Wirklichkeit nur näherungsweise erreicht[16]. Vor allem sind die antiken Modelle in die Tradition eingegangen und wirken darin bereits immanent und gleichsam a tergo weiter. Andererseits haben sie einen *mehr* als deskriptiven Charakter, da sie *als Modelle* auch fernerhin auf Zukunft hin angelegt sind, einerlei[17], ob sie als sich durchhaltende Elemente der Geschichte durch die Akteure hindurch wirken oder in bewußter Rückwendung ergriffen und weiterentfaltet werden.

Man bemerkt: Das Modell ist als ein abgeschwächtes, herabgemindertes Vorbild verstanden[18], das im Unterschied zu jenem grundsätzlich und immer überholt werden kann. Andererseits braucht über das Modell kraft seiner perennierenden Gegenwärtigkeit nur beschränkt entschieden zu werden; es kann aber in Selbstverständnis, Selbstbehauptung und Orientierung auch bewußt angeeignet und übernommen werden und dann lebenspraktisch zu Buche schlagen[19]. Im Hinblick darauf fällt der philologisch-historischen Wissenschaft die Aufgabe zu, die Modelle möglichst getreu und authentisch herauszuarbeiten[20]. Das Vorbild im tra-

---

12  Hellas und Hesperien a.a.O. 949.
13  Hellas und Hesperien a.a.O. 432ff., 440f.
14  Hellas und Hesperien a.a.O. 445, 940, 945, 959f.
15  Hellas und Hesperien a.a.O. 449f., 926f., 937f., 946, 949, 957f., 981. Vgl. zuletzt W. Schadewaldt, Lebenswerte des Griechischen, in: N. Gehring (Hg.), Der Lebenswert des Griechischen, Karlsruhe 1973, bes. 74f.
16  Hellas und Hesperien a.a.O. 429, 958.
17  Hellas und Hesperien a.a.O. 429.
18  Die verbleibenden normativen Momente werden von Schadewaldt per subtractionem neu bestimmt. Sie sind notwendig, um beispielsweise die pädagogische Zielsetzung des Humanismus zu erklären.
19  Hellas und Hesperien a.a.O. 958.

ditionellen Sinne, das nicht mehr allgemeinverbindlich zu machen ist, wird demgegenüber bei Schadewaldt ausdrücklich privatisiert[21].

Schadewaldts Modelltheorie führt die Revision, die der Dritte Humanismus zumal am Neuhumanismus vorgenommen hatte, weiter fort und gestaltet die Alternative detaillierter aus. (Eine gleichgerichtete Kritik am Neuhumanismus und seinen idealistischen Implikationen trägt Schadewaldt in der Schrift über den ›Gott von Delphi und die Humanitätsidee‹ vor, wo nach den Erfahrungen des 20. Jahrhunderts die *Endlichkeit* des Menschen für das humanistische Selbstverständnis eingeklagt wird[22].) Was den *wissenschaftstheoretischen Status* der Modelle anlangt, so handelt es sich weniger um heuristische oder gar um Phantasie- und Simulationsmodelle als um Repräsentationsmodelle und gelegentlich, vor allem im Bereich des Weltbildes, um Erklärungsmodelle. Sie verhalten sich zur Sache selbst tentativ im Modus der Isomorphie oder Analogie, haben aber alle, wie Schadewaldt hervorhebt, den Charakter von Hypothesen[23]. Dieser Freiheitsgrad verleiht ihnen gegenüber dem Vorbild die Flexibilität und Ergänzungsfähigkeit, deren sie für ihre Fortwirkung in der Geschichte bedürfen. Schadewaldt läßt dabei zwei Bedeutungen von Modell ineinander übergehen: Das Modell steht zunächst als Abbild für die Sache selbst, es wird dann aber im Verlauf der geschichtlichen Entwicklung zum Modell für die nachfolgenden Generationen, die sich für den Umgang mit den Sachen und Personen darauf zurückbeziehen können, also zu einer Art von Forschungsprogramm[24].

*(3)*

Schadewaldts Modellkonzeption setzt eine substantialistische Geschichtsphilosophie voraus, die primär *archaiologisch* gewichtet ist, aber auch *teleologische* Momente enthält. (Schadewaldt spricht einmal von der antiken Ur- und Grundform europäischer Kultur als der Entelechie Europas und – in Anlehnung an ein Goethe-Wort – von der *entelechetischen* Fortentwicklung eines »ewig Neuen aus den erweiterten Elementen des Vergangenen« als einem kulturbiologischen Grundgesetz[25].)

---

20   Hellas und Hesperien a.a.O. 981.
21   Hellas und Hesperien a.a.O. 449.
22   W. Schadewaldt, Der Gott von Delphi und die Humanitätsidee, zuerst Pforzheim 1963, dann Pfullingen 1965, Frankfurt 1975, zuletzt Insel-Taschenbuch 1990. Gegen den Anthropozentrismus und zugleich Individualismus des Zweiten Humanismus auch Hellas und Hesperien a.a.O. 944f.
23   Hellas und Hesperien a.a.O. 431. – Zur Typologie des Modellbegriffs P. Achinstein, Concepts of science, Baltimore 1968, 212ff., 222ff., 248f.; ferner M.B. Hesse, Models and analogies in science, New York 1963 (Unterscheidung von theoretischen und materialen Modellen); W.K. Essler, Wissenschaftstheorie II, Freiburg/München 1971, 39ff.; H. Stachowiak, Allgemeine Modelltheorie, Wien/New York 1973, bes. 128ff.
24   Vgl. dazu z.B. Hellas und Hesperien a.a.O. 440f..

Anders gewendet: Das Konzept verbindet überwiegend präformative mit epigenetischen Aspekten. Mit Vorliebe hat Schadewaldt den gemeinten Sachverhalt durch Metaphern umschrieben (»Zettel« und »Einschläge« in einem Gewebe[26], Elemente, Fermente, Sauerteig u.dgl.; der Substratgedanke wird hingegen abgelehnt, weil so die antike Grundlegung durch Überschichtungsverhältnisse aus dem Blick geraten könnte, während sie doch in den geschichtlichen Fortgang eingewoben vorzustellen sei[27]. Für Schadewaldts Auffassung des *Humanismus* ist es nun aufschlußreich, daß die Griechen in diesem Zusammenhang als *Anthropologen* erscheinen, in dem wohlverstandenen Sinn, daß sie ein für uns noch heute gültiges *Modell* vom Menschen entworfen haben, das aber weiterer Ausgestaltung bedarf[28]. Eine Ausdehnung des Modellgedankens auf die gesamte Vorgeschichte des heutigen Menschen weist Schadewaldt, der hier wie Jaeger hellenogen denkt, ab, wie zumal in seiner Distanzierung von Versuchen einer neolithischen Relativierung des Griechentums deutlich geworden ist. Man könnte seine Auffassung folgendermaßen formulieren: Die Griechen haben den Schritt, den der Mensch in der Anthropogenese über das Tier hinaus getan hat, im kleinen noch einmal vollzogen. Hinter diesen epochalen Einschnitt kann nicht zurückgegangen werden.

Die humanistische Geschichtsphilosophie der Modelle ist antihistoristisch gewendet und betrachtet die Geschichte mehr unter den Gesichtspunkten der Identität und Kontinuität als unter denen der Differenz und der Brüche. Die in den Modellen artikulierte Substanz wirkt gesetzmäßig, um nicht zu sagen: automatisch, in der Gegenwart weiter und wird dies auch in die Zukunft hinein tun. Der Humanist und der Wissenschaftler reflektieren jedoch auf die eigene Gewordenheit und Bedingtheit und vergewissern sich dadurch verstehend, sich orientierend und mitunter auch planend ihrer eigenen Identität[29]. Das bewußtseintheoretische Paradigma des Idealismus und Diltheys steht also bei Schadewaldt wie bei

---

25    Hellas und Hesperien a.a.O. 450, 932, 958f., 971.
26    Hellas und Hesperien a.a.O. 930f., 946. ›Zettel‹ und ›Einschlag‹ beziehen sich auf die zueinander querliegenden Grundbestandteile des Gewebes: Die stärkeren Längsstränge und die schwächeren Querfäden die den ersteren Fülle und Substanz verleihen. Schadewaldt läßt die Längsstränge, die er vor allem mit Griechentum, Römertum und Christentum exemplifiziert, die Festigkeit des Traditionsgewebes bewirken, die Querfäden hingegen seine Mannigfaltigkeit. Die Modelle sind den Längssträngen zuzurechnen.
27    Hellas und Hesperien a.a.O. 938.
28    Mit dieser Konzeption von der Anthropologie der Griechen gibt Schadewaldt der zugespitzten Rede Jaegers von den Griechen als den »Anthropoplasten« eine andere Wendung. Schadewaldt umschreibt damit den griechischen Ansatz zum Humanismus: Die Romanisierung des Begriffs führt zur *humanitas* (Hellas und Hesperien a.a.O. 948f. und zuletzt Humanitas Romana, in: Aufstieg und Niedergang der Römischen Welt IV 1, bes. 61 = auch in Hellas und Hesperien I, ²1970, bes. 699f.).
29    Vgl. Anmerkung 20.

Jaeger immer noch in Geltung: »Was der Mensch sei, erfährt er nur aus der Geschichte« – dieser Satz Diltheys ist auch für die Modelltheorie Schadewaldts leitend, wobei das Identitätsbewußtsein[30], unabhängig von einer möglichen lebenspraktischen Anwendung, seinen Sinn selbstzweckhaft bereits *in sich* trägt. (Lübbes spätere Erweiterung Diltheys: »Aus der Geschichte erfahren wir, wer wir *und wer andere sind*«[31], bleibt bei der unilinearen humanistischen Perspektive natürlich außer Betracht.)

Schadewaldt war im übrigen methodisch gesehen Objektivist und erkenntnistheoretisch betrachtet Realist, der davon überzeugt war, daß wir die Dinge im wesentlichen so erkennen können, wie sie an sich sind. Dafür gibt es viele Belege auch aus seiner Lehrtätigkeit. Er steht damit vermutlich wie manche seiner Generation unter dem Eindruck der Phänomenologie Husserls, die bei Nicolai Hartmann und anderen zu einer neuen Ontologie weitergeführt worden war, aber ebenso sehr in der Goethe-Renaissance des ersten Jahrhunderthälfte, zu der er selber beigetragen und die sein philologisches Wirken wesentlich mitbestimmt hat. Schadewaldt ist demgemäß von neukantianischen Skrupeln ebenso frei geblieben wie von denen einer umdeutenden zeitgenössischen Hermeneutik. Zwar ist für ihn die Wirklichkeit nur in fortschreitender Annäherung erreichbar[32], doch teilt er diese Auffassung mit der romantischen, vorgadamerschen Hermeneutik des 19. und beginnenden 20. Jahrhunderts.

Auch Schadewaldts Sprachverständnis ist vor dem und außerhalb des linguistic turn anzusiedeln, und zwar sowohl in seiner kontinentalen, von Humboldt herkommenden, wie in seiner wittgensteinschen Version. Als Philologe und Schulhumanist ist Schadewaldt zwar immer wieder mit Nachdruck dafür eingetreten, daß der Weg zur Sache nur über die Sprache führe und daß darum eine gründliche Sprachausbildung für die Erfassung und Durchdringung der Modelle unerläßlich sei. Gleichwohl steht für ihn der Unterschied zwischen Wort und Sache und der Primat der Sache vor dem Wort fest. »Ich kann das Wort so hoch unmöglich schätzen« heißt es bei ihm wiederum mit Goethe[33], und er läßt demgemäß durchblicken, daß er sich zur Sprachphilosophie Humboldts eher distanziert verhält[34].

Es liegt in der Konsequenz seiner Modelltheorie, daß sich Schadewaldt über den beschränkten Horizont des Wissenschaftshumanismus hinaus auch Fragen des

---

30  Z.B. Hellas und Hesperien 939, 959.
31  H. Lübbe, Geschichtsbegriff und Geschichtsinteresse, Basel/Stuttgart 1977, 151, 153, 175 / 213 ff., 250.
32  D. Larese, Wolfgang Schadewaldt. Eine Lebensskizze, mit Wolfgang Schadewaldt: Einblick in die Werkstätte meiner Arbeit, 28 (»approximativ«).
33  D. Larese a.a.O.30; vgl. Hellas und Hesperien a.a.O. 956f., 962.
34  Hellas und Hesperien a.a.O. 953.

Bildungs- und Schulhumanismus angelegentlich gewidmet hat. Die Aufgabe der Geisteswissenschaften und prototypisch der Klassischen Philologie in der Öffentlichkeit sah Schadewaldt darin, daß sie einer überwiegend instrumentell *informierten* Gesellschaft *Orientierungs*möglichkeiten[35] in Gestalt von Zielen und Letztzielen aufzeigt, nicht in der Bedeutung verbindlicher Normen – dies wäre eine Rückkehr zum überholten Vorbilddenken –, sondern als Angebote zur selbstbestimmten Auswahl und Rangierung. Schadewaldt war sich darüber im klaren, daß das humanistische Angebot zwar ein bevorzugtes, aber eben doch nur *ein* Angebot unter anderen ist. Gerade deshalb kommt es darauf an, die von der Antike herreichenden Grundmodelle unserer Tradition, an ihrer Spitze das Kernmodell des Menschenbildes, möglichst vielen zugänglich zu machen, dafür zu werben und sie in geeigneter Form zu präsentieren. Schadewaldts große Übersetzerleistung, die seine zweite Lebenshälfte ausfüllt und von der in diesem Band noch ausführlicher die Rede sein wird, ist unter diesem Gesichtspunkt zu begreifen.

Die übrigen Modelle sind dem Menschenbild zugeordnet, die Texte und Werke sollen die Modelle erschließen. Schadewaldts Humanismus bietet so ein schlüssiges, in sich konsistentes Gesamtbild, in dem alle relevanten Aspekte des Traditionsverhältnisses, von der Wissenschaft über die Öffentlichkeit bis zur Schule berücksichtigt sind.

Freilich bleibt eine gewisse Spannung unaufgelöst zwischen dem Begriff der historisch-philologischen Wissenschaft und dem Anspruch humanistischer Breitenwirkung innerhalb der Gesamtkultur. Dafür, daß die Detailarbeit der Wissenschaft konzentrisch auf den Reflexionsgewinn in der Sache der großen Modelle zuläuft, gibt es keine Gewähr. Der Wissenschaftsbetrieb läßt sich offenbar nicht bruchlos in den Humanismus einschmelzen. Schadewaldt ist in seiner *eigenen* Lebensarbeit eine persönliche Lösung gelungen, die aber deshalb nicht als allgemeingültig betrachtet werden kann: *Er* hat nämlich das Humanismusprogramm mit der wissenschaftlichen Analyse großer – man würde heute sagen: eminenter – Texte zu verknüpfen gewußt, die sich auf seine Modelltheorie leicht beziehen lassen.

*(4)*

Schadewaldts Modelltheorie hat bis in die achtziger Jahre hinein beachtliche Zustimmung gefunden[36], aber auch Kritik erfahren[37]. Zunächst handelt es sich nur

---

35 Hellas und Hesperien a.a.O. 895, 938, 945, 958.
36 Vgl. z.B. R. Nickel (Hg.), Didaktik des altsprachlichen Unterrichts, Darmstadt 1974, mit den Beiträgen von E. Gegenschatz 320ff., H. Munding 350ff., vgl. R. Nickel XVIIf.
37 W. Heilmann, Kritische Bemerkungen zu Schadewaldts Vorstellung vom Welt-Modell der Griechen, in: Anregung, Zeitschrift für Gymnasialpädagogik 28, 1982, 36–44.

bei einem Teil der antiken Modelle um offene, auf weitergehende Ausgestaltung angelegte Modelle. Die übrigen sind Realmodelle gewesen, die einen Phänomenbereich repräsentieren oder durch didaktische Vereinfachung dazu hinführen sollten. Daß sie hingegen als Modelle für den weiteren geschichtlichen Fortgang bis in unsere Gegenwart und darüber hinaus hätten dienen sollen, ist nicht wahrscheinlich. Tatsächlich sind wir Späteren versucht, sie auf Grund ihrer Wirkungsgeschichte in der Retrospektive und post festum als Modelle für uns zu verstehen. Es liegt dann eine Rückprojektion vor, ähnlich der, die Jaeger für den Paideia-Gedanken vorgenommen hat[38], indem er aus der erzieherischen Wirkung der griechischen Kultur auf eine erzieherische Absicht geschlossen hat. Mit anderen Worten: Die Modellidee ist überwiegend wirkungsgeschichtlichen Ursprungs. Die Phänomenanalysen der Griechen haben so weitreichenden Einfluß auf die spätere Kulturentwicklung genommen, als ob sie als Modelle dafür konzipiert gewesen wären; jedenfalls läßt sich der Zusammenhang so deuten. Der Sache nach sind aber jene schon von Jaeger angesprochenen objektiven Grundformen gemeint, die Schadewaldt in seiner Modelltheorie freilich spezifiziert hat. Davon unabhängig bleibt gültig, daß wir die einfacheren Strukturen der Antike, soweit sie unseren komplexeren Strukturen isomorph sind, in didaktischer und autodidaktischer Form verwenden und so zu einem besseren Verständnis der Gegenwart und auch der dazwischenliegenden Epochen gelangen können.

Ein zweiter Punkt betrifft die Frage, inwieweit sich die Grundmodelle von den hinzutretenden Ausgestaltungen wirklich kategorial sondern lassen. Zumindest muß damit gerechnet werden, daß – um in der Metaphorik Schadewaldts zu bleiben – den »Zetteln« im Gewebe der europäischen Kultur, zu denen Schadewaldt neben dem Griechentum auch das Römertum und das Christentum zählt[39], in Gestalt bestimmter »Einschläge« Konkurrenten erwachsen, die ihrerseits die Funktion von »Zetteln« übernehmen können Es ist dann aber nur folgerichtig, daß die Dominanz der Ur-Zettel allmählich immer weiter gemindert wird und daß der Anteil der originären Substanz am Gesamtvolumen der Tradition fortschreitend abnimmt. Die Kontinuität der Tradition und ihre Fähigkeit zu Renaissancen kann dann natürlich nicht mehr in gleichem Maße garantiert werden.

Man hat schließlich geltend gemacht, daß die historischen Zusammenhänge zuweilen so formal und vage sind – man denke etwa an die Atom- oder die Äthertheorie –, daß nur in uneigentlichem Sinne von einem Isomorphie- oder Analogieverhältnis die Rede sein kann. Hier müßte zwischen verschiedenen Niveaus unterschieden werden, wobei für die Zwecke Schadewaldts eher die konkretere und weniger die abstrakte Ebene in Frage kommt[40]. Es gilt also zu differenzieren und

---

38 Die Parallele schon bei Heilmann a.a.O. 42.
39 Hellas und Hesperien a.a.O. 927, 931, 939, 947, 975.

auch bei der Verwendung eines retrospektiv gewonnenen Modellbegriffs selektiv und rangierend zu verfahren. –

Schadewaldts Modelltheorie steht auf dem Boden der traditionellen realistischen Hermeneutik und ihrer metahermeneutischen philosophischen Voraussetzungen. Sie fordert daher zu einem Vergleich mit der heute herrschenden *Philosophischen Hermeneutik* heraus[41]. Der Vergleich liegt umso näher, als beide Theorien der historismuskritischen Wendung der Zwanziger Jahre entstammen und als miteinander konkurrierende Überwindungsversuche des Historismus gelten können. Auch Gadamers Philosophische Hermeneutik ist ursprünglich eine Rechtfertigung der Tradition gegenüber der wachsenden Traditionsvergessenheit der Neuzeit gewesen und trotz ihrer Universalitätsansprüche in ihrem historischen Kernbereich doch immer noch am aufschlußreichsten und ergiebigsten geblieben. Die Verwandtschaft ist aber noch enger: Auf der von Werner Jaeger veranstalteten Naumburger Tagung von 1930 über den Begriff des Klassischen hat Schadewaldt eines der maßgebenden Referate gehalten[42]; Gadamer aber war zwar kein Referent, hat aber als Diskutant teilgenommen[43], nachdem er wenige Jahre zuvor bei Friedländer in Klassischer Philologie diplomiert und sich dann bei Heidegger für Philosophie habilitiert hatte. Man könnte ›Wahrheit und Methode‹ streckenweise geradezu als den bis dahin ungeschriebenen Beitrag Gadamers zur Naumburger Tagung lesen[44]. Gemeinsam ist beiden Entwürfen ferner, daß es in ihnen jeweils um die Sachen selbst geht – bei Schadewaldt, wie wir sahen, um die Sache im und hinter dem Wort, bei Gadamer um die Sachwahrheit jenseits des Ästhetischen.

Dennoch ist die Lösung des Traditionsproblems bei beiden recht verschieden, so sehr, daß Gadamer zunächst als Antipode wie der älteren Hermeneutik, so insbesondere Schadewaldts erscheinen könnte. Anders als Schadewaldt, für den unsere europäische Tradition im Sinne des Goethe-Wortes doch nur zu »3000 Jahren Gegenwart«[45] synkopiert ist, geht Gadamer den Historismus von vornherein radikaler an und läßt dabei in der Konsequenz der absoluten Geschichtlichkeit Heideggers die Substantialität und Objektivität der älteren Geschichtsbetrachtung hinter sich. Erinnert die Modelltheorie Schadewaldts von ferne an Goethes Meta-

---

40   Heilmann a.a.O. 40.
41   H.G. Gadamer, Wahrheit und Methode. Grundzüge einer philosophischen Hermeneutik, Tübingen 1990[6] (Gesammelte Werke Band 1), Taschenbuchausgabe 1999.
42   W. Schadewaldt, Begriff und Wesen der antiken Klassik, in: W. Jaeger (Hg.), Das Problem des Klassischen und die Antike, Leipzig und Berlin 1931, 15–32.
43   J. Grondin, Hans-Georg Gadamer. Eine Biographie, Tübingen 1999, 169f.
44   Ein Bindeglied: Gadamers Rezension von A. Körtes Sitzungsbericht ›Der Begriff des Klassischen in der Antike‹ von 1935 (Gesammelte Werke 5, 1985/99, 350f.).
45   Hellas und Hesperien a.a.O. 932 (expliziter ist das Zitat bei T.S. Eliot zu finden); D. Larese a.a.O. 31f.

morphose[46], so bedient sich Gadamer der Denkmittel von Heidegger und Hegel, um den realistischen Essentialismus aufzusprengen und durch einen sprachidealistisch aufbereiteten Perspektivismus zu ersetzen. Auch Gadamer geht es zwar um den Nachweis einer transhistoristischen Kontinuität, doch sind Differenz und Andersheit bei ihm stärker akzentuiert als bei Jaeger und Schadewaldt. Gadamer versucht, vereinfacht ausgedrückt, den distanzierenden Historismus durch einen Begriff einholenden und aneignenden Verstehens und zweitens durch eine Strategie der kleinen Schritte in der Wirkungsgeschichte aufzufangen. Sinn-, Wert- und Normbestände der Tradition halten sich durch, weil sie sich im geschichtlichen Wandel jeweils mitverändern und immer wieder produktiv erneuert auftreten. Sinn und Bedeutsamkeit sind also nach Gadamer nichts Vorgegebenes und allenfalls Komplettierbares, sondern werden vom Verstehen aus der Wirkungsgeschichte durch Aneignung jeweils neu erzeugt.

Es ist hier nicht der Ort, die komplexe Lösung Gadamers kritisch zu würdigen. Sie ist trotz ihres gegenwärtigen Welterfolgs in verschiedener Hinsicht diskutabel[47]. Statt dessen sei versucht, die beiden Ansätze auf einander zu beziehen und sich aneinander bewähren zu lassen. Von vornherein geht es dabei nicht darum, die Theorie der Modelle durch die Philosophische Hermeneutik zu ersetzen, so wenig wie die anderweitigen Zielsetzungen und Methoden der Einzelwissenschaft. Wohl aber wäre sie in der Sicht der Philosophischen Hermeneutik vertiefend zu hinterfragen und untergreifend zu fundieren.

Die Philosophische Hermeneutik macht sich anheischig, das Historismusproblem nicht nur in seiner ganzen Schärfe richtig zu diagnostizieren, sondern auch erst einer prinzipiellen Lösung zuzuführen, in die sich die hergebrachten Vorschläge zuverlässig einordnen lassen. Die Art, wie die traditionelle Hermeneutik mit objektivistischen Vorbild- oder Modellverhältnissen operiert, ist in der Perspektive der philosophisch reflektierten Metahermeneutik vordergründig und kann nur zu Scheinlösungen führen, die der weiteren Aufklärung und Analyse bedürfen.

Im einzelnen bedeutet dies, daß die Modelle Schadewaldts für Gadamer ganz ähnlich wie ›das Klassische‹ als wirkungsgeschichtliche Größen aufzufassen und demgemäß zu relativieren wären. Dies bestätigt gleichsam systematisch unsere vorgreifenden Überlegungen, doch geht die Intention Gadamers viel weiter: Nicht nur der Modellcharakter der Antike, sondern auch ihr Ansichsein ist uns nur wirkungsgeschichtlich und interpretativ gegeben. (Mit der Betonung der Interpretativität hängt es auch zusammen, daß bei Gadamer die *Texte* als vielfältig ausdeut-

---

46   Hellas und Hesperien a.a.O. 450.
47   Vgl. H. Krämer, Die Grundlagen kulturwissenschaftlicher Erkenntnis. Kritische Überlegungen zu Gadamer, in: H.-U. Lessing (Hg.), Kultur verstehen, Frankfurt 2002.

bare Sinnträger stärker im Vordergrund stehen als bei dem zuletzt an den Sachmodellen interessierten Schadewaldt.)

Auch eine zweite vorgreifende Überlegung findet bei Gadamer systematischen Anhalt: Wenn sich die Tradition insgesamt immer wieder neukonstituiert, gibt es keine sukzessive Addition neuer Inhalte zu gleichbleibenden Grundformen mehr. Einmal bleibt der vermeintlich identische Referenzpunkt fiktiv, zum andern bringt die interpretative Dynamik Kontingenzen mit sich, die für Umbrüche und relative Neuansätze unabsehbaren Raum lassen. Gadamer selbst hat diese Konsequenz nicht verfolgt; sie läßt sich aber systematisch nicht abweisen.

Indessen stellen sich zwei Gegenfragen: Inwieweit ist die Analyse der Philosophischen Hermeneutik wirklich tragfähig und ihr Überwindungsversuch des Historismus triftig?, und zweitens: Macht nicht auch die Philosophische Hermeneutik explizit oder implizit von Strukturbegriffen wie der Isomorphie und Analogie Gebrauch, die auch der Modelltheorie zugrundeliegen? In diesem zweiten Fall wäre das Explikationsverhältnis nicht nur einseitig, sondern unter bestimmten Aspekten auch wechselseitig. In der Tat heißt das Verstehen des Anderen als Eigenes und des Eigenen als Anderes, daß man sich in den Bahnen des analogischen Denkens bewegt, wobei sich die Analogieverhältnisse gegebenenfalls als Modellbeziehungen artikulieren lassen. Dies führt zum vielbehandelten Kontroversthema ›Hermeneutik oder Strukturalismus‹ zurück, das ohne die oft überanstrengte Ausschließlichkeit eine Reprise verdiente.

*(5)*

Schadewaldts Geschichtsbild ist zuletzt von einem großartigen, unbeirrbaren Vertrauen in die Kontinuität der Tradition getragen, und zwar nach vorwärts ebenso wie nach rückwärts. Die Metapher von den sich durchhaltenden Zetteln der Überlieferung legt den Schluß nahe, daß es auch in der Zukunft so weitergehen wird, das heißt, daß die »dreitausend Jahre Gegenwart« der hellenogenen Tradition durch gleichartige Jahrtausende erweitert werden können, ja müssen. In den späten Jahren Schadewaldts mischen sich allerdings einige resignative Töne ein, so wenn er darüber meditiert, ob die *catena aurea* dieser Tradition »in eben unseren Tagen abreißt«[48]. Der Gedanke einer unbegrenzten Selbstproduktion der Tradition wird heute in der Tat kontingenter, alternativenreicher, entscheidungs- und bewährungsbedürftiger zu sehen sein. Dies trifft im übrigen selbst für Gadamers Geschichtsauffassung zu, der trotz aller Kontingenzen im einzelnen doch daran festhält, daß die Gegenwart wesentlich applizierte Tradition sei.

Doch auch wenn die Momente der Innovation und Selektion die Unausweichlichkeit und Stringenz des Überlieferungsgeschehens aushöhlen, bleibt der

---

48   D. Larese a.a.O. 32.

Modellbegriff davon unberührt. Wer nicht in einen heute rechtfertigungsbedürftigen folgenlosen Historismus zurückfallen möchte, wird Vorschläge dafür unterbreiten müssen, wie die Vergangenheit gegebenenfalls in die Gegenwart eingeholt werden kann. Dafür bietet sich erneut der Modellbegriff an, freilich so, daß auch seine Vieldeutigkeit voll ausgeschöpft wird. Schadewaldts Modellbegriff dient primär der *Identitätsklärung* im Sinne Diltheys und steht damit für einen auch heute zentralen Typus des Geschichtsinteresses. Er wird teils präzisiert, teils ergänzt durch die didaktische Funktion, die komplexe Gegenwart durch ihre einfachen Vorgestalten verständlicher zu machen.

Darüber hinaus wäre aber auch die *heuristische* Variante des Modellgedankens voll zu integrieren. Modelle dienen *hier* dazu, Erfahrungen zu erschließen und für die Gegenwart innovatorisch nutzbar zu machen. Solche Erfahrungen sind freilich nicht an das Bewußtsein eigener Gewordenheit oder Identität gebunden, sondern können sich auch in zufälligen, nicht genetisch oder kausal bestimmten Zusammenhängen einstellen. Sie haben gegenüber der Selbst- und Identitätserfahrung den Vorzug, daß sie nicht wie diese der Sache nach bereits der Gegenwart innewohnen und dadurch möglicherweise aufgehoben und überholt sind, sondern daß sie die Merkmale des Neuen, Unvorhergesehenen und Emergenten haben. Die Fruchtbarkeit des Modellbegriffs wird erst dann ganz deutlich, wenn man die heuristische Bedeutung miteinbezieht. Im übrigen versteht es sich bei den heuristischen Modellen besonders gut, daß sie als solche erst von uns Heutigen gesetzt sind und nicht an sich existieren. Ferner sind auch heuristische Modelle keine Vorbilder, sondern werden immer nur analogisch und meist nur instrumentell, fallweise und partiell wirksam. Sie haben primär eine kognitive, keine normative Bedeutung.

Modelle können schließlich über ihre explizierende oder heuristische Funktion hinaus auch kritisch als *Negativmodelle* wirken.

Dies alles bedeutet freilich nicht, daß der Modellbegriff das gesamte Geschichtsverhältnis abzudecken vermag. So sind schon im kognitiven Bereich Einzeldaten damit nicht erfaßbar[49]. Immerhin läßt sich selbst noch ein diffuses Geschichtsinteresse wie das der Entlastung von der Gegenwart oder der Auslotung anthropologischer Grenzen typologisch zum mindesten auf Quasi-Modelle beziehen.

Man wird einwenden, daß ein so weit gefaßter Modellbegriff über die eigene Tradition hinausreiche und auf die Geschichte insgesamt anwendbar sei. Doch kann auch etwa für den heuristischen Modellbegriff eine prototypische Rolle der

---

49 Vgl. H. Krämer, Grundsätzliches zur Kooperation zwischen Historischen und Systematischen Wissenschaften, Zeitschrift für philosophische Forschung 32/4, 1978, 339.

eigenen Tradition unterstellt werden, die sich allerdings ihrerseits darin immer wieder neu zu bewähren hat.

Wie verhält sich aber nun das umfassend angesetzte Modellkonzept zum *Humanismus*? Schadewaldt hat, wie wir sahen, das Menschenbild als die Kernzone der Modellverhältnisse betrachtet. Ein pragmatisch gehandhabter heuristischer Modellbegriff, der auch Auswertungen der Tradition nach dem Steinbruch-Prinzip nicht ausschließt, läßt sich damit nur lose in Verbindung setzen. Das gleiche gilt für die Quasi-Modelle eines diffusen Geschichtsinteresses, die beispielsweise Stoffe der antiken Mythologie und Kunst für die moderne Unterhaltungsindustrie aufbereiten. Darin bestätigt es sich noch einmal, daß der Modellbegriff weiter reicht als der eigentliche Humanismus. Umgekehrt wird ein nachklassizistischer Humanismus durchaus modellhaft im Sinne Schadewaldts auftreten können. Nach der Verabschiedung des Vorbildgedankens empfiehlt sich auch hier die flexiblere Modellvorstellung, die nur analogisch wirkt und dadurch Freiräume eigener Gestaltung offenhält.

Der Humanismus umschließt also, wenn wir Schadewaldts Ansatz weiterdenken, eine ausgezeichnete *Teilmenge* des virtuell verfügbaren Vorrats an historischen Modellen. Allerdings gilt es, dabei noch einmal zu differenzieren. Die formale Definition des Humanismus, von der wir ausgingen, es sei ihm um den Menschen als solchen und an sich zu tun, ist zu abstrakt, um ein spezifisches Modellverhältnis zur Antike hin zu begründen. Die in der Konkurrenz mit dem Neuhumanismus aufgekommenen modernen Humanismen marxistischer[50], existenzialistischer, pragmatistischer oder gar christlicher Provenienz zeigen dies zur Genüge. Humanistische Modelle im Sinne Schadewaldts könnten nur konkreter Art sein, wie sie sich in *bestimmten* Gestalten, Ereignisfolgen, Kunstwerken und Theoremen darstellen. Auch sie bedürften aber, um wirksam zu werden, zusätzlich der analogischen Erfüllung und Ausführung[51].

Ich habe damit nach allen Modifikationen, die daran vorzunehmen mir nötig scheint, noch einmal für Schadewaldts Modellkonzept plädiert und es zur weiteren Anwendung empfohlen. Schadewaldts Beitrag zur Theorie des Humanismus liegt primär in der Einführung des Modellbegriffs, unabhängig davon, daß dieser Schritt bei ihm selbst nicht zu Ende getan ist und daß seine Konsequenzen nicht

---

50   Vgl. die ausführliche marxistische Kritik am klassischen Humanismus der Neuzeit und insbesondere W. Jaegers durch G. Klaus und M. Buhr, in: Philosophisches Wörterbuch Band 1, s.v. ›Humanismus‹, Leipzig [11]1975, 525–534 (»Der sozialistische Humanismus ist der konsequenteste Humanismus«).

51   Es gibt also Geschichte ohne antike oder gar humanistische Modelle (durch Neubildungen, Aspektverhältnisse, Abstraktionen u.dgl.), und umgekehrt gibt es Modelle außerhalb der antiken und eigenen Tradition, ja auch außerhalb des Geschichtlichen.

nur über den Humanismus, sondern auch über die Antike und die Altertumswissenschaft insgesamt hinausreichen. Affirmativ gewendet bedeutet dies aber, daß Schadewaldt auch zur *generellen Theorie der Geisteswissenschaften* eine nicht unbeträchtliche Anregung beigesteuert hat.

*Klaus Oehler*

# BILD – ZEICHEN – WORT – GLEICHNIS

## SEMIOTISCHE EINBLICKE IN DIE BEGRIFFSWELT VON WOLFGANG SCHADEWALDT

*(1)*

Bei dem Überblick über Schadewaldts Arbeiten, die von ihm selbst publiziert wurden, fällt auf, daß darunter nur wenige sind, die von seiner Beschäftigung mit der griechischen Philosophie Zeugnis ablegen. Der falsche Eindruck, als habe ihm, dem Interpreten der griechischen Dichtung und Geschichtsschreibung, die griechische Philosophie ferngestanden oder als sei philosophisches Denken ihm im Grunde seines Wesens ungemäß gewesen, wie man das von seinen Lehrern Wilamowitz und mit einem gewissen Recht ja wohl auch von Werner Jaeger durchaus sagen kann, wird auf das gründlichste widerlegt durch die posthum von Ingeborg Schudoma unter Mitwirkung von Maria Schadewaldt herausgegebenen so genannten Tübinger Vorlesungen, Band 1: ›Die Anfänge der Philosophie bei den Griechen. Die Vorsokratiker und ihre Voraussetzungen‹ (1978). Dieser inzwischen in siebter Auflage vorliegende umfängliche Suhrkamp-Band von 520 Seiten dokumentiert nun auch für die Nachwelt, was denen, die bei Schadewaldt studiert haben, nicht unbekannt ist, nämlich seine exzellente Kenntnis der griechischen Philosophen, Aristoteles und die nacharistotelische Philosophie eingeschlossen.

Ich komme jetzt zu meinem Thema. Ich gehe dabei aus von dem, was ich in Schadewaldts Philologischem Oberseminar im WS 1950/51 in Tübingen, als sich das Philologische Seminar noch in der Alten Aula neben der Stiftskirche befand, gelernt habe. Das Oberseminar trug den Titel ›Platons 7. Brief‹. In diesem Seminar lernte ich übrigens auch meinen Freund Hellmut Flashar kennen und durch ihn wenige Jahre später Wolfgang Kullmann. Schadewaldt setzte sich in jenem Seminar leidenschaftlich für die Echtheit des 7. Briefes ein. Sein stets wiederkehrendes Hauptargument war: »So etwas wie zum Beispiel dieser Satz da kann doch nur von Platon selbst gesagt sein. Das müssen Sie doch auch spüren«. Wir waren tief ergriffen ob dieser Logik, und, offen gestanden, ich bin es eigentlich immer noch.

Was mir vor allem von jenem Seminar vor nunmehr fünfzig Jahren nachhaltig in Erinnerung geblieben ist, ist die Art und Weise, wie Schadewaldt schon damals, viele Jahre vor der erst Mitte der 60er Jahre einsetzenden Hochkonjunktur der Sprachphilosophie und des *linguistic turn*, Phänomen und Funktion der Sprache und Zeichen bei Platon im Zusammenhang mit der Interpretation des erkenntnistheoretischen Abschnittes des 7. Briefes behandelte. Man muß so weit zurückgehen, um sich die Sicherheit und Kompetenz erklären zu können, mit der Schadewaldt dann in den posthum 1978 gedruckten Vorlesungen von 1960/61 und 1972 über die Sprache, über Grundbegriffe des Denkens und insbesondere über Sprache als vorphilosophischen Denkvorgang sich geäußert hat.

Rufen wir uns kurz ins Gedächtnis zurück, worum es Platon im erkenntnistheoretischen Abschnitt des 7. Briefes geht. Er zeigt auf, daß die Erkenntnis einer Sache mehrerer Erkenntnismittel bedarf: (1) des Namens, (2) der Definition, (3) der sinnlichen Anschauung in der Abbildung, dem Bild oder der konkreten Darstellung und (4) der Sache selbst, worunter Platon gemäß seiner Ideenlehre auch hier nicht das individuelle Einzelding versteht, sondern die jeweilige Idee, das *eidos* eines Dinges, denn erst das *eidos* garantiert die Allgemeinheit des Begriffs einer Sache; das leistet das einzeldingliche *pragma* gerade nicht. Platon erläutert das eben Gesagte am Beispiel des Kreises: seines Namens, seiner Definition, seiner sinnlichen Abbildung, und seines Wesens, d.h. der Idee des Kreises.

Die Stelle im 7. Brief reflektiert ein Verhältnis zur Sprache und zur Begrifflichkeit des Denkens, das für Schadewaldt immer der maßgebliche Orientierungspunkt in seiner Analyse von Sprechen und Denken geblieben ist und das, wie sich nach den stürmischen sprachtheoretischen Debatten der letzten Jahrzehnte nun abzuzeichnen beginnt, in den wesentlichen Punkten sich als das leistungsfähigste Modell erweist. Schadewaldt hat dies noch in seiner allerletzten Vorlesung, die er nach fünfundvierzigjähriger Lehrtätigkeit im Dezember 1972 gehalten hat, in einer Auseinandersetzung mit dem Strukturalismus, die er dort vornimmt, mit eindrucksvoller Klarheit überzeugend und bis heute wegweisend demonstriert.

Die Vorlesung ist überschrieben mit dem Titel ›Sprache als vorphilosophischer Denkvorgang‹ und geht aus von dem besonderen Zusammenhang, der zwischen Sprechen und Denken besteht, ohne diesen Zusammenhang, über den wir im Grunde immer noch, trotz moderner, computergestützter neurophysiologischer Untersuchungen, herzlich wenig Genaues wissen, dogmatisch festzulegen. Er betont, auch mit Hinblick auf Heidegger und Wittgenstein, die welterschließende Kraft der Sprache, in der sich die Begegnung des Menschen mit dem Seienden manifestiert, wehrt sich aber dezidiert gegen die Engführung des Sprachverständnisses, wie sie in den 60er Jahren in dem gerade auf seinem Höhepunkt angelangten Strukturalismus üblich war. Für das strukturalistische Verfahren war, ausgehend von de Saussure, charakteristisch die Konzeption der Sprache als eines

Systems zweier Komponenten, des Bedeutungsträgers und des Bedeuteten, d.h. des Signifikanten versus Signifikat, also von signifiant und signifié, wobei die Verbindung beider Komponenten konventionell, d.h. durch Arbitrarität, bestimmt gedacht ist. Entscheidend ist, daß in diesem Modell bei der Explikation des Signifikats die Referenzfunktion ausgeklammert wird. Seine Bedeutung gewinnt das einzelne Sprachelement allein aufgrund der Differenzen und Oppositionen zu den übrigen Elementen des Sprachsystems. Gegenstand der strukturalistischen Linguistik ist die Sprache als abstraktes Regelsystem. Die Sprache ist nicht eine Funktion der sprechenden Person, des Subjektes, die Sprache ist vielmehr als Institution ein Produkt, in welches das Individuum in passiver Weise sich integriert und der Gegenstandsbezug, die Referenz der Sprache, erkenntnistheoretisch unthematisiert bleibt. Es ist leicht ersichtlich, inwiefern sich aus dieser Keimzelle des Strukturalismus der Dekonstruktivismus entwickeln konnte.

Schadewaldt nimmt mit großer Entschiedenheit gegen den Strukturalismus, wie er sich in den 60er Jahren für ihn darstellte, Stellung und kritisiert insonderheit die Verkürzung der Sprache auf ein konventionsgeleitetes System der Verständigung und die Verdrängung des Sachverhaltes, daß es Verständigung nur als Verständigung über etwas gibt. »Die Eignung der Sprache als Mittel der Verständigung setzt voraus jenen Weltbezug der Sprache, jene Bedeutung der Sprache als Weltbewältigung, jenes Erkennen und Wiedererkennen schaffende, von der Sprache geleistete Nennen und Benennen des Seienden bis hin zum Sein des Seienden« (475). Es geht Schadewaldt nicht nur um die so genannte Intentionalität jedes Erkenntnisaktes, sondern auch und vielmehr um die Initiative, die für den Menschen vom Seienden selbst ausgeht, von der »andrängenden Erscheinungsfülle des Seienden« (476), und er nimmt für die griechische Sprache ausdrücklich einen »ontologischen Charakter« in Anspruch, der das spätere Philosophieren der Griechen präformiert, das heißt die Weise, »wie sich das Sein als Seiendes im denkenden Dasein des Menschen in immer größerer Differenziertheit und Ausdrücklichkeit bemerkbar macht. Sie befindet sich von ihrem Anfang an fast schon auf dem Weg zum späteren aristotelischen on hē on« (477). Dabei weist er Heideggers Unternehmen, mit Hilfe der Etymologie vermeintlich tiefste Seinswahrheiten zu entdecken, als Spiel und als einen alten Traum zurück und verweist auf Platons ›Kratylos‹.

Schadewaldt sieht durchaus auch die Verdienste des Strukturalismus, besonders in der Phonologie und in der Morphologie, und in diesem Zusammenhang erwähnt er respektvoll die Forschungsergebnisse seines Tübinger Kollegen Eugenio Coseriu. Doch vor allem sieht er im Strukturalismus die Tendenz am Werk, die moderne Sprachwissenschaft den Naturwissenschaften anzugleichen »und eine Sprachwissenschaft zu kreieren, die sich dadurch konstituiert, daß sie sich ebenso vom denkenden Subjekt wie vom intendierten Gegenstand distanziert. Die Frage ist hier, ob durch diese Reduktion (...) nicht zugleich das Phänomen der Sprache so reduziert wird, daß es überhaupt nicht mehr Sprache ist« (489).

Schadewaldt konnte nicht wissen, daß zu jener Zeit, als er diese Sätze formulierte, 1972, jene Betrachtungsweise bereits weltweit auf dem Vormarsch war, die die Sprachkonzeption von Ferdinand de Saussure und die sich daran anschließenden strukturalistischen Methoden außer Kraft setzen und ablösen sollte, nämlich die Zeichentheorie von Charles Sanders Peirce (1839 – 1914). Die Semiotik von Peirce erfüllt genau jene Bedingungen, die Schadewaldt für unerläßlich, ja notwendig erachtete in bezug auf eine angemessene Annäherung an das Phänomen der Sprache.

Peirce gilt heute als der Hauptbegründer der modernen Semiotik, weil sich auf der von ihm erarbeiteten Grundlage die Semiotik als Wissenschaft nicht nur der Sprachzeichen, sondern aller Zeichenarten bis heute maßgeblich weiterentwickelt hat. Inzwischen ist sie zu einer zentralen Grundlagenwissenschaft geworden, nachdem man erkannt hat, daß auch die Logik und die Linguistik noch ein tieferes Fundament als die Sprache haben. Dieses Fundament sind die Zeichen als Zeichen, ohne die eine Darstellung oder Mitteilung, in welcher Form auch immer, nicht möglich ist. Das ist eine Tatsache, ein Faktum, und das bedarf im digitalen Zeitalter der Computerkommunikation keiner Begründung und keines Beweises mehr.

Im Unterschied zu Ferdinand de Saussure, dessen Sprachsystem ein duales war, bestimmt allein durch das Verhältnis von Signifikant und Signifikat, ist für die Systematik des Peirceschen Zeichenbegriffes, der heute in der modernen Semiotik der allgemein gültige ist, charakteristisch, daß seine Systematik eine triadische ist, konstituiert durch drei Aspekte oder Glieder des Zeichens: (1) das Zeichen selbst in seiner jeweiligen materiellen Gegebenheit, also visuell, haptisch, olfaktorisch, akustisch etc., (2) das Zeichen in Beziehung zu seinem Objekt, sei dies nun materiell oder immateriell, also als Wahrnehmungsgegenstand oder als abstrakter Gegenstand seiend, (3) das Zeichen in Beziehung zu seinem Interpretanten. Diese drei Aspekte, die allererst ein vollständiges Zeichen ausmachen, stehen in einem bestimmten Verhältnis zueinander, das sich logisch als eine dreistellige oder triadische Relation darstellt und heute in den Formen und nach den Regeln der Relationenlogik algorithmisiert wird. Alle von de Saussure ausgegangenen nur zweistelligen Darstellungen des Zeichenbegriffes gelten daher heute in der allgemeinen Zeichentheorie nach der Neubegründung der Semiotik durch Peirce als überholt, weil systematisch unvollständig und ergänzungsbedürftig. Die drei Aspekte der Zeichentriade – der Aspekt des Zeichenmittels oder Zeichenträgers sowie der Gegenstandsaspekt und der Interpretantenaspekt – werden in der modernen semiotischen Systematik je für sich in weitere trichotomische Untergliederungen eingeteilt und weiterentwickelt zu einem komplizierten Subsystem, auf das ich hier nicht eingehe.

Die interessante Frage in unserem Zusammenhang lautet: wie war es möglich, daß Schadewaldt, der von dieser Entwicklung der modernen Semiotik keine Ahnung hatte und nicht haben konnte, mit seinen Erörterungen des Phänomens der Sprache der Sache nach so nahe an dem Hauptergebnis der modernen Wissenschaft der Semiotik dran war und gegen die damaligen strukturalistischen Gegenpositionen, die weitgehend von de Saussure bestimmt waren, aus heutiger Sicht Recht behalten hat?

Neuere Forschungen haben ergeben, Forschungen, an denen ich nicht ganz unbeteiligt war, daß Peirce nicht nur ein ausgezeichneter Kenner der mittelalterlichen Philosophie und Logik war, sondern auch Platon, Aristoteles und die Stoiker anhand der griechischen Texte sehr genau kannte und sogar zentrale Partien derselben für seinen eigenen Gebrauch ins Englische übersetzte. Er hatte als Harvard-Student eine gediegene humanistische Ausbildung erhalten. Der triadische Zeichenbegriff, der in der griechischen Philosophie seit Platon ein fester Bestandteil der antiken Semiotik war, war Peirce bestens bekannt, längst bevor Peirce in der Sprachwissenschaft seiner Zeit mit den dualistischen Verkürzungen des Sprachbegriffs zusammenstieß. Manfred Kraus hat in einer wichtigen, wegweisenden Untersuchung unter dem Titel ›Platon und das semiotische Dreieck‹ 1990 nachgewiesen, daß es Platon war, der das erste dreistellige Sprachzeichenmodell entwickelt hat und daß Platon der Erfinder des triadischen Zeichenmodells gewesen ist[1]. Ich kann hier auf die Architektur des Platonischen Sprachzeichenmodells nicht näher eingehen[2]. Es genügt hier der Hinweis auf die Stelle im 7. Brief, von der ich ausging, um zur Genüge zu erkennen, wie tief die triadische Zeichenkonzeption im Sprachdenken Platons verankert war.

Diese Zusammenhänge erklären hinreichend, warum Schadewaldts kritische Auseinandersetzung mit dem Strukturalismus der 60er Jahre aus heutiger Sicht das Siegel der Überlegenheit und der Richtigkeit trägt. Sein vertrauter Umgang mit dem Sprachbegriff der griechischen Denker und seine Kenntnis des Weltmodells der Griechen verschafften ihm den Vorsprung in der Sache, hinter dem die willkürlichen abstrakten Konstruktionen des linguistischen Strukturalismus bis heute hoffnungslos zurückbleiben und längst verblaßt sind. Was aus der Sicht der modernen Semiotik Platon, Peirce und Schadewaldt miteinander verbindet, ist vor allem die Ontologie des Zeichens, das heißt die erkenntnistheoretische Voraussetzung, daß die welterschließenden Zeichen nicht nur ein Eigensein als Zeichen haben, nicht nur selbstreferentiell sind, nicht nur einen mentalen Zustand beschreiben,

---

1   M. Kraus, Platon und das semiotische Dreieck, in: Poetica. Zeitschrift für Sprach- und Literaturwissenschaft 22, 1990, 242–281.
2   K. Oehler, Platons Semiotik als Inszenierung der Ideen, in: Festschrift für Wolfgang Wieland zum 65. Geburtstag, hrsgg. v. R. Enskat, Berlin – New York 1998, 154–170.

sondern ihre welterschließende Qualität deshalb haben, weil sie einen Seinsbezug haben, das heißt einen durch Wort, Definition, sinnliche Darstellung und Sachverständnis bestimmbaren Referenten, die Sache, das *eidos*, wie es Platon im 7. Brief erläutert.

Schadewaldts Herausarbeitungen der Weltbezüglichkeit, der Sachgemäßheit, der Plastizität von Sprache, Dichtung und philosophischer Zugangsart zum Seienden waren jedesmal Höhepunkte auch seines mündlichen Vortrags, so zum Beispiel meisterhaft in der ursprünglich als Vortrag konzipierten Abhandlung ›Das Welt-Modell der Griechen‹, die 1957 in der ›Neuen Rundschau‹ erschien und danach noch mehrfach zum Wiederabdruck gelangte.

Schadewaldt geht davon aus, daß die scheinbar modern anmutende Vorstellung des Modells eine gut griechische Vorstellung ist, die in dem griechischen Wort *paradeigma* seinen sprachlichen Ausdruck gefunden hat. In dem Charakteristischen des Modells sieht er aber ein Doppeltes. Zum einen will das Modell, das dem Künstler, dem Handwerker, aber auch dem Wissenschaftler vor Augen steht, nicht kopiert werden, sondern gibt Anweisungen für die weitere Darstellung. In ihm sollen nur die wesentlichen Grundzüge von etwas sichtbar werden. In einem anderen, zweiten Sinne will das Modell als anschauliches Bild die Verhältnisse mit Bezug auf ein uns nicht direkt erreichbares Wahres verkürzt sichtbar machen, wie das die Physiker, Chemiker und Biologen mit ihren isomorphen Modellen tun. In diesem zweifachen Sinne sieht Schadewaldt auch das Modell der Griechen von der Welt und den Menschen: es veranschauliche die Verhältnisse der Dinge, aber ohne den Anspruch auf Vollständigkeit der Wahrheit; und es blieb vorläufig und in diesem Vorläufigen richtig, mit der Aufforderung zu weiterer sinngemäßer Ausgestaltung. Das Modell gibt das Wahre nicht erschöpfend wieder, aber es hält den Schein des Wahren fest durch die Richtigkeit der Grundverhältnisse. In dieser Bedeutung wird auch das Wort »Bild«, *eikon*, gebraucht. Auch diese Verwendung des Ausdruckes »Bild« paßt in auffälliger Weise zu der Definition des ikonischen Zeichens in der modernen Zeichentheorie, wonach ein Bild, also ein ikonisches Zeichen, nicht etwa ein solches ist, das mit seinem Gegenstand deckungsgleich ist, sondern die Bedingung, die an ein ikonisches Zeichen gestellt wird, lautet nur, daß es in bezug auf mindestens ein Element mit seinem Gegenstand die Eigenschaft der Gleichheit aufweist.

Schadewaldt zeichnet sodann in imponierend sicherer Linienführung den Modellcharakter der griechischen Welt- und Menschenbetrachtung nach und skizziert näherhin drei Bereiche: erstens das kosmische Weltbild, zweitens das griechische Menschenbild (einschließlich des Bildes vom Staat) und drittens die griechische Gottesvorstellung. Schadewaldt verweist exemplarisch auf Platons Spätwerk ›Timaios‹ und hebt hervor, daß Platon immer wieder seinen Weltentwurf einschränkend nur als Modell, als Bild, *eikon*, bezeichnet; denn die ursprünglichen

Urgründe kenne allein Gott, wie Platon ja auch dem vielzitierten Wort des Protagoras, der Mensch sei das Maß aller Dinge, das andere Wort entgegenhält, das Maß aller Dinge sei allein der Gott. Daran schließt Schadewaldt die Aussage an: »Und so ist es vielleicht der höchste Ausweis des griechischen Menschen-Modells, daß es die Freiheit des Menschen polar im Zusammenhang mit seiner Umschlossenheit von den Mächten der Natur wie des Kosmos und damit des Göttlichen sieht und darstellt« (Hellas und Hesperien 620). Und in bezug auf das Göttliche bemerkt er: »Nie hat der Grieche sich angemaßt, das Wesen des Göttlichen selbst mit nur menschlichen Begriffen zu erschöpfen. Nur in Bezeugungen, Aspekten, die eben menschlich sind, Bildern, Gleichnissen, Formen der Manifestation und schließlich jenem geschilderten Modell hat er das Göttliche nach Menschenweise, so wie es dem Menschen zugekehrt ist, andeutend zu verbildlichen gewagt« (HuH 623).

Aus der Kraft der Modellgestalung der griechischen Lebensauffassung erklärt Schadewaldt auch die »traditionsbildende Macht, die das Griechentum zumal seit dem Zeitalter der Renaissance auf die moderne Welt ausgeübt hat« (624). An die Stelle des Vorbild-Charakters des Griechischen, der in vergangenen Zeiten das Kulturbewußtsein in der Neuzeit bestimmt habe, sei längst der Modell-Charakter der Kultur der Griechen getreten. Denn soweit die Tradition Europas die griechische ist, sei diese nicht einfach die Rezeption von Gewußtem und Hervorgebrachtem, sondern die griechische Tradition Europas sei ihrem Wesen gemäß »Enérgeia – Am-Werke-Sein der einen, sich in unendlichen Mannigfaltigkeiten fortgestaltenden und durchhaltenden Ur- und Grundform, die in lebendig-gesetzlicher Metamorphose von den Griechen her bis heute die Entelechie Europas ausmacht. Ihr Prinzip hat vielleicht am zutreffendsten Goethe am 4. November 1823 in einer von dem Kanzler v. Müller mitgeteilten Unterhaltung ausgesprochen: ›Es gibt kein Vergangenes, das man zurücksehnen dürfte, es gibt nur ein ewig Neues, das sich aus den erweiterten Elementen des Vergangenen gestaltet‹« (625). Dieser von Goethe übernommene Glaube an das »ewig Neue aus den erweiterten Elementen des Vergangenen« war die eigentliche Kraftquelle des Altphilologen und großen Humanisten Wolfgang Schadewaldt, seines Glanzes als Persönlichkeit und der an jedem neuen Tag neuen Frische, die von seiner Erscheinung ausging, eine geprägte Form, die sich in einem reichen Leben bis zu ihrer Vollendung, bis zu ihrer Entelechie, entwickeln konnte. Eine Gestalt, die unvergessen bleiben und zu den Großen ihres Jahrhunderts zählen wird.

(2)

Die Bewußtheit, mit der Schadewaldt auf die von ihm verwendeten Begriffe als seine Interpretationskategorien reflektiert hat, erkennt man daran, daß er sie in einem eigenen, ganz eigenständigen systematischen Entwurf anthropologisch begründet hat. In der Einleitung zu seinen Vorlesungen ›Die Anfänge der Philosophie bei den Griechen‹ geht er davon aus, daß der Mensch als das Wesen der Vernunft und der Freiheit nicht wie das Tier in eine bestimmte Umwelt eingepaßt ist, sondern in einem doch erheblichen Umfang sein Leben selber in Freiheit bestimmen kann und daß er sich als instinktreduziertes Wesen die Technik zusätzlich zur Natur als zweite Welt, als Apparate-Welt, zum Zwecke der Berechenbarkeit und Sicherheit geschaffen hat. Hier zeigt sich Schadewaldt beeinflußt von der Anthropologie Arnold Gehlens, dessen Hauptwerk ›Der Mensch‹ (1940) er auch anerkennend zitiert. Aber Schadewaldt geht in wichtigen Details über Gehlen hinaus. Er appelliert geradezu, doch über die technische Sicherung des Daseins die Aufgabe einer Neubegründung nicht zu vergessen: »Ich glaube, es gibt nur drei Bereiche, wo dieses Sich-wieder-Rückbegründen in den Seinsgrund dem Menschen möglich ist. Dafür habe ich ein Schema ausgearbeitet, das nur Hinweise gibt, aber doch vielleicht zum weiteren Nachdenken anregen mag« (33). Dieses Schema ist in der Tat nachdenkenswert und vorverweist schon der Sache nach in die Nähe dessen, was wir in der Philosophie heute den semiotischen Pragmatismus nennen.

Schadewaldt unterscheidet in seinem Schema drei Hauptbereiche, in denen der Mensch die Fähigkeit gewinnt, sich neu zu begründen. Diese drei Hauptbereiche sind erstens das Glauben, zweitens das Schauen, drittens das Wissen. Sie unterscheiden sich in der Dimension ihres Ausdrucks durch drei Arten von Zeichen: das religiöse Zeichen, das ästhetische Zeichen und das kognitive Zeichen. Ihnen zugeordnet ist jeweils ein bestimmter Bereich des Handelns: die Religion, die Kunst, die Philosophie. Diesen drei Arten des Zeichenhandelns ordnet Schadewaldt, höchst originell, je einen Defizienzzustand, eine Schwundstufe, zu: der Religion die Moral, der Kunst die Technik (»wie mir jetzt erst klargeworden ist« (33)), der Philosophie die angewandte Wissenschaft.

Die drei Grundbereiche sind es, in denen nach Schadewaldt der Mensch die Möglichkeit gewinnt – wir könnten heute auch sagen: zurückgewinnt –, sich wieder universal zu verhalten und sich über das Spezielle zu erheben. »Es ist bedeutungsvoll, daß von diesen drei Bereichen der Glaube das Umfassendste ist und deshalb an die oberste Stelle gehört« (34). Auch dieser Ansatz Schadewaldts deckt sich mit der modernen Bewertung des Glaubens im Sinne des Fürwahrhaltens in der heutigen Philosophie und Wissenschaftstheorie, insofern die Grundhaltung des Glaubens, Fürwahrhaltens, Meinens auch über die Religion hinaus in universeller Weise als die primäre Grundbefindlichkeit und Ausgangsposition des Menschen für alle seine Aktivitäten als anthropologische Konstante ganz allgemein anerkannt ist. In der englischsprachigen Philosophie ist der Begriff des Belief in eben dieser Bedeutung ein Grundbegriff und Terminus.

Von höchster kulturkritischer Aktualität ist Schadewaldts Feststellung, die Moral sei eine Defizienzform des Glaubens. Originalton Schadewaldt: »Wo ein Glaube lebendig ist, braucht es keine Moral an sich, als abstraktes Moralgesetz, kategorischer Imperativ oder sonst etwas, sondern der Maßstab des Tuns sind die konkreten Wirklichkeiten, an die geglaubt wird. Man weiß, was man zu tun hat, denn man befolgt die Gebote Gottes. Moral ist das, was sich davon löst und nun sich selbst begründet. Als solche ist sie gewiß immer noch ein hoher Wert, der zumal für das praktische Tun und das Zusammenleben der Menschen bedeutungsvoll genug ist; aber darum ist es doch eine Defizienzform des Glaubens« (34). Dem ist, meine ich, nichts hinzuzufügen, zumal heute, außer vielleicht die Feststellung und Beobachtung, daß die Defizienzform der Moral heute kein Singular mehr ist, sondern ein Plural, weil man sich vor immer neuen Ethikentwürfen auf keine Moral mehr einigen kann. Das Ende von diesem Lied ist die so genannte Ethikkommission. In einer Gesellschaft aber, in der es keinen moralischen Minimalkonsens mehr gibt oder dieser im Schwinden begriffen ist, lebt es sich gefährlich.

*(3)*

Über die Figur des Gleichnisses hat sich Schadewaldt, auch auf zeichentheoretisch relevante Weise, immer wieder, mündlich und schriftlich, geäußert. Schon in der Wilamowitz gewidmeten Schrift ›Der Aufbau des Pindarischen Epinikion‹ von 1928 finden sich dezidierte Einlassungen zu diesem Thema. Am bekanntesten in dieser Hinsicht ist seine Otto Regenbogen gewidmete Abhandlung ›Die Homerische Gleichniswelt und die Kretisch-Mykenische Kunst. Zur Homerischen Naturanschauung‹ von 1951 (in: ›Von Homers Welt und Werk‹ 130–154). Im Anschluß an die einschlägigen Arbeiten von Hermann Fränkel, Friedrich Müller, Richard Harder und Kurt Riezler analysiert Schadewaldt in der Differenzierung zur Kretisch-Mykenischen Kunst das Eigentümliche der Homerischen Gleichnisse und hebt die Diskussion über die Gleichnisse sofort von Anfang an auf ein neues Niveau des begrifflichen Zugriffs. »Die Natur der Homerischen Gleichnisse ist kein Garten Eden. Hier wird nicht geträumt. Hier herrscht schärfste Wachheit« (144). Mit diesem Paukenschlag beginnt er und räumt sogleich alle Romantizismen zur Seite, um dann zu der Feststellung zu kommen, daß die Dinge der Natur bei Homer nicht bloß da sind, sondern etwas repräsentieren, eine Sprache sprechen, und dieser Sprache folge der Dichter mit den Ausdruckselementen seiner Gleichnisse. Deshalb seien die Naturbilder der Gleichnisse Homers nicht die Wiederholung von Erscheinungen, »noch weniger nackte Zeichen« (147), sondern Manifestationen des Bedeutungsvollen, das der entdeckende Blick des Dichters in der Natur sieht.

Zu einer Neuentdeckung der Gleichnisse gelangte Schadewaldt, als er erkannte, daß der Gleichnisvorgang, der Logos des Gleichnisses, wie er sagt, die Brücke schlägt zwischen dem Gleichnis und der Haupthandlung, mit der es verglichen wird. »Was sich jedoch in diesem Gleichnis-Logos vollzieht, jenes einengende Umgrenzen der allgemeinen Vorstellung auf den spezifischen Charakter hin, ist eine geistig-anschauliche Operation, in der jene logische Operation vorklingt, die in einem späteren Stadium des griechischen Denkens als ›Definition‹ verstanden und bezeichnet wurde (horismos, ›Eingrenzung‹)« (149). Er nennt das die »bildhafte Urlogik« (140), die in den Gleichnissen zur Darstellung gelangte, jenes im Gleichnisvorgang herrschende Fortschreiten des Gedankens vom Allgemein-Typischen zum Besonderen. In diesem Einenen und Eingrenzen der Vorstellung sieht er eine Art von Definieren und kommt zu dem abschließenden Ergebnis: »Die Naturauffassung der Homerischen Gleichnisse ist definitorisch« (150).

Die Übereinstimmung mit Grundzügen des modernen semiotischen Pragmatismus liegt darin, wie Schadewaldt bei Homer die Präsenz der Natur im epischen Hauptgeschehen erklärt. Das Naturding an sich ist gar nicht vorhanden; es ist nicht, es wird erst durch das Interesse des handelnden Menschen, dadurch, daß es dem Menschen in dessen Handlungsvollzug als förderlich oder hinderlich begegnet und sich so allererst im Blick des Menschen in seiner eigenen Selbständigkeit und Gegenständlichkeit konstituiert. Dieser erschließende Blick ist im Medium der Dichtung das Gleichnis, das dem Menschen die Natur einer Sache wesenhaft näherbringt.

Im Gleichnis-Logos der frühen griechischen Dichtung kündigt sich für Schadewaldt bereits das Schicksal der griechischen Kultur im ganzen an, nämlich »daß keine Erscheinung der griechischen Kultur so schicksalhaft, kontinuierlich und lebendig weitergewirkt hat wie die Philosophie. Alle anderen Traditionen der Griechen: Kunst, Dichtung, Wissenschaft usw., sind wenigstens einmal unterbrochen worden. Die Tradition des Philosophierens, nachdem sie einmal angefangen hat, ist nie wieder ganz abgerissen, und so ist sie der einzig lebendige Strang eines fortgesetzten Denkens und Weiterdenkens, der uns mit den Griechen verbindet. So können wir schon jetzt sagen, daß die Muttersprache der Philosophie das Griechische ist« (›Die Anfänge‹, 37f.).

Schadewaldts Wirken reichte noch hinein in die Zeit, in der der Gedanke der Europäischen Einheit konkrete Gestalt annahm und seine Realisierung erkennbar näherrückte. Daß auch in dem Vereinigten Europa das Bewußtsein seiner Anfänge und seiner Herkunft nicht verlorengehen kann, dafür hat Wolfgang Schadewaldt seinen wesentlichen Beitrag geleistet.

*Ernst-Richard Schwinge*

# WOLFGANG SCHADEWALDTS STUDIEN ZU GOETHE[1]

*(1)*

»Dichtung«, heißt es bei Schadewaldt, »entspringt jenem ebenso sinnlichen wie geistigen *Sehen*, das in der umgebenden Erscheinungswelt die tragenden und gründenden Verhältnisse und Bezüge einer eigentlicheren Welt wahrnimmt, und ist mithin in ihrer ursprünglichsten und zugleich höchsten Kraft eine Art Sehertum, *Sehertum des Seienden.*« Dieser Satz bildet den Auftakt des Vortrags ›Das Wort der Dichtung‹ von 1960. In diesem Vortrag spielt Goethe zwar auch eine Rolle: als Größe, an der neben anderen, ja sogar in besonderem Maße, praktisch wie theoretisch ›das Wort der Dichtung‹ festzumachen ist; aber die Studie zielt nicht zentral auf Goethe. Gleichwohl ist sie in Schadewaldts 1963 erschienenen Band ›Goethestudien‹ (der die Grundlage meiner Ausführungen bildet) eingerückt, und zwar als letztes Stück in der nicht chronologisch, sondern sachlich geordneten Reihe. Insofern läßt sich der Vortrag als Abhandlung begreifen, die die vorausgegangenen Goethestudien gleichsam besiegelt. Es scheint legitim, in ihm die Perspektive formuliert zu sehen, in der Schadewaldts Studien zu Goethe wahrzunehmen sind. Ich lese die Abhandlung also sozusagen als, emphatisch formuliert, Schadewaldts Poetik, also als Äußerung, die seine Beschäftigung mit Goethe, darüber hinaus aber wohl auch mit Dichtung und Literatur überhaupt (nicht zum wenigsten auch mit der griechischen Literatur) gewissermaßen organisiert.

Bevor ich die entscheidenden Ingredienzien von Schadewaldts Grundüberzeugungen im Hinblick auf Dichtung vorstelle, möchte ich eigens darauf hinweisen, daß ich hier wie auch weiterhin unüblich viel zitieren werde. Es findet das seinen Grund darin, daß bei Schadewaldt die sprachliche Atmosphäre in ganz ungewöhn-

---

1   Zuerst publiziert in: Berichte aus den Sitzungen der Joachim Jungius-Gesellschaft der Wissenschaften, Hamburg, Jahrgang 19, Heft 3, Hamburg 2001.

lichem Ausmaß immer schon die gemeinte Sache selbst ist und damit diese gleichsam sinnlich faßbar macht. Ich komme darauf zurück.

Die Grundüberzeugungen, die zusammengenommen das Kategorienset bilden, mit dem am konkreten Objekt gearbeitet wird, stellen sich folgendermaßen dar. Die Welt, in der wir mit allem, was dazu gehört, leben, ist zweigeteilt, dichotomisiert, oder, wie Schadewaldt unter Verwendung einer von ihm bevorzugten Goetheschen Formulierung sagen würde, »geschichtet«. Es gibt die Welt des »gegebenen und gewohnten Alltags« (407), die Außenfläche und Außenhaut der Welt, die »gewohnte Erscheinungswelt« (406), also die uns umgebende Welt in der Erscheinungen Fülle, und es gibt die »eigentlichere« oder die »tiefere eigentliche Welt« (405, 425), die Welt »eines tieferen eigentlichen Seins im Seienden« (407). Diese Welt des »je eigentlich Seienden« (407), der »lebensmächtigen Seiendheiten« (416) ist indes, statt von der anderen abgetrennt zu existieren, immer schon in und mit der alltäglichen Erscheinungswelt gegeben: Sie materialisiert sich in »Grundformen« (406), in »Strukturen, Bildern, Konfigurationen, Konstellationen von wunderbarer Art und tiefer Richtigkeit« (406), in »Konstituentien der Welt, die als ein wunderbares, unendlich reiches Maschennetz von abgestimmten Verhältnissen und Bezügen jene Wirklichkeit ausmachen, die die Erscheinungen der Natur und des Lebens trägt« (425), in »jenem unendlich reichen lebendigen komplexen Gewebe von Schwingungen, Verhältnissen und Bezügen, die die Mächte und Wesenheiten miteinander verbinden, aus denen die Welt und die Natur *besteht*« (431). Wenn ich recht sehe, handelt es sich hierbei um einen stark aristotelisierten Platonismus, was nicht zuletzt dadurch bestätigt wird, daß Schadewaldt für »die alles Reale durchdringende und tragende eine Grundform« an anderer Stelle auch den Begriff der Entelechie verwendet, den Goethe »nach dem Vorgang von Aristoteles und Leibniz in seinen späteren Jahren selber auch in seine Sprache aufgenommen hat« (227 und ff., 200f.).

Derjenige aber nun, der »auf seinem Lebensweg Gebilde, Gestalten, Situationen, Ereignisse und mannigfaltigste Weisen des Geschehens wahrnimmt: eine unerschöpfliche Fülle von lebendigen Konstituentien der Natur und des Menschenlebens, der Seele und des Denkens, des Handelns, Leidens, des übermächtigen Geschehens« (406), der, der das wahrnimmt, ist der Dichter. Solches »dichterische Sehen« (406) aktualisiert sich indes direkt und unmittelbar: indem es das Wahrgenommene im ›Wort der Dichtung‹ sichtbar macht. Der Dichter aber vermag eben das kraft des ihm eigenen (wie Schadewaldt zu definieren vorschlägt) *»Sinns des Poetikalischen«* (406, vgl. 284). Hierbei gehe es »um ein intuitives, visionäres Vermögen: es mag in verschiedener Mächtigkeit auftreten, bleibt aber in seinem Wesen dadurch charakterisiert, daß es in jenen Grundformen des Lebens, die es gestalthaft, bildhaft, gültig seiend in der gewohnten Erscheinungswelt er-sieht, bis dahin noch unentborgene Schichten der unerschöpflichen Wirklichkeit heraufruft und sie aus ihrer ruhenden Stummheit in unser Bewußtsein hinein erwachen läßt. – Je mit dem Erwachen einer solchen neuen Welt der Dinge in den Dichter hinein ist dann stets auch eine neue Welt des Worts geboren; ihr Erscheinung-Werden ist ein wunderbarer Vorgang« (406).

Doch eben dies wirkt nun über sich selbst hinaus: »Zugleich ist mit jener Geburt einer neuen Wortwelt aus der dem Seienden neu abgewonnenen Sicht je auch der Sprache ein neues, umfassendes, lebendiges sinnlich geistiges Medium zugewachsen, das nun zu seinem Teil – zunächst individuell, unter Umständen aber auch weit um sich greifend – mitbestimmt, wie der Mensch dann weiter Welt wahrnimmt, fühlt, sich entscheidet, lebt und denkt. Dichtung als die ursprüngliche Kraft solchen neuen Sichtens eines tieferen eigentlichen Seins im Seienden erweist sich damit als ebenso Welt entdeckend wie Wirklichkeit begründend« (406f.). Sie hat »die Kraft, wenn sie die Sicht ... auf das totale, mannigfaltige Lebens- und Seinsgewebe hin« eröffnet, »den in so viele Einzelzwecke, Bestrebungen, Betätigungen zerstreuten und verlorenen Menschen wieder in den Seinsgrund zurück zu begründen« (431). Sie leistet die für den Menschen »lebensnotwendige Welt-Bewältigung: Entwurf eines lebendigen ontologischen Bezugssystems[2] auf das andrängende Seiende, eine ... kategoriale Ordnung der Erscheinungen, die es dem Menschen ermöglicht, sich in Mit- und Umwelt als Mensch einzurichten« usw. Dichter in diesem Sinn waren nach Homer noch manche andere Dichter, allerdings sie alle nur noch »in bedingter Weise«, so auch Goethe (407f.).

Bei alledem scheint Schadewaldt die Feststellung wichtig: »Der Gegensatz von Ich und Welt, Innen und Außen ist in diesem dichterischen Sichten von vornherein übergriffen und aufgehoben, so daß wir diesen Gegensatz des Subjektiven und Objektiven ... jedenfalls für unsere Betrachtungen vernachlässigen können« (407, vgl. 128, auch 218f.). Genau das bezweifle ich. In jedem Fall jedoch ist evident, daß bei Schadewaldt alles Subjektive zugunsten eines Objektiven nicht nur vernachlässigt, sondern zumindest tendenziell (ich würde sogar sagen: programmatisch) ausgeblendet ist.

Das zeigt sich noch deutlicher, wenn man eine zweite Grundüberzeugung Schadewaldts hinsichtlich dessen, was Dichtung ausmacht, sich vergegenwärtigt. Die bisher vorgestellte ließe sich mit einiger Anstrengung eventuell noch mit Aristoteles' Bestimmung im 9. Kapitel der ›Poetik‹ kompatibel machen, nach der Dichtung die Erkenntnis des Allgemeinen bewirkt. Bei der Weiterführung dieser Grundüberzeugung zu einer zweiten dürfte das kaum noch gelingen. Sie geht aus – und hier muß ich ausführlicher zitieren, weil das jetzt Angesprochene mir in *keiner* Weise mehr zugänglich ist – von einem »großen *Einssein* des empfindenden und

---

2  Vgl. 428: »welt-bewältigende ontologische Entwürfe auf das Seiende und sein Sein hin.«

wahrnehmenden Ich mit dem umgebenden Seienden, aus dem ... das dichterische Wort gesprochen war. Dies Einssein weist auf den Ursprungsbereich der Dichtung ... zurück: die *Welt des Magischen* ..., wobei auch die Umwelt keineswegs ein toter Bereich der Dinge, sondern lebendige Mitwelt ist: das Ding, das Gerät, das Tier, die Pflanze, Luft, Wasser, Himmel mindestens legitime Partner des Menschen am Seienden, nicht bloß ›Objekte‹, sondern ›Gegenüber‹ und ›Mächte‹, zu denen der Mensch ›Du‹ sagt, denn eine Sympatheia, Sympathie, verbindet alles. Das ›Nennen‹ dieser Elemente der Um- und Mitwelt: ein Evozieren, Heraufrufen der Mächte, die in allen Dingen sind ..., und das Erscheinungwerden jener Mächte in der Sicht des *vates*, des Seher-Dichters: Epiphanien, Parusien« (426f.). Und es wird noch eigens betont, unter (zumindest heiklem) Rekurs auf Platons Dialog ›Ion‹ und sein Magnetsteingleichnis: »Das Wort, das aus diesem Einssein gesprochen wird, ... ist ... nicht bloß Ausfluß des sogenannten Irrationalen, des nur gefühlten Gefühls. Sein Organ ist ... der aus dem Innesein des Gottes, dem Gotterfülltsein: *enthusiasmos*, redende Mensch, durch den das ›gottgesagte‹ Wort so geschieht, daß es nicht *von* ihm, sondern *durch* ihn geschieht, wenn er als ›erster Eisenring‹ von dem Magnetstein die Kraft empfängt, die sich dann durch die ihm anhängende Kette der Ringe forterstreckt. Im Wort der Dichtung [aber] lebt dieses aus dem Enthusiasmos des ursprünglichen magischen Einsseins gesprochene Wort in unserer vom Logos beherrschten Welt vergeistigt fort« (427).

Zur Komplettierung des Ganzen füge ich an, daß die für alles weitere den Grund legende Zweiteilung der Welt sich im Bereich der Dichtung spiegelbildlich wiederholt. Wie der Welt der Alltagserscheinungen die Welt »eines tieferen eigentlichen Seins im Seienden« (407) gegenübersteht, so wird derjenigen Dichtung, kraft derer »in uns das Sein des Seienden offenbar und so ... eigentlich wirklich wird« (408), eine bestimmte andere Form der Sprache, ja der ›Dichtung‹ antithetisch gegenübergestellt. Es ist dies die »*Redekunst*, die seit sehr alten Zeiten auch im Gewand der Poesie auftritt und im Zusammenhang mit den übernommenen und kunstvoll verwendeten poetischen Formen wohl auch die Kunst der Versifikation pflegt ... Sie wird von keinerlei Sehertum, sondern von dem, oft umfassenden, Weltverstand geleistet«; dieser »bleibt ... dem Wort dieser Welt verpflichtet, das der Redekünstler meistert, formt und dem er seine Mächtigkeit abgewinnt« (405). Dieses Wort der »Alltagssprache« aber, »befangen in der ... unkontrollierten Subjektivität mit ihren vom reinen Dasein her bestimmten Begehrungen und Bestrebungen ..., ist ... für die Zwecke und Absichten dieser Welt ein durchaus hinreichendes Surrogat. Doch herrscht alles in allem von dem Wesen Sprache hier nur ein defizienter Modus.... Das Wort hat hier kein eigentliches Sein« (408/9)[3].

Für einen Vertreter solch ›rhetorischer‹ Poesie dürfte in Schadewaldts Sicht Euripides gelten; wenigstens nennt er signifikanterweise als »Sein enthüllend« in einer längeren Beispielreihe von Literaturwerken für die Tragödie nur Aischylos,

Sophokles und Shakespeare (423f.) – und kommt mit solcher Euripides-Einstufung in klaren Gegensatz zu Goethe[4]. Doch noch konkrete philologische Forschung, auch im Bereich der griechischen Literatur, kann auf dem aufgewiesenen Dichotomisierungsaxiom basieren. So verdankt sich etwa Schadewaldts Odyssee-Analyse, wie er sie von 1958 an in mehreren Abhandlungen entfaltet hat[5], also die Zerlegung der Odyssee in die Schicht des Dichters A und die des jüngeren Bearbeiters, des Dichters B, letzthin allein dem aufgezeigten Denkraster. Zum Dichter A heißt es: »Alles, was er macht, ist große Poesie, eine Kunst, die ganz Natur ... ist ... Wie in der Natur ist in ihr alles zugleich gesetzmäßig wie auch lebendig. Der Dichter A sieht die großen Erscheinungen der Welt, die Grundvorgänge des Lebens ... Dem lediglich Interessanten läuft er nicht nach. Als Dichter ist er vor allem ein großer Seher, Seher des Seienden. Er *redet* niemals nur, er *bildet*, bildet Gestalten, Situationen, Geschehensläufe, die alle eine unwillkürliche Plastik haben« (HuH 75f.). Der Dichter B dagegen hat »Zeitperspektiven aufgetan, Realitäten des kleinen wie großen Lebens ..., vor allem auch das Seelische, Intime bedacht und vieles, wo der Vorgänger mit ruhiger Empfänglichkeit nur Seiendes sah und aussprach, so eingerichtet, daß es auch im Sinne einer Zeit bestehen konnte, die von nun an in Dingen des Rechtes und der Religion eine immer mehr fordernde in Hellas wurde« (HuH 58); »die große, unmittelbare Gestaltungskraft seines Vorgängers geht ihm ab. Menschen zu bilden, Situationen zu gestalten, Grundmotive zu erfinden und sie organisch durchzuführen – dies alles ist nicht seine Sache .... Er hat ein starkes neuartiges, man muß schon sagen: historisches Interesse ... eine ausgesprochene Freude an den Dingen des Alltags, einen feinen Sinn ... für das Sentimentale, das so oft in der Welt mit dem Rationalen zusammengeht« (HuH 72; vgl. weiter 44 und passim).

---

3   Vgl. 432 und besonders 157: »Dichtung nicht Rednertum, sondern *Sehertum*«; auch 43: »Was Goethe an einem Schriftsteller schätzt und aufsucht, ist nicht zunächst Originalität, Temperament, Gewalt des Ausdrucks, Manier und schon gar nicht Kunst der Rede«; 64: »Wenn Goethe dafür einfach ›das Poetische‹ oder ›Dichterische‹ sagt, so darum, weil ihm Poesie zuvörderst nicht so sehr als Kunst der ›Rede‹ und Sache des ›schönen Wortes‹ galt«; 421: »Das Gedicht..., als Ganzes sichtlich nicht nur *gemacht*, sondern *geschehen*.« Vgl. auch wie Anm. 8, 121 (= 204).
4   Zu Goethes Euripides-Bewertung Schadewaldt selbst in anderem Zusammenhang S. 34.
5   Sämtlich abgedruckt in: W. Schadewaldt, Hellas und Hesperien. Gesammelte Schriften zur Antike und zur neueren Literatur, Bd. I, Zürich/Stuttgart [2]1970, 42–108 (= HuH). Vgl. bereits Schadewaldts Äußerung im Nachwort zu seiner Odyssee-Übersetzung, Hamburg 1958, 327–332. Daß sich Schadewaldts Odyssee-Analyse in der Forschung nicht durchgesetzt hat, ist für den vorliegenden Zusammenhang nicht von Belang.

*(2)*

Wendet man sich von hier aus den einzelnen Goethestudien Schadewaldts zu, sieht man rasch, daß sie im Kern unterschiedslos Applikationen des entfalteten Kategoriensets sind, ja sich bereits in ihrer Fragestellung letzthin der Axiomatik der Schadewaldtschen Grundüberzeugungen verdanken. Zur Konzentration auf diesen Sachverhalt fordert Schadewaldt selbst regelrecht auf, wenn er in einer der Abhandlungen äußert: »Jedes einzelne Werk Goethes ist ein auf sich selber stehendes Individuum und doch zugleich weitgehend nur der besondere Zusammenschluß jener durch das Denken wie Gestalten Goethes durchgehenden ›Grundgedanken‹, so daß sich jedes Werk Goethes in einer sehr präzisen Weise als das Besondere eines Goethischen Allgemeinen verstehen und danach deuten läßt« (357)[6]. Ich beginne mit den Aufsätzen, die bestimmte Konkretisationen der dichterischen Aktivität Goethes thematisieren; danach wende ich mich denjenigen zu, die sich auf theoretisch-abstrakte Erörterungen Goethes beziehen.

In engster Nachbarschaft zu dem vergegenwärtigten grundlegenden Aufsatz steht, gleichfalls aus dem Jahr 1960, ›Fausts Ende und die Achilleis‹ (283–300): die Exposition ist bis in identische Formulierungen hinein an die des Vortrags angeglichen, mit dem Unterschied freilich, daß an die Stelle des Dichters allgemein nunmehr Goethe getreten ist. Speziell geht es um den Aufweis, daß Goethe mit den von ihm »er-sehenen Gestalten, Situationen, Geschehensweisen, Bildern« über Jahre »umging und sie schließlich, geläutert und vielfältig abgewandelt und auf neue Weise ineinander verschlungen, in den Gestaltungen seiner eigentlichen Dichtungen ins Wort faßte« (284). Als Beispiel dient der nahe Tod des Achill und der des Faust im Zweiten Faust, also das bevorstehende Ende derjenigen Gestalten, die Goethe »gemeinsam ... in den Jahren 1797 bis 1800 ... in seiner Seele gehegt hat« (288). Und es wird dann im einzelnen ausgeführt, wie der genannte Bildkeim, »in dem einen Werk ... konzipiert, sich zugleich in ... [dem] anderen Werk mit innerer Notwendigkeit abgewandelt und, über viele Jahre festgehalten, schließlich als derselbe und doch wieder als anderer höchst sinngemäß entfaltet hat« (285).

Als analoges Seitenstück zu dieser Abhandlung präsentiert sich der Aufsatz ›Zur Entstehung der Elfenszene im zweiten Teil des Faust‹ von 1955 (251–262). Verglichen werden hier das VIII. Stück der ›Chinesisch-deutschen Jahres- und Tageszeiten‹ und der Gesang der Elfen im Vorspiel des Zweiten Faust. Beide Texte »schildern das Hingegebensein des menschlichen Seeleninnern an den tageszeitlichen Ablauf der Natur, das Beruhigende und Besänftigende der heraufkommenden Abendstille und der herrschenden Ruhe der Nacht nach des Tages Verworrenheiten« (254), also das »Bild der Nacht« (255). Doch das Strophenpaar des ersteren ist

---

6 Vgl. 402, dort das Bild des Gewebes mit ›festen Zetteln mit immer neuen Einschlägen‹.

»aus unmittelbarer Naturnähe gedichtet, während das entsprechende Strophenpaar des Elfenchors das gleiche Bild der Nacht in mehr versammelter Gestaltung ›ins Enge zieht‹« (255). Und noch weiter gehende Betrachtung zeigt dann gemäß »einer besonderen ›Logik der Motive‹, die ... zu unterscheiden erlaubt, wo ein Motiv unmittelbar gewachsen und wo es abgewandelt und einem neuen Zusammenhang dienstbar geworden ist« (258), daß letzteres für den Elfenchor des ›Faust‹ gilt. Damit ist zugleich für die Elfenszene als die nun auch notwendig zeitlich spätere Gestaltung, da für sie mit der – bekannten – Abfassungszeit der ›Chinesischdeutschen Jahres- und Tageszeiten‹ ein eindeutiger terminus post gegeben ist, eine exaktere Datierung und überhaupt erst ein genaueres Verständnis ihrer Entstehung möglich geworden. Doch daß solch positivistische Problematik das auslösende Moment für den Aufsatz gewesen wäre, scheint eher zweifelhaft.

Demgegenüber ist in der Abhandlung ›Goethes Knabenmärchen »Der Neue Paris«‹ von 1959 (263–282) die Herausarbeitung von Grundsituationen von vornherein klar funktionalisiert, freilich nicht im Hinblick auf einen positivistischen Sachverhalt, sondern auf ein Konstitutivum von Goethes geistiger Existenz. Schadewaldt will das Märchen neu deuten, indem er, wie gleich eingangs als »Prinzip« der Deutung benannt wird, »bei dem *konkreten Sinn* der Dichtung bleibt, der in den festgehaltenen Bildern, Gestalten, Situationen und ihren Funktionen mitgegeben ist« (263). Und auf diesem Wege ermittelt er dann nicht nur im einzelnen »wechselseitige Entsprechungen« zwischen ›Knabenmärchen‹ und Zweitem Faust, sondern auch »wie die beiden so verschiedenen Dichtungen in den Gelenken und im lebendigen Gefüge miteinander aufs genaueste übereingehen« (280). Und so wiederum wird vollends deutlich: »Das Märchen, wie wir es zu verstehen suchten, stellt in der knabenhaften Vorläufigkeit, in der es der reife Goethe sah, ein wesentliches Element der ›Bildung‹ und des geistigen Schicksals Goethes dar. Eine lebensbegründende Wahrheit ist sein Inhalt« (282), nämlich die Wiedergewinnung Helenas, das heißt Griechenlands.

Eben darum geht es natürlich auch in dem Aufsatz ›Faust und Helena‹ von 1956 (165–205). In einem ersten Teil ist hier freilich nicht bereits von der Faust-*Dichtung* die Rede; geklärt wird zunächst auf der Grundlage verschiedenartigster Äußerungen Goethes seine Auffassung des Schönen. Dieses wird ihm in einer »Grundvision« (184) in seinem komplexen Wesen deutlich: »als umfassendste Lebensmacht in seinem elementaren Grunde von magisch-dämonischer Gewalt und eine Abart des Schrecklichen« (169); als »jene warme, lebendige, lebensspendende, von Neigung und Liebe hervorgerufene und Neigung wie Liebe einflößende, tief ursprüngliche, aus der Natur heraufquellende Vitalpotenz« (173); als »höchster lebendiger Inbegriff ... der Natur«, und dieses »naturhafte Umfassend-Schöne« sich darstellend »vor allem in der Griechenschönheit« (175), im schönen Menschen und im schönen Kunstwerk, das »nach den gleichen ›wahren‹, das heißt

›wirklichen‹, ›lebendigen‹ Gesetzen und Konstituentien entwickelt [ist], nach denen auch die Natur die Naturdinge hervorbringt« (177): »Helena ist Leben, Helena ist Abglanz der ganzen Natur, und sie wird zur geistigen Welt- und Lebensmacht dadurch, daß in ihr, der so verstandenen Schönheit, jene inneren lebendig gesetzmäßigen Konstitutionen, Organisationen, die das Wirkliche zum Wirklichen machen, sinnlich lebendig, gesammelt und rein in die Erscheinung treten« (178). Und als Wirkung des Kunstwerks und des sich in ihm realisierenden Schönen die »das Dasein steigernde, versammelnde, befestigende, tiefer in sich selbst begründende, den Menschen recht eigentlich erst verwirklichende Wirkung« (181).

In Fausts Gegenüber aber mit solchem Schönen, also mit Helena, die im Zweiten Faust »nach Jahren des stillen Gehegtseins in des Dichters Brust endlich ihre dichterische Epiphanie erlebte« (184), und im Horizont einer Wirklichkeit, die für Goethe immer Abglanz, Zeichen, Gleichnis, Symbol und »Wechseldauer« (199) ist, wird hier in diesem Alterswerk dann letztendlich deutlich: »Das ›Unsterbliche‹ am Menschen ist die Grundform, die durch das tätige, durch Gestaltung und Umgestaltung fortgehende Streben charakterisiert ist, die Entelechie.« Und dieses Streben begriffen immer als »beirrtes Streben« (200f.).

Ich komme zu der Abhandlung ›Goethes Achilleis. Rekonstruktion der Dichtung‹, erstmals publiziert in dem Band der Studien von 1963 (301–395). Was in anderen Aufsätzen, wie gesehen, allererst erwiesen wird: daß in Goethes Werk bestimmte Grundmotive sich durchhalten, bzw. gegenüber früheren Fassungen später in abgewandelter Form wieder eingebracht werden, das wird hier bereits als Voraussetzung eingesetzt. Für Goethes Werk gelte »in hervorragendem Maße« »die in diesem Buch schon mehrfach berührte Tatsache ..., daß ... [es] sich als getragen und durchdrungen von durchgehenden Goethischen Grundgedanken, Grundvisionen erweist, die auf der einen Seite bei ihm in dem wurzeln, was er ›Erlebnis‹ nennt, und auf der anderen Seite sich, als immer dieselben, vielfältig abgewandelt, ebenso in Begriffen wie in Gestalten, ebenso in Sätzen und Erkenntnissen wie in Bildern und Situationen entfalten« (356/7). Deshalb sei *ein* Mittel, um die Achilleis »aus den [uns überlieferten Goetheschen] Schemata heraus zu erkennen, ... der Versuch, in den ›*Motiven*‹ der Goethischen Achilleis jene durchgehenden Grundmotive des Daseins und der Dichtung Goethes in ihrem allgemeinen Sinn wie ihrer besonderen Gestaltung wiederzuerkennen, die wie ein sich viel verzweigendes Gewebe das ganze Leben wie die Dichtung Goethes durchwirken und in denen Leben wie Dichtung Goethes immer neu und doch im Grunde immer Eins sind« (303f.).

Und Schadewaldt setzt dann den von ihm an dem vollendeten ersten Gesang belegten Umstand, daß »in der Achilleis Goethische Grundmotive in besonderer Abwandlung neue Situationen ergeben«, auch für die von Goethe nur schematisierten sieben weiteren Gesänge voraus (358) und führt diesen Ansatz an einzelnen Erscheinungen durch. In Kombination damit aber zieht er, als vom Stellenwert offenbar Goethes eigenen Grundmotiven gleich, »an einer Reihe von anderen Stellen ... [auch] homerische Situationen aus der Ilias zur Verdeutlichung und Konkretisierung der in Goethes Schema ›gemeinten‹ Situationen« heran, und zwar solche, »die dem eigenen inneren Sinn Goethes entgegenkamen und sich in der Ausführung eben mit diesem seinem eigenen Sinn vermählt hätten« (366). Der Grund für die neben den »durchgehenden Goethischen Grundvisionen« gleichrangige Bedeutung der homerischen Situationen wird vollends deutlich am Schluß benannt: »Die von Goethe in allen ihren Verhältnissen und Bezügen tief ergriffenen Formen und Gestalten Homers haben den Charakter von lebendigen Archetypen, die sich in völliger Amalgamierung, Verwandlung und neuer Anverwandlung im Grunde schließlich doch erhalten. Im Sinne einer solchen verwandelten und anverwandelten Archetypik ist es, daß schließlich homerische Wesenheiten: Formen, Situationen, Strukturen und Gestalten, durch eine Art von Transparenz auch bei Goethe neu gegenwärtig werden« (394).

Im weiteren werfe ich noch einen Blick auf diejenigen Abhandlungen, die sich nun auf abstrakt-theoretische Äußerungen Goethes beziehen, allerdings stets so, daß sie gelegentlich auch Dichtungstexte miteinbeziehen[7]. Ich beginne mit den drei Aufsätzen, die direkt Goethes Verhältnis zur Antike thematisieren. Auch hier sind die bekannten Schadewaldtschen Grundüberzeugungen leitend.

Zunächst der Aufsatz, der denselben Titel trägt wie der letzte Abschnitt der Achilleis-Studie: ›Goethe und Homer‹ von 1949 (127–157); in ihm wird auch, wie zu erwarten ist, das zuletzt Angesprochene weiter durchschaubar. Die Beziehung zwischen beiden Dichtern, Goethe und Homer, wird als »echte Begegnung« begriffen: »Etwas aus dem Grunde Homerisches trifft in den Grund von Goethes ganzer Existenz und verteilt sich von da aus über alle Regionen seines immer mehr ausgreifenden Geisteskosmos. Mit einer so unwillkürlichen Gewalt geschieht das, daß man deutlich sieht: hier erfaßt ihn im ewig Anderen etwas wie ein zweites eigenes Sein« (128). Ja, hier könne man »greifbar an Bild und Gegenbild verfolgen ..., wie eine bestimmte Art Dichtersein in zwiefacher Gestalt sich hier so darstellt, daß sich die Grundzüge wechselseitig verdeutlichen, ergänzen, bestätigen, verstärken« (129). Das meint konkreter gefaßt: »wie die Homerischen Bilder und Gestalten ihn [Goethe] auf Schritt und Tritt im täglichen Leben heimsuchen, wirken sie auch in jenen geheimen Bereich hinein, wo ihm die eigenen Gesichte keimen, und gehen, mit ihnen vermählt, in den Geschöpfen der eigenen Dichtung neu daraus hervor« (127). Oder: »Dieses Gefühl der ›Vergangenheit und Gegenwart in eins‹ liegt auch

---

7   ›Goethe, Plutarch und Sophokles‹ (159–163) lasse ich als Miszelle, die eine bei Goethe weiterwirkende Lesefrucht seiner Plutarchlektüre behandelt, beiseite.

jenem sich in seinem Leben ständig wiederholenden visionären Leibhaftwerden von Gestalten und Situationen aus der Homerischen Dichtung zugrunde« – was etwa so zu deuten sei: »Was sich in dieser produktiven Kraft der reinen Vergegenwärtigung über das Jetzt und Einst hinweg auftut, das ist ein Blick, der schlechterdings nur auf die seienden Dinge selber sieht und sie festhält, gleichviel in welcher Schicht des Wirklichen sie begegnen, ein Blick, für den die Dinge der Welt in reiner Gegenwart ungeschieden nebeneinander ruhen« (136). Immerhin sei Goethe umfassend bestimmt von einem »Urtrieb zum Seienden« (140).

Auch hier jedoch wird das dann noch an Dichtungstexten konkretisiert, vorzüglich an ›Hermann und Dorothea‹. Von diesem Gedicht dürfe man sagen, »daß ... es deswegen in seiner Tiefe so homerisch ist, weil es so goethisch ist; [es] ist jenem gemeinsamen Grunde entsprungen, in dem diese beiden Dichter sich über die Zeiten hinweg gefunden haben.« Was in dem begrenzten Rahmen dieses Gedichts sich auftue, »sind ... jene Grundformen und Grundverhältnisse ..., die sich dort immer wieder herstellen, wo Leben ist – verdichtetes, versammeltes Leben – und darum erschöpfend, wesentlich, seiend, reich« (151). Nach alledem verwundert nicht, daß den Aufsatz ein Abschnitt beschließt, in dem, unter dem Titel ›Dichtung‹, an grundsätzlichen Aussagen bereits das antizipiert wird, was in der zu Beginn vorgestellten grundlegenden Abhandlung dann ausführlicher entfaltet ist (s. bes. 154). Von »dämonischem Sehertum« ist später allerdings nicht mehr die Rede.

Allgemeiner gehalten ist ›Goethe und das Erlebnis des antiken Geistes‹, von Schadewaldt im Alter von 32 Jahren als Vortrag in Freiburg gehalten (9–21). Festzuhalten ist hier lediglich, daß Schadewaldts Grundanschauung bereits diese frühe Arbeit strukturiert, also sehr früh sich ausgebildet haben muß; ein Beleg mag genügen: »Der geistige Blick Goethes ... weiß sich der Fülle der andrängenden Eindrücke zu erwehren, streift das Zufällige, Momentane ab, sammelt und verbindet das Wesentliche und packt im Unbeständigen, Fließenden die ewige Grundform: das, was das Ding eigentlich ist.« Und in unmittelbarer Fortsetzung davon der uns bestätigende Hinweis auf diejenige Größe, in Orientierung an der sich solche Sicht gebildet hat: »Es ist ein erleuchtendes, schöpferisches Erkennen, ein philosophisches Sehen, wie Platon es geübt hat« (12).

In größerer Wendung ins Konkrete behandelt Goethes Verhältnis zur Antike schließlich die umfangreiche Abhandlung ›Goethes Beschäftigung mit der Antike‹ von 1949, ursprünglich als Nachwort zu der unschätzbaren Sammlung ›Goethe und die Antike‹ von Ernst Grumach gedruckt (23–126). Hier werden in reicher Fülle die verschiedensten Aspekte angesprochen, aber der cantus firmus, bald stärker, bald weniger stark vernehmbar, ist auch hier die bekannte grundlegende Goethe-Sicht. Es zeige sich, heißt es an zentraler Stelle, »daß die Grundbegriffe, mit denen Goethe das antike Wesen faßt, die Kategorien des zu vollem Sein gelangten menschlichen Daseins sind. Weder idealistisch, noch rein realistisch sieht Goethe die Griechen. Er sieht sie, die ersten großen Ontiker, als Ontiker« (93).

Das wird faßbar etwa bei seiner Rezeption antiker Kunst: »Seine Schau fliegt nicht über den Gegenstand der Kunst hinweg und findet, aus ihm schöpfend, ohne ihn je zu erschöpfen, in ihm alles: das Allgemeine im Besonderen, das Göttliche im Natürlichen. Ihm ist das Kunstwerk nicht Abbild oder Ausfluß der Idee, sondern *Physis*, Natur, Entelechie, lebendig sinnliche Gegenwart des Ideellen« (61). Es sei klar, »daß jenes ›Poetische‹ [sc. der Bildwerke] im Munde Goethes einen Bereich des Gestalteten umschreibt, in dem sich im kräftig bewahrten Sinnlichen ein einfacher Ur- und Weltsinn offenbart, in dem das rein Bildhafte ›bedeutend‹ wird« (64). Die Poesie ihrerseits aber »ist als Botschaft einer höheren Welt ... ein Buch der Bücher ... Die Chiffren dieses Buches sind die ›Bilder‹, anschaulich sinnliche Visionen des eigentlich Seienden, ins Wort versammelt, anschaulich, sinnlich, naiv, ... und in ihrer reinen Einfalt doch ein Letztes, Tiefes, Wahres unwillkürlich für den darstellend, der schon weiß« (65). Goethes Naturbetrachtung aber, die in den Blick rückt unter dem Aspekt seiner »Grundauffassung von der Zugehörigkeit der Antike zur Natur« (98) ist »von Staunen und Scheu geleitete und gehaltene Schau der Gegenstände und Phänomene auf das hin, was sich in ihnen als Grundwesen offenbart« (99).

Es bleiben noch zwei Abhandlungen, die sich im übrigen in gewissem Sinn komplementär ergänzen. Die eine, ›Goethes Begriff der Realität‹ von 1956 (207– 249), macht die Schadewaldtsche Grundüberzeugung, auf die ansonsten immer nur, anläßlich anderer Fragestellungen, rekurriert wird, bereits selbst zum Thema. Denn es geht in diesem Aufsatz natürlich nicht um das »untergeordnete Reale«, das, wie Goethe seinerseits sagt, »Zufällig-Wirkliche« (211), sondern um das »eigentlich Reale«, die »höhere Realität«: »Was das Reale als eigentlich Reales konstituiert, das sind jene ›wahrsten Verhältnisse‹, jene ›Bezüge, die das Leben‹ sind, jene ›heiligen Schwingungen ... womit die Natur alle Gegenstände verbindet‹, jenes ›innerlich Gesetzliche‹, das, dem bloßen Sehen und Anblicken unerreichbar, erst durch das reine Anschauen wahrgenommen wird, welches in einem und dem gleichen Akt ein sinnliches und zugleich noëtisches Vermögen ist. Sinnlich gegenwärtig und zugleich noëtisch strukturiert ist als Gegenstand dieser Anschauung auch das Reale im Sinne jener höheren Realität, die Goethe immer meint, wo er dem Realen jenen hohen Rang zuweist« (219).

Und im weiteren wird dann Goethes Sicht der Realität weiter entfaltet –: unter dem Aspekt, daß die Realität »Feld des Erscheinungwerdens der Idee« (220) ist (»Goethes ›Idee‹ ist, ontologisch, der Grund der Möglichkeit des Erscheinungwerdens eines realen Dinges und damit auch der Grund der Möglichkeit der Realität des Realen«, 221); unter dem Aspekt der Realität als Natur und Entelechie (»Natur ... bezeichnet das ebenso lautlose wie mächtige *Wesen und Walten*, das in allem Seienden um uns her wie auch in uns selber unerschöpflich produktiv am Werke ist«, 223; »Entelechie ... ist die alles Reale durchdringende und tragende eine Grundform«, 227; »jene ›Idee‹, die in der Realität Erscheinung wird ..., war als formend lebendige Grundkraft, aus der alles hervorgeht, in ihrem Wesen bereits Entelechie. Und so sind es die Ideen oder Entelechien alles Seienden, die in Goethes Mythos von den Müttern ›im tiefsten, allertiefsten Grund‹ des Seins als ›Bilder aller Kreatur‹ die Mütter umschweben und von ihnen als ›des Lebens Bilder‹ in die Welt hinauf verteilt werden, wo sie ebenso ›des Lebens holder Lauf‹ erfaßt und sie die Vielfalt der seienden Dinge hervorbringen, wie sie andererseits ›der Dichter‹ in seinen Gestaltungen aufsucht. – In diesen Entelechien ›handelt‹ die Natur in Leben wie Kunst, sie sind ihre Grundkonstituentien, die lebendigen, strebenden, sich steigernden, in Verwandlungen sich fort und fort entwickelnden Konstituentien der Realität«, 227f.); schließlich unter dem Aspekt der »Realität als Abglanz, Zeichen, Gleichnis, Beispiel, Symbol« (231) (»Symbolhaft stehen hier [bei dem Regenbogen] die Farben als Brechungen, Trübungen und Bezeugungen des *einen* ewigen göttlichen Lichtes für alle guten Taten, alle harmonischen Gegenstände, für jene ›Ideen‹, ›wahrsten Verhältnisse‹, Entelechien und, an der Grenze des Schauens, die Urphänomene, das heißt alle die ›Erscheinungen‹, in denen die Realität real wird«, 237).

Nicht der Grundanschauung als solcher, bzw. dem in ihr bei Goethe Vorausgesetzten, wohl aber der Sprache, in und mit der bei Goethe die Grundmotive und Grundstrukturen unserer Welt, sei es in Dichtung, sei es in abstrakter Äußerung, kommunikabel gemacht werden, wendet sich diejenige Abhandlung zu, die im Zusammenhang mit Schadewaldts nicht genug zu rühmenden Bemühungen um das Goethe-Wörterbuch entstanden ist: ›Zu Goethes Sprache‹ aus dem Jahr 1949 (397–404). Wenn allgemein der Dichter qua Sehender kraft seines »Sinnes des Poetikalischen« »in jenen Grundformen des Lebens, die ... [er] gestalthaft, bildhaft, gültig seiend in der gewohnten Erscheinungswelt er-sieht, bis dahin noch unentborgene Schichten der unerschöpflichen Wirklichkeit heraufruft und sie aus ihrer ruhenden Stummheit in unser Bewußtsein hinein erwachen läßt« (406), so gilt das in herausragendem Maße für Goethe. Nicht zum wenigsten faßbar aber wird das an seiner Sprache: »Wie an Goethe alles Natur ist, ist auch sein Wort vollkommene Natur. Das allumfassende Seiende kommt in ihm in seiner Fülle wie Ordnung rein zum Vorschein« (400). Goethes Wort »ist im höchsten Grade wahr. Es zielt dem Ding ins Herz ... Es ist Dasein, Gegenwart der Dinge selbst«, seine Sprache kennzeichnet »*Sach- und Wirklichkeitsgemäßheit*« (399).

Anders gewendet: Goethes Welt besteht aus »Grundelementen«, die deren »lebendige Bauglieder« sind. Diese Grundelemente »treten als Gefühl, Erlebnis, Ding, Vision, Bild, Idee, Begriff in die Erscheinung und [und nun das Entscheidende:] werden auch in einzelnen Wörtern greifbar. Das gilt insbesondere von jenen Grund- und Wesenswörtern Goethes, die wir recht eigentlich als die ›Goethischen Urworte‹ betrachten müssen: Gott, Liebe, Leben, Geist, Natur« usw. Es sei erstaunlich, zu beobachten, »wie diese Grundwörter und ihre Ableitungen mit unwillkürlicher Genauigkeit sich immer dort einstellen, wo mit der ins Auge gefaßten Sache das betreffende Element in Goethe heraufdringt ... In ihrer Gesamtheit jedoch stellen jene Goethischen Grund- und Wesenswörter den lebendigen Bau des sinnlich-übersinnlichen ›Doppelreichs der Geister‹ dar, das Goethes Welt ist« (403f.). Auch hier aber, wie in dem eingangs betrachteten grundlegenden Aufsatz, wird zuletzt darauf verwiesen, daß solche Sprache, die das Goethe-Wörterbuch »als ein umfassender *latenter Goethe-Kommentar*« zugänglich machen soll, über sich, und zwar sogar in ganz aktueller Weise, hinaus wirkt: »Jedoch die vornehmste Aufgabe dieses Lexikons wird darin bestehen, dabei mitzuwirken, die hohe Welt des Dichters ... für unser Bewußtsein reicher und tiefer aufzuschließen und damit zu seinem Teil die Aneignung des Goethischen Menschentums voranzutreiben, die [der Aufsatz erschien 1949] nach dem deutschen Zusammenbruch eine unserer geistigen Lebensfragen ist« (404).

Zu Goethes Sprache hat sich Schadewaldt in ähnlicher Weise später noch einmal geäußert, in der sieben Jahre nach den Goethestudien, 1970, erschienenen Abhandlung ›Wort und Sache im Denken Goethes‹[8]. Schadewaldts letzte Äußerung zu Goethe ist indessen eine 1972 publizierte vergleichende Betrachtung verschiedener Goethescher Gedichte: ›Mond und Sterne in Goethes Lyrik‹, mit dem bezeichnenden Untertitel ›Ein Beitrag zu Goethes erlebtem Platonismus‹[9]. Hier findet sich noch einmal das nunmehr hinlänglich Vertraute gewissermaßen vereint: Sichtbar werde in diesen Gedichten, »wie es in dieser sogenannten Erlebnislyrik Goethes ... um Repräsentationen eines gültigen Höheren, Allgemeinen, und damit schließlich um eine fast exakt zu nennende dichterische Ontologie der Gestimmtheiten des Inneren« (60f.), wie es bei aller Wandlung der poetischen Aussageform stets um die gleichen »Grundverhältnisse« (64, 76, 77) geht; es zeige sich, »wie Goethe die Erscheinungen der Natur als Naturerscheinungen und doch zugleich als unwillkürliche Symbole für die inneren Kräfte und Formen des Daseins, gelehrt gesprochen: für die Funktionalitäten des Daseins nimmt, und wie ihm so aus den wesenhaft gefaßten Dingen und Erscheinungen der Wirklichkeit eine eigentliche poetische Bilder-Sprache zuwächst« (65). Zum Tragen aber komme in alledem »ein unmittelbar im Anschauen der Natur neu erlebter und seelisch-geistig neu verwirklichter Platonismus« (66 und ff.), eine »›naiv‹-unmittelbar

---

8  W.S., Hellas und Hesperien II, Zürich/Stuttgart 1970, 117–126 (= Silvae, FS Zinn, Tübingen 1970, 199–209).
9  In: H. Reiss (Hrsg.), Goethe und die Tradition, Frankfurt/M. 1972, 58–83.

empfundene Platonisch-dualistische Weltsicht« (79) – womit unsere eingangs versuchte Erklärung der Schadewaldtschen Grundanschauung erneut bestätigt wird.

*(3)*

Im Nachwort zu seinen Goethestudien teilt Schadewaldt mit, daß Goethe für ihn von Jugendzeiten an »zu so etwas wie dem ›primum movens‹ für die Beschäftigung mit Literatur und Dichtung, mit der Antike und den Griechen geworden« ist. Später habe er dann »in fast anhaltender Wechselwirkung zwischen ihm und den Griechen« sein Griechisch betrieben: »Diese Wechselwirkung hat für mich in der Folge fast die Bedeutung eines heuristischen Prinzips gewonnen.« Was Schadewaldt dabei »von den Griechen her für Goethe ... zuwuchs«, haben wir wenigstens punktuell registriert. Was er »*von* Goethe und *an* ihm für Homer und die Griechen gelernt« (503) hat, in welchem Umfang also Schadewaldts Goethe-Sicht tatsächlich seine Arbeiten zur griechischen Literatur determiniert oder doch zumindest in eine bestimmte Perspektive gezwungen hat (ich veranschlage den Anteil, den das an Goethe ausgebildete Kategorienset an ihrer Ausformung gehabt hat, als ziemlich hoch), kann hier im einzelnen nicht erörtert werden. Doch auch für solche Recherche mag nützlich sein, was ich stattdessen im weiteren tun will.

Der vorgenommenen Musterung der einzelnen Goethestudien, enumerativ und repetitiv wie sie war, haftete ohne Zweifel eine ermüdende Ein- und Gleichförmigkeit an. Aber es rührte das von der Sache her, welcher in ihrem Zentrum, will man sie nicht mit pauschal-plakativen Feststellungen deformieren, anders nicht beizukommen ist. Schadewaldt seinerseits bestätigt das in gewisser Weise mit einer Art Selbstdeutung seiner Studien im Nachwort. Es wolle ihm, so schreibt er, »heute so erscheinen, als sei ich auf meinen Wegen im Grunde einer Kategorienlehre Goethes nachgegangen, Kategorienlehre des den Griechen aus innerer Wahlverwandtschaft zugewandten ›Ontikers‹ Goethe in Leben, Welt-Anschauung, Dichten« (504). Doch so sehr eben das in detaillierender Einläßlichkeit sichtbar gemacht werden mußte, da nur über sie sich plausibel das stets selbe Denkmuster als die entscheidende Basis bildend offenlegte, so sehr verlangen unsere entsprechenden Explorationen gewissermaßen, in einem mehr Allgemeinen aufgefangen zu werden. Es soll deshalb noch diskutiert werden, was in Schadewaldts Umgang mit Goethe wie in der die Studien motivierenden und organisierenden Grundanschauung immer schon vorgängig als Grundsatzentscheidungen impliziert ist. Auf dreierlei möchte ich aufmerksam machen.

Einmal scheint deutlich, daß Schadewaldts Interpretationen Goethescher Dichtungswerke werkimmanent, besser dichtungsimmanent angelegt sind –: intertextuelle Fragestellungen, wenn auch insgesamt nur goetheintern, sind ja nicht ausgeschlossen. Zwar enthält die Rekonstruktion der Achilleis einen eigenen

Abschnitt, in dem Goethes Epos als eine, ja als die entscheidende derjenigen Dichtungen Goethes traktiert wird, »in denen er von 1792 bis 1805 den ... Versuch gemacht hat, das auf ihn eindringende Erlebnis der Französischen Revolution dichterisch zu meistern« (386, s. 380–390). Aber es ist das doch mehr nur die Ausnahme von der Regel. Zumindest tendenziell, so wird man formulieren dürfen, folgen Schadewaldts Deutungen Goethescher Dichtungstexte der werkimmanenten Methode. Damit fügt er sich, wie weiter auszuführen wohl nicht nötig ist, voll und ganz in den herrschenden literaturwissenschaftlichen Trend seiner Zeit. Aber Schadewaldts Option für die werkimmanente Deutungsmethode allein oder auch nur primär als modischen Gestus zu begreifen greift sicher zu kurz. Primo loco verdankt sie sich seinem Grundverständnis Goethes als eines Ontikers, welches bei ihm eben Grundstrukturen und Grundmotive aufdecken will: für solches Anliegen wäre eine andere als die werkimmanente Vorgehensweise naturgemäß nur kontraproduktiv.

Dasselbe gilt für den zweiten Punkt, der mit dem ersten innerlich zusammenhängt. Ich meine Schadewaldts, was Goethes Denken wie dichterisches Werk angeht, im Prinzip ahistorische Betrachtungsweise. Hier wird die Entscheidung für diese bestimmte Methode von Schadewaldt selbst ausdrücklich als Implikation seiner Grundanschauung kenntlich gemacht. In der Abhandlung ›Goethes Beschäftigung mit der Antike‹ und dort in dem ›Entwicklung‹ überschriebenen Abschnitt (69ff.) wendet sich Schadewaldt gegen »die ohnehin entwicklungsfreudige geistesgeschichtliche Betrachtung« in der Goethe-Forschung (69) und kommt schließlich zu dem Ergebnis, es fänden sich zwar »außer den großen Hauptveränderungen in der Sprach- und Erlebnisform in den verschiedenen Lebensaltern noch mancherlei Verschiedenheiten in Goethes Umgang mit den antiken Dingen. Doch das, was ... die Frage nach einer Entwicklung erst wesentlich macht: irgendein einschneidender Umbruch des Erlebens oder der Erkenntnis, ein radikales Revidieren der Grundanschauungen, eine Wandlung und Erneuerung des Antike-Bilds aus dem Grunde: etwas Derartiges kennt Goethe nicht.« Weit überraschender sei vielmehr, »wie bei ihm von der Straßburger Zeit bis ins höchste Alter die Grundanschauungen beharren und durch alle verschiedenen Aussage- wie Erlebnisformen unverändert die gleichen bleiben ... Wollte man nach allem von einer ›Entwicklung‹ des Antike-Bilds in Goethe sprechen, so nur in jenem eigentlichen und ursprünglichen Sinn des Wortes der Umformung, Fortgestaltung und Entfaltung des Einen, sich gleichbleibenden Grundwesens der Entelechie.« Und dann der Schluß: »Um dieses Grundwesen geht es uns hier. Im Blick auf dieses dürfen wir nunmehr getrost von jenen Wandlungen und Veränderungen absehen« (75f.).

Verkürzt und auf Goethe allgemein bezogen dasselbe (»wie der so wandlungsreiche Goethe doch im Grunde immer der gleiche geblieben ist«) an anderer Stelle mit Hinweis auf die »Grundelemente seines Fühlens, Erlebens, Sehens, Denkens und Gestaltens ... Diese Grundelemente bilden die eigentlich Goethischen ›Ideen‹, von denen man nur sagen kann: er besteht aus ihnen« (402, vgl. 400, auch schon 9, 170). Und selbst das Bekanntwerden mit der Kantschen Philosophie hat keine grundlegende Zäsur bedeutet: »Dieses Bild Goethes von der Realität ist, trotz jener entscheidenden Stufe von Goethes Entwicklung in den Schiller-Jahren und der Begegnung mit Kant, im Grunde doch ein Eines und Ganzes und Geschlossenes« (214, s. auch 213). Schadewaldts Zeichnung eines insgesamt statischen Goethebildes verdankt sich also, wie deutlich, einer höchst bewußten Entscheidung, welche indes in seiner Grundanschauung immer schon mitvorgegeben ist.

Das Dritte, was aus dieser Grundanschauung nun zwar nicht mehr notwendig, aber konsequent folgt, ist Schadewaldts Sprache. Daß die Sprache, in der wenigstens die Goethestudien gehalten sind, mit Goetheschem Vokabular regelrecht durchsetzt ist, erwähne ich nur: lebendig; gesund; gesetzmäßig lebendig; geschichtet; gesammelt; gestaltend umgestaltend; Schichtungen; Verhältnisse und Bezüge; Schwingungen; Großheit; das als Adversativpartikel verwendete ›allein‹ u.a.m. Auch ›seiend‹ und ›Sein‹ wären hier zu nennen, wenn ich auch den Eindruck habe, daß diese Ausdrücke bei Schadewaldt eher das Aroma Heideggerscher Seins-Sprache angenommen haben. Daß etwa das Wort der Dichtung die Kraft hat, »den in so viele Einzelzwecke, Bestrebungen, Betätigungen zerstreuten und verlorenen Menschen wieder in den Seinsgrund zurück zu begründen« (431), erinnert eher an Heideggers Seinsvergessenheit als an Goethe. Und auch »Seiendheiten« kommen zwar bei Heidegger, nicht aber, soweit ich sehe, bei Goethe vor.

Doch gewichtiger ist, daß der Sprache Schadewaldts durchgängig und allgemein eine raunende Feierlichkeit eignet. Durch die zahlreichen Zitate, die sich unschwer vermehren ließen, ist das allgemein hinreichend belegt. Ich verweise deshalb nur noch auf einige Einzelheiten, an denen sich das Klima des Hieratischen ganz konkret festmachen läßt. Unmittelbar ins Auge fallen: die absolute Bevorzugung des Demonstrativum ›jener‹, nicht selten verknüpft mit einem Possessivum (»jene seine Auffassung«); der Gebrauch von ›je‹; die Formulierung »recht eigentlich« wie überhaupt die Verwendung von Adjektivkomposita oder gedoppelten Adjektiven (schnellkräftig, tiefinnern; tüchtig-widerwärtig, geistreich-hintergründig, dämonisch-notwendig, das Ernst-Würdige; ruhig kräftig, zutraulich freudig, tief erquicklich, wunderbar ursprünglich, geistesmächtig klar, regellos beseelt, plastisch lebendig, maßvoll gefestet, belebend neu); weiter der Gebrauch biologischer Kategorien und Begriffe (wiederholt »eine Ansicht usw. ist ihm zugewachsen«, ansonsten »das einzelne Gebilde aus seiner Verwurzelung aufwachsen lassen«, »ein intuitives Vermögen läßt unentborgene Schichten in unser Bewußtsein hineinwachsen«, »eine unmittelbar gewachsene Einheit«, »innere Wuchsform«, »das voll ins Wort erblühte Gedicht«, auch: »wo das Element in Goethe heraufdringt«, »Liebesbegegnungen, die in der Dichtung Goethes heraufkommen«, »Helena ist ihm

[Faust] gewonnen,«); wo Schadewaldt im übrigen von den eigenen Aufsätzen spricht, heißt es durchgängig »auf diesen Blättern«.

Die Kehrseite solchen Sprachstils ist, daß Schadewaldt vor jeder definitorischen Klarheit und begrifflichen Fassung eines Phänomens oder Sachverhalts zurückscheut. Er verweist auf Goethes Distanz zu »jeder losgelösten Philosophie«, zu Begriff, Definition und Beweis (»er brauchte den Philosophen nicht, weil er die Poesie besaß«, 38f., 45), und es scheint, daß er dessen von ihm zitiertes Diktum »Die Theorien scheinen keinen andern Zweck zu haben, als die Phänomene beiseite zu bringen« (90, vgl. 209, 213f.[10], 410) zur eigenen Leitlinie hat werden lassen. Jedenfalls wird, vorzüglich in denjenigen Abhandlungen, die abstrakt-theoretische Äußerungen Goethes erörtern, Goethe zumeist mit Goethe, d. h. in der Regel eine Goetheaussage mit weiteren Zitaten erklärt.

Diese Sprache nun, die Schadewaldt wenigstens in seinen Goethestudien durchgängig spricht, ist mit ihrer Aura des Bedeutungsvollen gewiß zunächst zeitabhängig und zeittypisch. In bestimmten Bezirken der geistigen Welt hat man seinerzeit im Ausstrahlungsfeld Heideggerscher Philosophie solcherart Idiom gepflegt. Aber mit dem Hinweis auf die Zeitbedingtheit ist Schadewaldts Sprache kaum schon hinreichend erklärt. Sie hat dafür nicht nur, wie mir scheint, eine viel zu starke persönliche Färbung und Intonation. Insbesondere ist sie so konsequent und umfassend angewendet, daß sie den Eindruck einer gewissen Logik und Notwendigkeit macht.

Zum Phänomen der Sprache sagt Schadewaldt selbst grundsätzlich: »Aus dem Einssein des zu Empfindungen erwachenden Ich mit dem es umwaltenden Seienden scheint auch die Sprache entsprungen. Aus diesem Einssein erhob sie sich zu jenen welt-bewältigenden ontologischen Entwürfen auf das Seiende und sein Sein hin ... Das Wort der Dichtung [aber], aus jenem ursprünglichen magischen Einssein gesprochen, scheint dieses Einverständnis [sc. dasjenige, »in dem alles Existierende existiert«] ... im höchsten Sinne zu verwirklichen, indem es das, was im Bereich des Wissens und der Wissenschaft nur Übereinstimmung im Gespräch sein kann, zu jenem ›Gesang‹ erhebt, in dem alle mit dem Gegenstand und untereinander eins sind« (428/9). Diesen ›Gesang‹ will Schadewaldt mit seinen Studien kenntlich werden lassen, und er will eben das – so legt sich nahe – noch dadurch tun, daß er, auf der Metaebene, gleichfalls in *seiner* Sprache, was er vermittels ihrer als von dem Dichter sichtbar gemacht offenlegen will, immer schon präsent werden läßt.

---

10 Hier heißt es: »Kantianer in irgendeinem Sinne aber ist Goethe nie gewesen. Es traf sich glücklich, daß seine Beschäftigung mit Kant in eine Zeit fiel, in der sein Bemühen um die Wissenschaft von der Natur ihm bereits die ersten grundlegenden Erkenntnisse zugetragen hatte.« Man fragt unwillkürlich: Warum ›glücklich‹?

*(4)*

Um nicht im vorwiegend Deskriptiven stecken zu bleiben, zuletzt noch zu der von jedem Leser vermutlich schon längst stillschweigend formulierten Gretchenfrage: Wie hält er's denn nun mit Schadewaldts Goethe? Nun, um von Einzelheiten abzusehen, von entscheidender Bedeutung war (und ist) ohne Zweifel, daß Schadewaldt energisch den Blick darauf gelenkt hat, daß Goethes Denken und Dichten immer zum Ziel hatte, Grundformen insbesondere menschlichen Denkens und Handelns sichtbar zu machen. Allerdings dürfte eben das generell Merkmal, ja Konstitutivum großer Literatur sein. Auch aus diesem Grund, wenn auch nicht allein deshalb, würde man heute die Goetheschen Grundkonstituentien kaum mehr als dermaßen direkt und unmittelbar, quasi kurzgeschlossen zugänglich akzeptieren können. Die menschliche Existenz so umstandslos zum Katalysator aller historischen Differenz werden zu lassen ist nicht angängig. In höherem Maße sensibel geworden für das grundsätzliche Problem geschichtlicher Verfaßtheit kultureller Phänomene von Rang *und* ihrer gleichwohl über die Zeiten hinweg dauernden Wirkung, würde man die in Goethes Dichten und Denken entfalteten Grundgegebenheiten der condition humaine erheblich mehr in ihrer historischen Vermitteltheit zu fassen suchen – und sie in diesem Weg vermutlich erst ganz als das, was sie sind, wahrnehmbar machen. Denn erst strikter Vergegenwärtigung der historischen Fremdheit ihrer Artikulation dürfte wirklich erkennbar werden, was in der historischen Besonderung nicht aufgeht und woran gegenwärtige Rezeption anschließen kann.

Kurz gesagt, man würde Goethe erheblich mehr historisieren, und zwar sowohl Goethe und sein Werk für sich wie auch, synchron, in seinem kulturgeschichtlichen wie allgemein historischen Kontext und, diachron, in der kulturgeschichtlichen wie allgemein historischen Tradition. So sehr Goethe selbst, wie Schadewaldt zu Recht konstatiert, die Geschichte nicht mochte (wiewohl er durchaus gerade die Antike auch historisch zu sehen imstande war[11]), so wenig ist er und sein Werk dem Gesetz der Geschichte enthoben. An zwei Punkten sei noch kurz beispielhaft erläutert, wie wichtig solche Perspektive für eine angemessene Wahrnehmung der Dinge ist.

Zunächst die Nicht-Vollendung des Achilleis-Projekts. Schadewaldt erklärt sie psychologisch, nämlich damit, »daß des Düsteren in seinem [Goethes] Plan der Achilleis so viel war, daß er es produktiv dichterisch nicht ausgehalten hätte« (390). Aber entscheidend dürfte in letzter Instanz (ich habe das an anderer Stelle ausführlich entfaltet[12]) die – schmerzvolle – Einsicht Goethes in den zeitlichen Hiat gewe-

---

11  Vgl. Verf., Goethe und die Poesie der Griechen, Abh. Mainz 1986, Nr. 5, 20–28; Schadewaldt 37, 111–114.

sen sein, der ihn von Griechenland trennt, die Erkenntnis also, daß »einem Neuern, der für Neue arbeitet,« (wie er an Schiller schreibt[13]) es aufgrund der historischen Differenz schlechthin unmöglich ist, ein Epos, ja Dichtung im Sinne der Alten zu schreiben – wie Goethe es indessen von der Prosafassung der Iphigenie 1779 an, also rund zwanzig Jahre angestrebt hatte.

Als zweites das Verhältnis Goethes allgemein zu Homer. Schadewaldt begreift es, wie wir gesehen haben, quasi als unio mystica, für die jeder historische Unterschied inexistent ist[14]. Aber Goethe selbst schreibt in einem Brief an Zelter vom 8. August 1822:

»›Anders lesen Knaben den Terenz,
Anders Grotius.‹
Mich Knaben ärgerte die Sentenz,
Die ich nun gelten lassen muß.

Lese ich heute den Homer, so sieht er anders aus als vor zehen Jahren; würde man dreyhundert Jahre alt, so würde er immer anders aussehen. Um sich hievon zu überzeugen blicke man nur rückwärts, von den Pisistratiden bis zu unserm Wolf schneidet der Altvater gar verschiedne Gesichter«[15]. Hier ist nun sogar historisches Verstehen in seiner auch von den verstehenden Subjekten her begründeten Komplexität gefaßt: als Verstehen, das grundsätzlich standortbedingt ist und das darum weiß, daß die Geschichtlichkeit eines Stücks Literatur entscheidend auch durch die Geschichte seiner Rezeption mitkonstituiert wird. Einem eben solchen historischen Verstehen aber werden die Grundgegebenheiten menschlichen Lebens, die große Literatur gestaltet, in ihrer ganzen, also umfassenden historischen Vermitteltheit kenntlich werden, damit aber erst eigentlich kenntlich werden. Und das schließt durchaus nicht aus, daß zu verschiedenen Zeiten und von verschiedenen Rezipienten ganz verschiedene Grundgegebenheiten wahrgenommen werden, diese also auch ihrerseits noch der geschichtlichen Besonderung, wenn auch nur einer geschichtlichen Besonderung sozusagen zweiten Grades, unterworfen sind.

---

12  Wie Anm. 11, 51–59.
13  27.12.1797; Goethes Briefe, Hamburger Ausgabe, Bd. 2, Hamburg ²1968, 322 (Nr. 674).
14  Vgl. auch noch Schadewaldt 76: »Etwas Urgoethisches offenbart sich hier, das, indem es in der Antike das ihm Gemäße sucht und findet, zugleich etwas vom Urwesen der Antike zum Vorschein bringt.« Ähnlich scheint Schadewaldt Goethes Verhältnis zu Platon gesehen zu haben: »Es ist ein unmittelbar neu erlebter, neu empfundener, ursprünglich empfundener Platonismus. Tradition mag irgendwie dabei beteiligt sein, jedoch ein Gegensatz von ›Bildungserlebnis‹ und ›Urerlebnis‹ besteht hier nicht. Es ist ›Begegnung‹ als innere Gestimmtheit« usw. (oben Anm. 9, 68).
15  Goethes Werke, hrsg. im Auftrage der Großherzogin Sophie von Sachsen, IV 36, 111 (Nr. 87), Weimar 1907.

*Ute Schmidt-Berger*

# FRAUENRAUB – HEUTE?

## ZU SCHADEWALDTS ›ILIAS‹ IM EUROPÄISCHEN GYMNASIUM

I Einführung: Schadewaldts ›Ilias‹ im Gymnasium

*1 Vorbemerkung zum Thema*
»Und jedem Anfang wohnt ein Zauber inne« – dieser Vers Hermann Hesses gilt, wenn überhaupt für ein Buch, dann für *das* Buch, mit dem die Literatur Europas »anfängt«. »*Europäische Grundtexte* ... wie in der ›Ilias‹ die Gesänge, auf denen die eigentliche ›Achilleis‹ beruht«, sollen im Gymnasium gelesen werden, empfiehlt Wolfgang Schadewaldt in ›Hellas und Hesperien‹ (s. Anm. 5).

Der vorliegende Beitrag, der Schadewaldts Empfehlung folgt, gilt dem *Frauenraub* in Homers ›Achilleis‹.

Als typisches Frauenthema erscheint dieses Sujet in dialektischer Spannung zu dem typischen Männerthema der *Heldenehre,* dem Focus des Epos. Während das *Leitmotiv* der Ilias, *Achills Ehr-Zorn und Helden-Ehre,* allgemein bekannt ist, wurde die *prima causa* der Achilleis, die *Geschichte vom Raub einer Frau, der Briseis,* bisher kaum je im Kontinuum behandelt – ein Novum vor allem im Kontext des Feminismus. Denn dass sich auf ein solches geradezu archetypisches Frauenthema das aktuelle feministische Interesse richtet, liegt auf der Hand; der Archetyp ist die Entführung der Braut – vor ihrer Verführung, ein auch heute noch mancherorts üblicher Brauch.

Die von der Briseis-Geschichte ausgehende tragische Kausalkette durchzieht die Ilias wie ein roter Faden, oder genauer: wie eine Blutspur; und an entscheidenden Handlungspunkten gerät Briseis, die sonst meist im Hintergrund bleibt, ins Schlaglicht. So eignet sich diese Geschichte als Einstieg in den epischen Großtext.

Da die geliebte Kriegsgefangene des berühmtesten *Homerischen Helden* als die erste entscheidende *Frau* in *Homers Epos* vorkommt, entspricht die hier präsentierte Lehreinheit den Vorgaben des Baden-Württembergischen Bildungsplans im Fach Griechisch. Zu »Homers Epos« gibt er an: »Homerische Helden – Homerische Frauen«. Zwar beschränkt sich der vorliegende Beitrag auf den *Frauen*-Raub, doch die *Helden*-Ehre wurde im Unterricht ebenfalls behandelt und damit den Schülern die dialektische Grundstruktur der Achilleis vermittelt. Eine didaktische Publikation zu »Frauenraub und Heldenehre«, wobei auf dem zweiten Teil das Gewicht liegt, befindet sich in Vorbereitung.

Doch zunächst zum didaktischen *Procedere hic et nunc*: Wolfgang Schadewaldt bemerkt zur Lektüre antiker Texte in dem Hellas und Hesperien-Kapitel mit dem Titel ›Gedanken zu Ziel und Gestaltung des Unterrichts in den alten Sprachen auf der Oberstufe unserer altsprachlichen Gymnasien‹: »Was aber ist zu tun, um über… exemplarische Einzelpartien hinaus den Blick für die Zusammenhänge, den Reichtum wie den Aufbau der *ganzen* Werke zu öffnen? Als nächstliegendes Mittel bietet sich hier eine kursorische Lektüre an … (und als) äußerst wichtige Ergänzung … die *deutsche Übersetzung*« (S. 967f.).

Schadewaldt war *der* Promachos für den Einsatz deutscher Übersetzungen im altsprachlichen Unterricht. Seine ›Neue Übertragung‹ von ›Homers Ilias‹, Frankfurt a.M. 1975, bildet die Grundlage dieser Lehreinheit. Zudem ergeben die einzelnen Zitate aus Schadewaldts deutscher ›Ilias‹ aneinandergereiht gleichsam den Leitfaden der Abhandlung. Sie vermitteln wie Perlen an einer Schnur die Wirkungs- und Strahlkraft der Ursprache auch noch im Medium der Muttersprache. Denn in seiner dem Original nahen ›nachdichtenden Übersetzung‹ hält sich Schadewaldt an die Maxime des Dichters Hölderlin: dass »gepfleget werde der feste Buchstab«.

Wenn nun Schadewaldts Ilias-Übertragung hier im Zentrum steht, dann geschieht dies auch im Horizont seines weitgespannten Werkes, das zwischen Hellas *und* Hesperien den Bogen schlägt; denn so kann die ›Ilias‹ sogar über den Griechisch-Unterricht hinaus, zum Beispiel im Fach Deutsch behandelt werden.

Schließlich wirkt Schadewaldt als Spiritus Rector nicht nur für die Wahl dieser Sequenz, die in die ›Ilias‹ einführt, und für die Durchführung mittels seiner Übertragung, sondern auch schon für die geschichtliche Einleitung. In seinem die Ilias-Übertragung ergänzenden Buch ›Der Aufbau der Ilias‹, Frankfurt a.M. 1975, und andernorts verweist er immer wieder nachdrücklich auf die zwei Anfänge der europäischen Kulturgeschichte, die sich beide mit Frauenraub-Mythen verbinden.

## 2 Epochenschwelle vor 3000 Jahren

Die Schwelle zum 3. Jahrtausend n. Chr. ist überschritten. Da schweift der Blick der Schülerinnen und Schüler gern zurück zu der ersten europäischen Epochenschwelle vor rund 3000 Jahren; sie ist markiert durch Troias Fall und Homers ›Ilias‹. Den Fall Troias um 1200 v. Chr. thematisiert Homer in seinem Epos über Troia oder Ilion, Ilios (Wilusa)[1] im 8. Jh. v. Chr.: in der Mitte der dazwischen liegenden »vier dunklen Jahrhunderte« beginnt –von der Gegenwart aus gesehen – der Zeitraum der drei Jahrtausende. Für Goethe hingegen lag kurz nach 1800

*Frauenraub – heute?* 125

n.Chr. der geschichtsträchtige Kampf um Troia tatsächlich genau drei Jahrtausende zurück, und so konnte er dichten:
Wer nicht von dreitausend Jahren
Sich weiß Rechenschaft zu geben,
Bleib' im Dunkeln unerfahren,
Mag von Tag zu Tage leben.
Im Sinne dieser Verse lässt Goethe den dritten zentralen Akt seines zweiten Faust-Dramas, den er auf seine Zeit mitbezieht, »dreitausend Jahre« bis zur trojanischen Helena-Geschichte zurückreichen; auch mit der »schönen Helena«, diesem stets beliebten Sujet, werden sich die Schüler anschließend befassen.

Wolfgang Schadewaldt unterscheidet in seinem Werk ›Der Aufbau der Ilias‹ (S. 91f.) zwischen der »mykenischen Vorzeit« und dem geschichtlichen »Neu-Beginn der eigentlich griechischen Epoche« im 8. Jh. v.Chr.: »In die ›Ilias‹ wirkt formend hinein ihre einmalige geschichtliche Situation, die Situation ... ihres eigenen, des 8. Jahrhunderts. Sie steht an dem Schnittpunkt *zweier Zeiten und Welten*: der ›achaischen‹ großen *mykenischen* Vorzeit, die durch den *Dorer*-Einbruch ... zugrunde ging, und nun *im 8. Jahrhundert, am Beginn der eigentlich griechischen*

---

1 Die Themen ›Troia‹ und ›Ilias‹ haben durch die vom Millennium inspirierte große Ausstellung ›Traum und Wirklichkeit – Troia‹ in Stuttgart, Braunschweig und Bonn 2001/2 erstaunliche Aktualität und Medienwirksamkeit gewonnen; dies gilt bis heute, vgl. das Medienereignis des monumentalen Troia-Films von Petersen oder z.B. die ZDF-Doku-Sendung zu Troia vom 26.07.2004. Doch nicht nur als kulturelles Ereignis war die Ausstellung aufsehenerregend, sondern auch auf Grund eines medienträchtigen Wissenschafts-Streites zwischen zwei Tübinger Professoren, dem Althistoriker Frank Kolb und dem Archäologen Manfred Korfmann, der das Tübinger Troia-Projekt leitet und zugleich der derzeitige Ausgrabungsleiter in Troia ist. Zusammen mit dem Basler Altphilologen Joachim Latacz sowie mit einigen Anderen hat er die Ausstellung und den ersten Begleitband, Stuttgart 2001, konzipiert. Inzwischen ist der zweite Band ›Traum und Wirklichkeit – Troia (Ein Mythos in Geschichte und Rezeption)‹ in Braunschweig i.J. 2003 erschienen. Darin nimmt Kolb zum Hauptpunkt des Wissenschafts-Streites mit Korfmann Stellung. Kolb hatte in den Medien Korfmanns Darstellung der Größe und Bedeutung Troias kritisiert. Er schreibt in dem Eröffnungs-Beitrag des o.g. 2. Troia-Bandes (vgl. ›Ein neuer Troia-Mythos? Traum und Wirklichkeit auf dem Grabungshügel von Hisarlik‹, 8): »In der Diskussion um Troia waren die Althistoriker stets besonders *skeptisch gegenüber der Historisierung des Mythos* und der Bewertung der Grabungsergebnisse auf dem Hügel von Hisarlik *im Lichte der* ›*Ilias*‹.« Im Zuge der hier vorgestellten Ilias-Sequenz am Europäischen Gymnasium erscheint ein Hinweis auf die aktuelle Kolb-Korfmann-Debatte als sinnvoll, zumal dies dem Plädoyer W. Schadewaldts für ›Realien‹ im Unterricht entspricht (s.u. S. 129); Troia-Modelle (als Realien) zum ›Einstieg‹ in die Debatte sind in den beiden Ausstellungsbänden enthalten. – Grundlegend zu der Thematik ›Troia und Homer‹ ist das so betitelte Buch von Latacz (mit dem Untertitel ›Der Weg zur Lösung eines alten Rätsels‹, 1.- 3. Auflage, München/Berlin 2001); vgl. speziell zur o.g. Debatte das Kapitel: ›Troia VI/VII a ist eine anatolische Residenz- und Handelsstadt‹, 55ff.

*Epoche.* Das, was im 8. Jahrhundert *neu beginnt,* ist gekennzeichnet durch ... die sogenannte *Kolonisation.*«

Die ›Ilias‹ bezieht sich nicht nur auf die im Zitat erwähnte *mykenische,* sondern auch auf die *minoische* Vorzeit; denn es ist darin von Minos, dem sagenhaften Stammvater der Minoer die Rede und von dem Minos-Enkel, dem Kreter Idomeneus. Minos steht in der mythischen Tradition am *Uranfang Europas.*

Homer selbst lebte und wirkte am *zweiten Anfang,* ›dem Neu-Beginn‹ der europäischen Geschichte. Minos und Homer repräsentieren also den *Doppelanfang Europas.*

Schadewaldt nennt den ›*Dorer*-Einbruch‹ als historische Zäsur am Ende der minoisch-mykenischen Vorzeit. Dieser kriegerische Einbruch eines allgemeinen Völkersturms war auch die Ursache für den Untergang Troias. Hinzuzufügen ist, dass auf die sogenannte ›*Dorische*‹ die sogenannte ›*Ionische Wanderung*‹ folgte. Sie führte in einer ersten Welle der ›*Kolonisation*‹ bereits um 1000 v. Chr. zur griechischen Besiedlung der Küste Kleinasiens[2], woher Homer stammte. Dies ist die historische Zäsur, die *Epochenschwelle,* von der aus sich für uns heute die »dreitausend Jahre« ergeben, die Goethe als Zeitraum der ›kulturellen Erinnerung‹ in seinem oben zitierten Gedicht genannt hat; für ihn lag ja die Zäsur beim Fall von Troia. Nicht nur um *drei Jahrtausende,* sondern bis *ins dritte vorchristliche Jahrtausend* muss sich das ›kulturelle Gedächtnis‹ zurückerinnern (s.u. S. 133), um zum Uranfang der europäischen Kultur auf Kreta zu gelangen.

## 3 Frauenraub-Mythen am Doppelanfang Europas

Wenn man mit der Unterrichtseinheit der ›Ilias‹ auf der Kollegstufe beginnt, wissen die meisten Gymnasiasten, dass der Trojanische Krieg eine Vorgeschichte hat, nämlich den Raub der Helena, – und dass der Mythos vom Uranfang unseres Kontinents ebenfalls von einem Frauen-Raub handelt: ›…Und Zeus entführte Europa‹. Die beiden Anfänge der europäischen Kultur sind also mit thematisch ähnlichen Mythen verknüpft; ›Europa‹ verbindet sich mit dem minoischen, ›Helena‹ mit dem mykenischen Reich. Ein Zusammenhang zwischen den *zwei* Frauenraub-Sagen am Doppelanfang der Geschichte Europas wurde bereits in der Antike gesehen, und zwar vom ›Vater der Geschichtsschreibung‹, von Herodot.

Homer beginnt seine ›Ilias‹ mit einem *dritten* Frauenraub: Briseis, die Achill geraubt hatte, wird ihm seinerseits von Agamemnon »geraubt« (Ilias 9.131, 273).

---

2   Die griechische Besiedlung Ioniens dauerte vom späten 11. bis Mitte des 9. Jh.s v.Chr., vgl. ›Ionische Wanderung‹ im Artemis-Lexikon der Alten Welt. Zur ›Aiolischen Landnahme‹ und zur ›Ionischen Kolonisation‹ vgl. Peter Högemann in: Traum und Wirklichkeit – Troia, Bd. 1, 58ff: »Troias Untergang – was dann? Alte Dynastien, neue Reiche und die ›Ionische Kolonisation‹«. Zur ›Aiolischen Landnahme‹ s.u. S. 146.

Wenngleich es sich bei der von Agamemnon veranlassten *Weg*führung der Briseis nicht wie im Falle der *Ent*führung der Europa oder Helena um einen Überraschungs-Coup handelt, fühlt sich Achill gleichwohl beraubt und vor allem in seiner *Heldenehre* tief verletzt; denn eine Königstochter oder Fürstin wie Briseis gilt nach dem ritterlichen Wertekodex als höchstes ›*Ehrengeschenk*‹. Zwischen dieser Frauenraub-Ouvertüre und dem zentralen epischen Thema der heroischen Ehre stellt Homer also eine Verbindung her.

## 4  Europas ›Erstes Buch‹ am ›Europäischen Gymnasium‹

Es liegt nahe, dass sich Schüler und Schülerinnen des sogenannten ›Europäischen Gymnasiums‹ gerade für die Anfänge der europäischen Kulturgeschichte interessieren. Das ›Europäische Gymnasium‹ ist ein seit dem Millennium mehr und mehr propagierter Schultyp, der das traditionelle ›Humanistische Gymnasium‹ ablöst: Neuerdings sollen die beiden alten Sprachen und *zwei* moderne Fremdsprachen unterrichtet werden, während es bisher meist bei einer einzigen modernen Fremdsprache blieb[3].

Für ein Gymnasium mit diesem Profil eignet sich eine Unterrichtseinheit zu ›*Europas erstem Buch*‹ in besonderem Maße. Die weltliche ›Bibel‹, das andere Ur-›Buch‹ Europas, ist nun einmal Homers ›Ilias‹. Der Griechisch-Kurs erhält im Klassensatz *erstens* das ›*Europa*-Buch‹ des Bundespresse- und Informationsamtes Berlin 2000, *zweitens* ausgewählte griechische Texte als Kopien aus dem Ilias-Doppelband der *Bibliotheca Oxoniensis* oder der *Teubneriana* (Buch I hg. v. Martin L. West, Oxford, München 2002) für ein von den Schülern kreativ zu gestaltendes, eigenes ΙΛΙΑΔΟΣ ΒΙΒΛΙΟΝ und *drittens*: *Wolfgang Schadewaldts ›Neue Übertragung‹* von ›*Homers Ilias*‹, lieferbar als Insel-Taschenbuch[4]. – Alle deutschen Ilias-Zitate dieses Beitrags sind Schadewaldts Übertragung entnommen.

## 5  Schadewaldts pädagogisches Konzept

Wolfgang Schadewaldt hat sich in dem ca. 60-seitigen Kapitel ›Humanismus: Bildung, Unterricht, Philologie‹, das in ›Hellas und Hesperien‹ enthalten ist[5], mit der

---

3   Zum ›Europäischen Gymnasium‹ vgl. ›Die Zunft zeigt Stärke‹. Presse-Echo zum Millennium-Kongress des Deutschen Altphilologen-Verbandes. Beitrag von Ute Schmidt-Berger im Forum Classicum 3/2000, bes. 138f. Die Baden-Württembergische Kultusministerin Annette Schavan hat das ›Europäische Gymnasium‹ der Öffentlichkeit in Karlsruhe am 14. März 2002 ›vorgestellt‹ – und zwar auf dem ›Altsprachlichen Symposion‹ zum Thema ›Europas Identität und das Erbe der Antike‹, worüber Hartmut von Hentig sprach. Vgl. die Dokumentation des Ministeriums für Kultus, Jugend und Sport Baden-Württemberg, hrsg. v. Günter Reinhart, Stuttgart 2003.

pädagogischen Programmatik befasst, von der das hier skizzierte Projekt für das Europäische Gymnasium ausgeht.

Der Griechisch-Kurs macht sich mit einem auf *Europa* bezogenen Paradigma Schadewaldts zunächst vertraut. Er hat für einen parabolischen Begriff offenkundig eine Vorliebe: Mit einem »Gewebe«, »an dem immer fortgewebt wird«, vergleicht er das Phänomen der in die Moderne hineinwirkenden Antike. Wer denkt bei dem Stichwort ›Gewebe‹ nicht an das heutzutage weltweit verbreitete Internet-Schlagwort world wide web – www? Wenn wir ein halbes Jahrhundert später ›Gewebe‹, ›web‹, *synchron*, als *raum*überwindende, meist an der Oberfläche bleibende ›Vernetzung‹ der Welt verstehen, so bietet Schadewaldt das Gegenstück: ein *diachrones* europäisches Netzwerk in *zeitlich* gestufter Tiefendimension; www braucht unbedingt dieses Korrelat (die durch Schadewaldt inspirierte Variation könnte lauten: europe deep web!). Nach ihm gibt es seit den geschichtlichen Anfängen Europas dieses »lebendige Gewebe«, an dem so fortgewirkt wird, »dass die von alters her durchgehenden ›Zettel‹ immer neue ›Einschläge‹ erfahren.... Das Griechentum hat nach diesem Bilde, zusammen mit Römertum und Christentum, das Gewebe unserer europäischen Kultur im eigentlichen Sinn des Wortes ›angezettelt‹. Und die Zettel gehen bis heute durch«. Dass der Philologe, der Text-Fachmann, gerade die textile Gewebe-Metapher gebraucht, liegt nahe. In den Schülerköpfen schwirren sofort Ideen über eine Power-Point-Präsentation oder Homepage www zum ersten Buch Europas.

Auch eine andere Metapher Schadewaldts findet Anklang bei den Jugendlichen und lässt sie spontan an das vielzitierte ›Haus *Europas*‹ mit seinen verschiedenen Wohnungen denken: ihnen »in den antiken Autoren ›Wohnungen‹ zu bereiten«, möge das Anliegen des Lehrers sein, bemerkt Schadewaldt, »so wie der junge Goethe an Herder (1772) schreibt: ›Ich wohne nun im Pindar...‹«. – Im Homer wohnen? Sozusagen im Erdgeschoss, auf dem Fundament des europäischen Hauses? Die Idee fasziniert.

---

4   Vgl. Insel-Taschenbuch Nr. 153. Vgl. Carsten-Peter Thiede, Europa – Werte, Wege, Perspektiven. Das Buch, das auf Anfrage gratis im Klassensatz zugeschickt wird, enthält einen umfangreichen Text- und Bildteil zur Antike sowie eine gute Einführung in den Europa-Mythos und die Europa-Asien-Thematik Herodots, s.u. S. 133.
Außer dem bewährten alten Teubneriana-Gesamtkommentar von Ameis-Hentze-Cauer zu Homers ›Ilias‹ ›Für den Schulgebrauch‹ können zum Ersten Gesang Text mit Apparat ( v. Martin L. West), Übersetzung (v. Joachim Latacz) und Kommentar (auf der Grundlage des o.g. Gesamtkommentars) in Fasc. 1 u. 2, München $^2$2002, herangezogen werden. Vgl. ferner Autenrieth/Kaegi, Wörterbuch zu den Homerischen Gedichten, Stuttgart/Leipzig $^{14}$1999.
5   Vgl. Wolfgang Schadewaldt, Hellas und Hesperien, Zürich und Stuttgart $^2$1960, 922–981. Zu den Zitaten auf S. 123–130 (s.o.) vgl. 927, 931f., 940, 945, 955, 959, 963f., 965–967, 969f.

Wolfgang Schadewaldt stellt in den genannten Hellas und Hesperien-Kapiteln – wie Werner Jaeger in seinem Standardwerk ›Paideia‹ – einen höchsten humanistischen Anspruch an den Klassischen Philologen; dabei nimmt er Sokrates und Platon oder Thukydides (im ›Epitaphios‹ des Perikles) beim Wort. Der Pädagoge möge »dem jungen Menschen«, der ihm »anvertraut ist«, »in seinen kostbarsten Jahren« »mit gesammelter Verantwortlichkeit« ... die wesentlichen Bildungsgehalte »so imprägnieren, dass er ... das Bewußtsein in das spätere Leben mit hinausträgt«, er habe in der Schule »nicht nur *über* die Griechen und Römer *etwas gelernt*«, sondern er sei »*etwas an ihnen geworden*«!

In dem oben erwähnten Beitrag zum altsprachlichen Oberstufen-Unterricht führt Schadewaldt im Einzelnen aus, wie das Grundlegende, Modellhafte, Archetypische bis in die Gegenwart Fortwirkende des hellenischen Erbes für junge Menschen sichtbar, erkennbar und erlebbar gemacht werden kann. Schadewaldt fordert neben der ›*Formal*-Bildung‹ verstärkt eine ›*Real*-Bildung‹ für die Kollegstufe. Es gehe darüber hinaus um ›*Realitäten*‹ *und* ›*Ideen*‹ der Hellenen. Gewiss zu Recht sieht er die Gefahr eines ›übermäßigen Formalismus, d.h. Verbalismus und Grammatikalismus‹ in den alten Sprachen, so legitim der Vorrang des formalen Trainings in der Spracherwerbs-Phase auch sein mag. Doch auf diesen Sockel solle in der Zielphase mehr als ein ›Gartenzwerg‹ gestellt werden, z.B. um Schadewaldt zu zitieren, ein σῶμα αὔταρκες, das Idealbild eines antiken Menschen. Zu fragen wäre dann, inwieweit dieses Idealbild auch für uns noch Gültigkeit besitzt.

›*Gegenstände*‹ und ›*Gestalten*‹, ›*Geschautes*‹ und ›*Gedachtes*‹ seien zu vermitteln. Zuallererst nennt er unter den zahlreichen *Gestalten* den »*Achilleus* Homers«, dem neben Briseis dieser Beitrag gilt. *Gegenstände* und *Gedachtes*, *Realien* zu Troia und die Europa-*Idee*, lassen sich gerade in die Ilias-Sequenz hervorragend miteinbeziehen. »Zum Sehen geboren, zum *Schauen* bestellt« – diese Anfangsverse von Goethes ›Türmer-Lied‹ könnten für eine Facette der Schadewaldtschen Wirkungsvielfalt stehen: Die Kultur der Hellenen, die ja Augenmenschen, Ästheten par excellence waren, möglichst auch durch Bilder zu veranschaulichen, war für ihn lange vor den heutigen Didaktikern der Alten Sprachen stets ein Anliegen. Deshalb fügte er seiner Übertragung der ›Ilias‹ auch eine Serie von Vasenbildern bei. Die Antike ohne Visualisierung hätte in unserer Multimedia-Zivilisation in der Tat eine geringere Chance.

Wie kann die Vermittlung des antiken Erbes mit seiner Stoff-Fülle in immer enger bemessenem Schulzeitplan praktisch-methodisch geleistet werden?

›*Statarische*‹ und ›*kursorische*‹ Lektüre ergänzen sich, bemerkt Schadewaldt: Mikroskopie und Intensität in der Wort-für-Wort-Übersetzung einerseits – makroskopische, eher extensive Aneignung von Ganzschriften andererseits.

Während die statarische Textdurchnahme meist im Unterricht geschieht, sei die kursorische Lektüre eher als Hausaufgabe denkbar, als privates Lesen oder auch als Lesung in Gruppen wie in literarischen Zirkeln. Er könne sich sogar, fügt er zukunftsweisend hinzu, so etwas wie »einen deutschen Aufsatz über griechische Gegenstände nach Art des general paper in England« vorstellen! Jedenfalls möge der Klassische Philologe und Humanist seine Themen dem Gymnasiasten so nahebringen, dass dieser »antike Bücher mit Freude liest« und auch später im Leben an sie »wie an Freunde denkt«: ein wichtiger Impuls gerade für unsere zunehmend leseunwillige Jugend, die wieder eher ein μέγα καλόν als ein ›μέγα κακόν‹ in einem ›μέγα βιβλίον‹ sehen sollte!

Der Baden-Württembergische Bildungsplan für Griechisch auf der Kollegstufe des Gymnasiums weist wesentliche Übereinstimmungen mit Schadewaldts pädagogischen Leitvorstellungen auf.

## 6 Zum Prooimion der ›Ilias‹

Zur Relevanz des Themas ›Troia und Ilias‹ bemerkt Wolfgang Schadewaldt: Homer hat den »Troischen Krieg zum Prototyp eines Weltgeschehens gemacht, das vielleicht in den neuesten Verhältnissen sich geändert – oder auch nicht geändert hat« (s. Der Aufbau der Ilias, 15). Er meint damit den Ost-West-Gegensatz, der seit den Perser-Kriegen zu einem Grundmuster nicht nur der griechischen Geschichtsdeutung wurde, vielmehr für die Geschichte Europas tatsächlich bis in die ›neueste‹ Zeit bedeutsam ist. ›Der geschichtsbestimmende Gegensatz zwischen Europa und Asien‹ ist auch Thema des Baden-Württembergischen Bildungsplans für das Fach Griechisch.

Der *Introitus* zur zentralen Unterrichtssequenz, die mit den ersten Schrift*zeilen* der europäischen Literatur und mit den ersten Schrift*zeichen* des europäischen Alphabets beginnt, sollte durchschlagend sein. Um ein Beispiel zu geben: Mit den zwei Bänden ›Traum und Wirklichkeit – Troia 2001/2003‹,[6] in der einen Hand und dem Briefmarken-Zehnerblatt zur ›Ilias‹ 2001/2002 in der anderen Hand, betritt der Lehrer oder die Lehrerin den Klassenraum. Das Umschlagbild beider Bände zu der Millennium-Ausstellung über Troia zeigt das berühmte Trojanische Pferd, und der Briefmarken-Zehnerblock enthält die beiden ersten Ilias-Verse

---

6 Vgl. Anm. 1. Die beiden Begleitbände zur Troia-Ausstellung ermöglichen es, durch ihre auch aktuell bezogene Themenvielfalt und reiche Bebilderung den Maßgaben des gymnasialen Bildungsplans für das Fach Griechisch auf optimale Art und Weise zu entsprechen: ob es sich um ›Referate‹, um ›Präsentieren‹ und ›Visualisieren‹, um ›zusätzliche Informationen aus den Bereichen der Geschichte und Archäologie usw.‹ handelt, oder um ›Rezeption von Themen, Gestalten und Motiven griechischer Werke in der europäischen Literatur, Kunst- und Gedankenwelt‹. Auch Anregungen zu eigenen Schüler-›Produktionen‹ können von den Bänden ausgehen. – Ein Rückgriff auf den Bilderanhang in Wolfgang Schadewaldts Buch ›Von Homers Welt und Werk‹, Stuttgart [3]1959, 500ff. ist ebenfalls empfehlenswert.

sogar auf Altgriechisch! Zum einen ergibt sich ein Wiedererkennungs-, zum andern ein Überraschungs-Effekt für die Jugendlichen.

Wenn die beiden Katalog-Bände zur Troia-Ausstellung sich als wahre Fundgruben für das Ilias-Projekt erweisen, so ist ›Μῆνιν ἄειδε, θεά… Deutschland 2001‹ als Briefmarken-Aufschrift der Auslöser, um mit den Schülern die Ilias-Lektüre zu wagen. Die Briefmarke ist speziell einem Ilias-Übersetzer gewidmet, insofern für das Unterrichtsziel geradezu ein Glückstreffer. Sie galt i.J. 2001 dem Andenken an Johann Heinrich Voß, den großen Übersetzer der Goethezeit, dessen Geburt genau 250 Jahre zurücklag. Am unteren Blockrand ist seine deutsche Übertragung von ›Menin aeide thea…‹ abgedruckt. Zu den Voß'schen[7] zwei Versen werden auf der Schülerkopie die sieben Proöm-Verse in der Schadewaldt'schen Übersetzung hinzugefügt:

Singe den Zorn, o Göttin, des Peleiaden Achilleus,
Ihn, der entbrannt, den Achaiern unnennbaren Jammer erregte.
*J.H.Voß*

Den Zorn singe, Göttin, des Peleus-Sohns Achilleus,
Den verderblichen, der zehntausend Schmerzen über die Achaier brachte
Und viele kraftvolle Seelen dem Hades vorwarf
Von Helden, sie selbst aber zur Beute schuf den Hunden
Und den Vögeln zum Mahl, und es erfüllte sich des Zeus Ratschluß –
Von da beginnend, wo sich zuerst im Streit entzweiten
Der Atreus-Sohn, der Herr der Männer, und der göttliche Achilleus.
*W. Schadewaldt*

Es fasziniert die Gruppe, dass das erste Verspaar des Epos einen *Doppelanfang* bildet: der *Literatur* wie der *Schrift*. Es entstand etwas, was heute im einen Fall für drei Kontinente gilt, im andern Fall sogar weltweit. Einige erinnern sich, dass der Sage nach der Europa-Bruder Kadmos die Schrift eingeführt haben soll. Das ist der Moment für Ausführungen über die semitisch-phönizischen Elemente und die hinzugekommene geniale griechische Erfindung, die unser Alphabet konstituiert haben.

Im Dreischritt nähern sich die Jugendlichen den ersten beiden Versen.

Zunächst entziffern sie mit Feuereifer den altgriechischen Text – auch wie er in ältester Zeit wohl geschrieben war: von rechts nach links und in Majuskeln; ein solches Beispiel bietet der 1. Band ›Traum und Wirklichkeit – Troia‹ (80). Dann rezitieren sie die beiden Verse im Hexameter-Rhythmus. Schließlich schreiben sie die zwei Zeilen *manu propria* kalligraphisch in ihr Heft, ihr ΙΛΙΑΔΟΣ ΒΙΒΛΙΟΝ – ein dreifaches Urerlebnis, das sie mit Hochgefühl erfüllt. Es herrscht eine geradezu feierliche Stimmung, fast wie bei einer Initiation. Die Schüler lesen anschließend

---

7  Vgl. Homer, Ilias. In der Übertragung von Johann Heinrich Voß. Mit einem Nachwort von Ute Schmidt-Berger, Düsseldorf/Zürich 2001.

das ganze Prooöm in der metrischen Übertragung von Johann Heinrich Voß (1793)[8], dann in der neuen Fassung Schadewaldts (1974), die sie für ihre Ilias-Lektüre vorziehen. Vom Inhalt der dichterischen Urworte geht in der Muttersprache eine stärkere Wirkung auf die jungen Menschen aus, während der Vortrag des griechischen Urtextes sie mehr durch Form und Klang beeindruckt.

»*Der Übersetzer*« ist zwar nicht der Dichter selbst, aber er ist, wie einmal Novalis sagt, »*der Dichter des Dichters*«. So sind sich die Griechisch-Schüler des Anspruchs und der Bedeutung einer Ilias-*Übertragung* voll bewusst[9].

Sie lesen das *ganze* Prooimion der ›Ilias‹, lernen es auswendig und bereiten eine Rezitation mit passender Präsentation als krönenden Abschluss vor.

Der alle sieben Verse umfassende Periodensatz des Prooöms, den Schadewaldt genauer als Voß überträgt, erregt bei der ›*statarischen*‹ Lektüre das Erstaunen der Schüler: Parataxe wie im Märchen, keinesfalls eine solche weitausladende Hypotaxe hätten sie am Anfang des ältesten Großtextes Europas erwartet! Die Lehrer-Bemerkung, dass eine solche komplexe Struktur nicht nur im sprachlichen Bereich vorkommt, sondern dem Buch im Ganzen zu Grunde liegt – ein Beweis für die ›Einheit‹ des Epos –, steigert noch die Überraschung. Die Kursteilnehmer erhalten Skizzen zur Gliederung des Werks von Joachim Latacz[10], vor allem aber den ›Hergang der Ilias‹ mit einer ›Übersicht‹ aus Schadewaldts ›Aufbau der Ilias. Strukturen und Konzeptionen‹ sowie das Schema aus ›Homers Welt und Werk‹ (173). Hilfreichere ›Scholia‹ zur Begleitung der ›*kursorischen*‹ Lektüre sind kaum denkbar.

Dass das *Movens* des Epos, Achills Zorn, vom ›*Streit*‹ um eine *Frau* ausgeht, die der Atride ihm *raubt*, weckt das Interesse der Jugendlichen an dieser einleitenden Ilias-Sequenz: Warum immer mit dem berühmtesten Kriegshelden beginnen, warum nicht einmal mit einer Frau, seiner »Auserwählten«?

## II Frauenraub

### 1 Herodots Frauenraub-Geschichten

Wir wenden uns den *drei* Frauenraub-Mythen am Doppelanfang der europäischen Kulturgeschichte zu. Zunächst geht es um *Europa* am Uranfang unseres Erdteils, dann um *Helena* und *Briseis*; am ›zweiten Anfang‹ unseres Kontinents bildet der

---

8 Vgl. Homer, Odyssee. In der Übertragung von Johann Heinrich Voß. Mit einem Nachwort von Jochen Schmidt, Düsseldorf/Zürich 2001: Das IV. Kapitel des Nachworts enthält eine Reihe historischer Zeugnisse zu den Übersetzungen von J.H. Voß.
9 Zu Schadewaldt als Übersetzer vgl. den Beitrag von Thomas A. Szlezák S. 53ff.
10 Vgl. Joachim Latacz, Homer. Der erste Dichter des Abendlandes, Düsseldorf/Zürich ³1997; Szenarium der Ilias 136–151. Vgl. ›Traum und Wirklichkeit – Troia‹, Bd. I, 81, 88, 92, 94. Vgl. auch das Schema von Latacz in ›Homer und Troia‹ (s. Anm. 1) 240f.

Raub der Helena die allbekannte Vorgeschichte zum Trojanischen Krieg, während kaum jemand das der Achilleis vorangehende Geschehen kennt, Achills Raub der Briseis – Grund genug, dies hier eingehend zu behandeln.

*Kulturelle Erinnerung – wozu?* lautet die Eingangsfrage, und zugleich erscheint dieses Modewort über K.F. Schinkels Berliner Gemälde ›Blick in Griechenlands Blüte‹[11] auf der Projektionswand. Dazu lesen wir den zweiten *Musen*anruf im 2. Gesang der ›Ilias‹ (484ff.). Dass gerade die personifizierte *Erinnerung*, ›Mnemosyne‹, die Mutter der ›Musen‹ sei, welche die *Kultur* repräsentieren, erweist wieder einmal die Relevanz der Mythen noch heute. Sind vielleicht auch die Frauenraub-Mythen am Doppelanfang der europäischen Kulturgeschichte in einem noch für uns relevanten Sinne zu deuten?

Die Unterrichts-Sequenz beginnt mit einer kunsthistorischen Einstimmung: Bilderserien lassen sich leicht aus den Bänden zu den beiden großen Baden-Württembergischen Millennium-Ausstellungen zum minoischen *Kreta*[12] in Karlsruhe und zu *Troia* in Stuttgart zusammenstellen.

Danach geht man zum Text über. Vor Homer steht zunächst *Herodot* auf dem Programm: Die Geschichten der Entführungen von Europa und Helena aus dem Einleitungskapitel seiner ›Historien‹ (A I 1 – 5) werden im Plenum studiert.

Herodot erweist sich als ein Vertreter der ersten europäischen Aufklärung insofern, als er die Mythen schon weitgehend rationalisiert: Nicht der ›Himmelsvater‹ habe Europa entführt, sondern ganz normale Erdenbürger aus Kreta! Im Zusammenhang mit der Helena-Sage taucht das bis heute von den Juristen verwendete Vis-haud-ingrata-Motiv auf. Ebenso verrät die Aussage, dass – aus der Sicht der Gegenseite – der Raub der Helena als Kriegsanlass für die Griechen doch nicht recht angemessen (und d.h. wohl eher ein machtpolitischer Vorwand?) gewesen sei, den kritisch-analytischen Zugriff des Historikers. Schließlich sei – ebenfalls nach Meinung der gegnerischen Perser – der Angriffskrieg der Griechen gegen Troia der Ausgangspunkt für die fortwährenden feindlichen Spannungen zwischen den Erdteilen Europa und Asien gewesen – mithin von weltgeschichtlicher Bedeutung.

*Eros* und *Eris* ergeben sich aus der Lektüre als Leitthemen: Dass der Europa-Mythos ganz im Zeichen der Liebe steht und sich auf die Begründung der friedlichen *minoischen* Kultur bezieht, dagegen der Helena-Mythos auf die *mykenische* Zeit und damit auf Streit und Krieg, manifestiert sich auf den ersten Blick. Man denkt bei den homerischen Wörtern ἔρως, ἔρος und ἔρις an die zwei Prinzipien des

---

11  ›Kulturelle Erinnerung‹ ist das Thema des ›Altsprachlichen Unterrichts‹ 1/2003. Das Umschlagbild zeigt das im Text genannte Gemälde Karl Friedrich Schinkels.

12  Vgl. Im Labyrinth des Minos. Kreta – die erste europäische Hochkultur. Begleitband zur Ausstellung im Badischen Landesmuseum Karlsruhe, München 2000.

Empedokles: Φιλότης, Φιλία und Νεῖκος (auch ˝Ερις) als antagonistische Triebkräfte geschichtlicher Prozesse.

Herodot hat eine ebenfalls berühmte Frauenraub-Geschichte, die nach antiker Überlieferung in das Jahrhundert Homers gehört, nicht erwähnt: den *Raub der Sabinerinnen* durch die Römer nach Gründung ihrer Stadt. Wie der Europa-Mythos nimmt auch diese Sage ein Happy-End – warum gilt dies hingegen nicht für die Helena-Geschichte? Die Erklärung könnte lauten:

Europa und die Sabinerinnen werden ihren Vätern entrissen, Helena aber ihrem Gatten Menelaos; für ihn sind also ›Eros‹ *und* Ehre im Spiel, sein Selbstwert-Gefühl wird tief verletzt. Im Fall der Europa und der Sabinerinnen ist der Frauenraub mythische Chiffre für Translatio Culturae oder Synoikismos (nach kurzem Krieg und ›heiterem Frieden‹[13]). Im Fall der *Ent*führung Helenas handelt es sich jedoch um das auslösende Moment für Rivalität, ›Streit‹ und den langen Krieg der Völker, der zur Tragödie wird. Ähnliches gilt auch für Briseis, derentwegen ebenfalls ›Eris‹ entsteht und die von Achills Seite »mit Gewalt« *weg*geführt wird (Il. 1.430).

## 2 »Europa« in der ›Ilias‹

Die frühesten Testimonia für den *Europa*- und den *Helena*-Mythos enthält die ›Ilias‹.

Die Verse zu *Europa* befinden sich im Kontext der *Dios apate*. »Die Tochter des Phoinix«, des Stammvaters der Phönizier, die dem Zeus »den Minos« »gebar« und somit zur Stamm-Mutter der Minoer wurde, ist genannt im Zusammenhang mit dem berühmten *Hieros Gamos* von Zeus und Hera auf dem Ida[14]. Dass es sich auch bei der Liebesvereinigung des Zeus mit Europa, des ›Himmels‹-Vaters mit der Stamm-Mutter eines ›Erd‹-Teils – ähnlich wie bei Uranos und Gaia – um einen *Hieros Gamos* handelt: dies anzunehmen liegt nahe, ebenso dass es um ein Sinnbild für die Verbindung zwischen Orient und Okzident geht – gemäß der Kulturbewegung, für die ›Ex Oriente lux‹ gilt[15].

---

13   Vgl. Livius, Ab urbe condita I 9,10-13,6 (»laeta pax«).
14   Vgl. die Metope vom Heraion in Selinunt (Mitte des 5. Jh.s v.Chr.), die den *Hieros Gamos* von Zeus und Hera auf dem Ida darstellt; vgl. ebenfalls den Selinunter ›Raub der Europa‹ (Palermo Museo Nazionale Archeologico). Abbildungen in: Werner Fuchs, Die Skulptur der Griechen, München 1969, 402, 415. Vgl. ausführlich zum Thema: Ute Schmidt-Berger, Vom Stier zum Stern. Zu Europas Mythos und Symbol, in: Der Altsprachliche Unterricht 5/2002; in erweiterter Fassung unter dem Titel ›Europa: Mythos–Symbol–Hymne‹ in: *liberal*. Vierteljahresheft für Politik und Kultur, 45. Jg., Juni 2003 und in: Europa und seine Dimensionen im Wandel, hrsg. v. M. Salewski u. H. Timmermann, Münster 2004, 1. Kap., 9–20.
15   Vgl. AT Hesekiel 43, 2. Das griechische Wort für (sol) ›oriens‹ ist ›anatole‹. Zu ›Anatolien‹ s.u. S. 136.

Die entscheidenden Verse des frühesten Textzeugnisses zur »Phoinix-Tochter« Europa lauten in Schadewaldts Übertragung:
Da antwortete und sagte zu ihr der Wolkensammler Zeus:
»Here! dahin kannst du dich auch noch später aufmachen.
Wir beide aber, komm! wollen uns erfreuen, in Liebe gelagert!
Denn noch nie hat das Verlangen nach einer Göttin oder einer Frau
Mir so den Mut in der Brust rings überströmt und bezwungen!
Auch nicht, als ich begehrte...
*...des Phoinix Tochter, des weitberühmten: Europa,*
*Die mir gebar den Minos* und den gottgleichen Rhadamanthys...
So wie ich jetzt dich begehre und das süße Verlangen mich ergreift!«
(14.312–328, bes. 321f.)

Homer nennt *nicht* den Namen der »Phoinix-Tochter«. Dass Schadewaldt den Namen »Europa« einfügt (V. 321), ist ein durchaus legitimer, erläuternder Zusatz des Übersetzers.

## 3 Helena in der ›Ilias‹

Wir kommen zum Frauenraub der *Helena*: Ihre zwei Gatten – der frühere, Menelaos, und der gegenwärtige, Paris oder Alexandros – treten im 3. Gesang der ›Ilias‹ zum Zweikampf an. Sein Bruder Hektor schmäht ihn als »Unglücks-Paris! Weibertollen Verführer«, und wie Schadewaldt weiter übersetzt:
»Und bist zu fremden Völkern gegangen und hast ein schönes Weib *entführt...*
Deinem Vater zu großem Leid wie auch der Stadt und dem ganzen Volk,
Den Feinden aber zur Freude ...« (38–51).
Zwischen den beiden feindlichen Heeren soll, wie Hektor verkündet, der Zweikampf den Krieg entscheiden:
»Hört von mir, Troer und gutgeschiente Achaier,
Das Wort des Alexandros, um den sich der *Streit* erhoben!
Die anderen Troer heißt er und alle Achaier
Die schönen Waffen ablegen auf die vielnährende Erde:
Er selbst aber in der Mitte und der aresgeliebte Menelaos
Sollen allein um Helena und die Güter alle kämpfen.
Und wer von beiden siegt und der Überlegene sein wird,
Der soll die Güter alle und die Frau nehmen und nach Hause führen.
Wir anderen aber wollen Freundschaft und verlässliche Verträge schließen.« (86–94)
Den besiegten Paris entrückt Aphrodite nach Troia, und sie bringt Helena zu ihm, die ihn zwar schmäht, ihm, dem »an Aussehen Besten« aller Männer (3.39), dann aber doch in der Liebe gefügig ist. Deshalb kommt es nicht zum Abschluss von »Freundschafts-Verträgen« (V. 94) und das Kriegsleid kann kein Ende nehmen. Auch dass Zeus sich Hera in Liebe zuwendet (s.o.), bringt den kämpfenden Troern Leid und Tod. Ähnlich, teilweise gleich wie die erotische Rede des Zeus klingt

überraschenderweise die des Paris, dessen Eros zum Fatum für Alle wird; er sagt zu Helena:

> »*Frau*! schilt mir doch nicht den Mut mit harten Schmähungen!
> Jetzt zwar hat Menelaos mich besiegt mit Athene:
> Doch ein andermal wieder ich ihn, denn auch uns stehen Götter bei.-
> Aber komm! Legen wir uns und erfreuen wir uns der Liebe!
> Denn noch nie hat das Verlangen mir so umhüllt die Sinne,
> Auch nicht, als ich dich zuerst aus dem lieblichen Lakedaimon
> *Raubte* und davonfuhr in den meerdurchfahrenden Schiffen
> Und wir uns auf der Kranae-Insel vermischten in Liebe und Lager,
> So wie ich jetzt dich begehre und das süße Verlangen mich ergreift!«
> Sprach es und ging voran zum Lager, und ihm folgte die Gattin. (3.438–447)

Die auffälligen Übereinstimmungen zwischen den erotischen Reden des Zeus und des Paris (s.o. bes. 14.328 und 3.446) beziehen sich vor allem auf das Wort ἔρως oder ἔρος: Als ›*amor feminae*‹ kommt es nach Ebelings Lexicon Homericum in der ›Ilias‹ gerade nur an diesen beiden Stellen vor: vgl. 3.442 und 14.315 – sowie in demselben Zusammenhang noch 14.294. In den beiden herausragenden Episoden – und dies ist gewiss kein Zufall – wirkt jeweils der ›unbezwingliche Liebes-Zauber‹ Aphrodites (vgl. 14.198ff.). Das Götterpaar löst seine *Eris* im *Eros* – so schon am Ende des 1. Gesangs; das menschliche Paar hingegen verschlimmert durch seinen *Eros* die *Eris* zum ›Leid‹-Wesen Aller.

*Der Raub der Phönizierin Europa* führte zum *Guten* – nicht zufällig vermählte sich ihr Bruder Kadmos, der sagenhafte Stadtgründer und Kulturstifter auf dem neuen Kontinent, mit der Aphrodite-Tochter ›Harmonia‹.

*Der Raub der Griechin Helena* endet hingegen *schlimm*: Der Aphrodite-Liebling, der *Trojaner* Paris, zerstört die Hoffnung auf Versöhnung der gegnerischen Heere, auf ›Harmonie‹. Aus dem ersten Krieg zwischen den Kontinenten entsteht dauerhafte Feindschaft zwischen Asien und Europa, wie es bei Herodot geschrieben steht. Der Kontinent Europa hat seine Wurzeln in Asien[16]: Nach der mythischen Überlieferung entwickelte sich im Fall des Vorderen Orients die Verbindung mit Europa in Frieden, während es im Fall Klein-Asiens, Anatoliens, zum Kampf kam. Womit wir beim Hauptthema der ›Ilias‹ wären: dem ›Streit‹ und dem Kampf an der Nahtstelle zwischen Europa und Asien.

## 4 Briseis in der ›Achilleis‹. Einführung

Die *Briseis*-Geschichte hat den *dritten* hier zu behandelnden Frauenraub zum Inhalt. Er ist zwar das auslösende Moment für das Geschehen der ›Ilias‹, aber nir-

---

[16] Vgl. Norman Davies, Europe. A History. Oxford 1996, ²1997: Der Autor weist immer wieder darauf hin, dass Europa seine »Roots in Asia« hat.

gendwo von Homer zusammenhängend dargestellt. Wie in einem Mosaik müssen verschiedene meist sehr kurze Erzählteile zusammengefügt werden, damit ein Gesamtbild dieser Gestalt und ihrer Lebensgeschichte entsteht. Dabei ergeben sich Widersprüche und Rätsel. Karl Reinhardt hat sich in seinem Buch ›Die Ilias und ihr Dichter‹[17] an verschiedenen Stellen (insbes. 51ff.) mit Teilen der Briseis-Geschichte befasst; doch weder sind seine Anstöße z.B. in dem Band ›Traum und Wirklichkeit–Troia‹, der sich ja als eine Art Sammelbecken für die moderne Troia- und Homer-Forschung erweist und auch einiges zur Briseis enthält, aufgegriffen worden noch stellt er die Geschichte der Briseis im Ganzen dar. So scheint es sinnvoll, diese *zwei Leerstellen* mit den Gymnasiasten auszufüllen, sie selbst etwas erforschen (s.u.S. 137ff., 145f.) und auch produktiv umsetzen zu lassen – beispielsweise in Form eines selbst zu dichtenden zusammenhängenden Textes, etwa eines Dramas – eines Musicals mit eigener Komposition und Choreographie oder mit italienischer Opernmusik aus dem Settecento zu ›Il ratto di Briseide‹! Auch Petersens Troia-Film (dazu s.u.) mag inspirierend wirken.

Vasenbilder zu Briseis, die in dem Ilias-Band Schadewaldts enthalten sind, illustrieren diesen Frauenraub am Beginn der Achilleis-Tragödie. Es handelt sich um eine schöne junge Frau »gleichend der goldenen Aphrodite« (19.282), wie sie etwa der Brygos-Maler aus Tarquinia reizvoll darstellt. Da leuchtet den jungen Leuten prima vista ein, worum es geht – was sonst zunächst als ein fast abstrakter, durch die Doppelung der Frauen Chryseis und Briseis etwas mühsam nachvollziehbarer komplizierter Streitfall erschiene. Dass ebenso wie im Fall der Helena hier vom »*Raub« einer Frau* gesprochen werden kann, geht aus der ›Presbeia‹ hervor (9.131f. u. 273f.): Odysseus sagt zu Achill im Auftrag Agamemnons, dieser wolle ihm diejenige, »die er damals raubte, die Tochter des Brises« zurückgeben. Im 1. Gesang spricht Achill selbst von der Vorgeschichte, dem *Frauenraub* von Chryseis und Briseis (365ff.); im 2. Gesang wird allein der Frauenraub der Briseis erwähnt (689f.; vgl. 19.58ff., 290ff.).

## 5 Vergleich von Frauenraub-Mythen im Zusammenhang mit Troia

Mit dem Raub der Briseis beginnt das Verhängnis für Patroklos und Achill. Mit dem Raub der Helena begann das Verhängnis für Troia. Mit dem Raub der Kassandra wird nach Troias Ende für Agamemnon das Verhängnis beginnen.

Drei Frauenraube also – vor, während und nach dem Troianischen Krieg: Worin gleichen, worin unterscheiden sie sich? Alle drei Frauen sind ausgezeichnet durch erlesene Schönheit und höchsten Stand: Helena ist die allerschönste, Kassandra gleicht – wie Briseis – »der goldenen Aphrodite« (s.o. u. 24.699), und sie

---

17 Hrsg. v. U. Hölscher, Göttingen 1961, insbes. 51ff. Der vorliegende Beitrag verdankt diesem Buch wichtige Anregungen.

sind königlichen Rangs (s.u.). Doch gibt es einen Unterschied: Im Fall der Briseis trifft das Verhängnis den *Beraubten*, wenn wir vom Handlungsanfang der ›Ilias‹ ausgehen, im Falle der Helena jedoch den *Räuber* und seine Stadt, im Falle der Kassandra den *Räuber* und sie selbst.

Für die Schüler sollten die Mythen noch etwas erläutert werden: Von Briseis und Achill wird gleich noch die Rede sein. Der Entführer der Helena, Paris, wird kurz vor dem Fall Troias durch Philoktet mit einem Pfeilschuss vom Bogen des Herakles getötet (darauf verweist Il. 2.724f.). Agamemnon und die von ihm erbeutete Kassandra fallen der Rache und Eifersucht der Gattin Klytaimestra zum Opfer.

Fügt man noch das Beispiel des auf das Troia des Priamos-Vaters bezogenen Herakles hinzu, der durch den Raub der oichalischen Königstochter Iole die Eifersucht seiner Gattin Deianeira und damit seinen eigenen Tod verursachte, dann ergibt sich folgendes Schema: In drei von diesen vier Fällen schlägt der Frauenraub für den *raubenden* Helden selbst später zum Unheil aus, ja führt sogar zu seinem Untergang.

Eine scheinbare Ausnahme bildet lediglich der Frauenraub, um den es hier geht: Der Raub der Briseis schlägt – wie es scheint – vor allem zum Unheil Achills als des *beraubten* Helden aus, der dadurch zuerst seinen Freund und später sein eigenes Leben verliert. Fällt also der Frauenraub am Beginn der ›Ilias‹ aus dem üblichen Schema?

Dies ist die *erste* Leitfrage, die sich mit der anschließenden Lektüre der über die ›Ilias‹ verstreuten auf Briseis bezogenen Textstellen verknüpft.

Die Ilias-Verse, aus denen zum ersten Mal eindeutig hervorgeht, dass Achill nach einer Stadtzerstörung das Mädchen selbst – euphemistisch ausgedrückt – »ausgewählt«, also geraubt hat, befindet sich im Schiffskatalog (2.689f.). Entsprechend dem Strukturprinzip der Doppelung, das für den Ilias-Anfang charakteristisch ist, ergeben sich auch für den Frauenraub zwei Phasen, die dialektisch aufeinander bezogen sind. In der Vorgeschichte der ›Ilias‹ ist Achill bei einem der für ihn typischen Beutezüge in Troias Umfeld selbst der *Frauenräuber*; im 1. Ilias-Buch wird er dann seinerseits *dieser Frau beraubt*. Insofern fällt auch diese Frauenraub-Geschichte *nicht* aus dem oben explizierten Schema: Der Frauenraub führt letztendlich zum Verhängnis des Räubers selbst und Anderer: zu dieser späten, zu späten Erkenntnis gelangt Achill selbst in der ›Menidos Aporrhesis‹ (19.58–60): »Hätte sie (die Briseis) ... doch Artemis getötet mit dem Pfeil / An dem Tag, als ich sie mir auslas...« (W. Schadewaldt).

## 6 Lebensgeschichte der Briseis bis zum Ende der ›Ilias‹

Nun zum *zweiten* Thema: Wie stellt Homer die Briseis und ihre Lebensgeschichte dar?

Zunächst fällt auf, dass die Vorgeschichte der Briseis, die ja für die Achilleis eine Schlüsselfigur ist, teils verschleiert, teils widersprüchlich erscheint: Eher verschleiert wird die Vorgeschichte bei der ersten Erwähnung im 1. Buch: Achill erzählt seiner Mutter Thetis:
>»Wir zogen nach Theben, der heiligen Stadt des Eetion,
Und diese zerstörten wir und führten hierher alles.
Und das verteilten unter sich gut die Söhne der Achaier
Und wählten für den Atriden aus die Chryses-Tochter...« (1.366–369)

So wird zwar mit der Chryseis angefangen; doch wenn geschlossen wird:
>»Die aber – da gingen eben Herolde aus der Hütte und *führten* sie *weg*,
*Die Tochter des Brises*, die mir gaben die Söhne der Achaier« (1,391f.) –,

dann ist dies wohl so zu verstehen, dass bei derselben Beuteverteilung Agamemnon die Chryseis, Achill die Briseis gewann. Im Schiffskatalog des 2. Buches wird erstmals Briseis und ihre Heimatstadt Lyrnessos *expressis verbis* im Zusammenhang mit Theben erwähnt:
>Denn in den Schiffen lag der fußstarke göttliche Achilleus,
Zürnend um die Jungfrau, Briseis, die schönhaarige,
Die er aus Lyrnessos sich ausgewählt, nachdem er sich viel gemüht,
Und hatte Lyrnessos verwüstet und die Mauern von Theben
Und den Mynes niedergeworfen... (2.688–692)

Lyrnessos und Theben lagen einander benachbart im südlich von Troia und dem Ida-Gebirge befindlichen Küstengebiet von Adramytteion (vgl. die Karte in ›Traum und Wirklichkeit – Troia‹ Bd.1, 59). Zerstörte Städte erhielten das Epitheton ›heilig‹ wie Theben (s.o. 1.366) oder später Troia (vgl. den 2. Vers des Odyssee-Prooms). Der furchtbare ›Städtezerstörer‹ war Achill, der auf demselben Raub- und Beutezug die Zwillingsstädte Theben, die Stadt Eetions (1.366), des Vaters der Andromache, und Lyrnessos, die Stadt der Briseis, ›verwüstete‹. Als untergehende Städte sind Troia und das berühmte reiche kleinasiatische Theben Schwesterstädte, beide heilig um ihres Unterganges willen, den vor allen Anderen Achilleus herbeigeführt hat.

Wie wir in der Szene ›Hektors Abschied‹ (6, 395ff)[18] erfahren, ist das ›hochtorige‹ Theben die Heimat der Andromache, der Tochter des ›erlauchten‹ Königs. Ihn Vater, und ihre sieben Brüder erschlug Achill. Das Schicksal der Andromache umfasst das epische Thema einer ganzen Stadteroberung, einer ἅλωσις. Hektor, der Sohn des Troia-Königs, wird zugleich Schwiegersohn des toten Thebanischen Herrschers.

Sein Gegenspieler, der Achaier Achill, verbindet sich mit der Fürstin von Thebens Nachbarstadt: Briseis, so wird sich noch im Einzelnen zeigen, hat eine ähnliche Vorgeschichte wie Andromache durchlitten. Als dritte wird Chryseis mit dem Eroberungs- und Beutezug nach Theben in Verbindung gebracht (s.o. im 1. Buch): Soll es nach Homer eine tragische Ironie des Schicksals sein, dass die geliebten

Frauen der Antagonisten Hektor, Achill und Agamemnon alle drei verbunden sind mit dem untergegangenen heiligen Theben und seiner Nachbarstadt – ein düsterer Vorklang für den Untergang Troias – und auch für Hektors, Achills und Agamemnons Verderben?

Es spricht einiges dafür, dass diese tragische – die führenden Helden der Achaier wie der Troer übergreifende – Konstellation eine Erfindung Homers ist.

Denn wenn man im 9. Buch über Briseis und Achill nachliest, kommt eine offensichtlich ältere Fassung der Briseis-Vorgeschichte zum Vorschein: Die Insel Lesbos gerät in den Blick. Sie ist der Thebanischen Bucht vorgelagert, unweit von dem auf dem Festland befindlichen Chryse, dem Herkunftsort der Chryseis (vgl. die o.g. Karte), und sie gehörte zur troischen Seite. In der Tat hat Wilamowitz auf der Insel eine Stadt oder Burg ›Brisa‹ entdeckt, und es scheint ältere Überlieferung zu sein, dass von dorther die Brises-Tochter geraubt wurde. In der ›Presbeia‹ oder den ›Litai‹ hat sich eine Spur davon erhalten. Auf die Rede Nestors, der Agamemnon zur Versöhnung mit Achill rät, entgegnet dieser, bereit zum Eingeständnis seiner ›Beirrung‹ (Schadewaldt) und zur Wiedergutmachung:

»Und sieben Frauen will ich geben, die untadlige Werke wissen,
Von *Lesbos*, die, als er selbst (Achill) Lesbos, die gutgebaute, nahm,
Ich mir auswählte, die an Schönheit besiegten die Stämme der Frauen.
Die gebe ich ihm, und darunter wird die sein, die ich damals fortnahm,
Die Tochter des Brises...« (9.128–132)

Diese Worte wiederholt Odysseus gegenüber Achill V. 270–275. Als Achill Lesbos eroberte, hatte sich also Agamemnon sieben Frauen der Insel – kraft seines Königs-

---

18 Da sich Briseis in Vielem mit Andromache vergleichen lässt, kommt auch *Hektor* in den Blick. Vgl. das Kapitel ›Hektor und Andromache‹ in Schadewaldts Buch ›Von Homers Welt und Werk‹, 207ff. Dieter Lohmann arbeitet in seiner Abhandlung über ›Andromache-Astyanax-Hektor: Ein Familienschicksal im heroischen Epos‹ (in: Latein und Griechisch in Baden-Württemberg. Mitteilungen des Deutschen Altphilologen-Verbandes, 1, 2003, 16ff.) die *»Ambivalenz des Heroischen«* an der Gestalt Hektors heraus: »Er muss sein Heldentum (zur Rettung der Stadt) moralisch regelrecht gegenüber dem Anspruch Andromaches (auf Rettung der Familie) verteidigen. Nach dem Willen des Dichters ... ist die heroische Ethik nicht mehr fraglos gültig«. Gewalt und Krieg wird z.B. in der ›Homilie‹ bezeichnenderweise aus der Sicht der *Opfer* dargestellt. Vgl. auch D. Lohmann, Die Andromacheszenen der Ilias, Hildesheim 1988. Auf die *Kriegsopfer* lenkt ebenfalls Ernst A. Schmidt den Blick in seinem Tübinger Vortrag zum Thema ›Ilias: Krieg und Menschlichkeit‹, gehalten am 17.10.2003, veröffentlicht in: Latein und Griechisch in Baden-Württemberg, Mitteilungen des Deutschen Altphilologen-Verbandes Heft 2/2003; vgl. ebenfalls seinen Beitrag ›Frauen nach verlorenem Krieg‹ in: Troia. Von Homer bis heute, hrsg. v. Heinz Hofmann, Tübingen 2004, 77ff. Dem *»Emotionalen«* in der ›Homilia‹ gilt Jacqueline de Romillys eingehende und einfühlsame Interpretation in ihrem Buch ›Hector‹, Paris 1997, Kapitel II, 47–66. Im Hinblick auf *Achill* ist sowohl die *»Ambivalenz des Heroischen«* wie *das Moment des »Emotionalen«* im Horizont des neuen homerischen Heldenbildes von Bedeutung.

rechts? – als γέρας herausgenommen; offensichtlich kam Briseis als achte hinzu (vgl. 19.246). Dass sie alle von außerordentlicher Schönheit waren, hing wohl mit der kultischen Institution der lesbischen Kallisteia, der ›Schönheitswettkämpfe‹ zusammen (die es auch zu *Sapphos* Zeiten gab). Eine zweite Erinnerung an die verschollene Überlieferung kommt ebenfalls in der ›Presbeia‹ vor: Statt mit der Briseis teilt Achill mit einer Diomede, offenbar auch Tochter eines lesbischen Fürsten, das Lager. Er nimmt mit dem Ersatz vorlieb (9.664f.). Denn Briseis wurde ihm ja von Agamemnon »geraubt«; als die schönste der wegen ihrer Schönheit berühmten Lesbierinnen hatte Achill sie auf Lesbos erbeutet.

Nach dem 9. ist erst wieder im 19. Buch von Briseis die Rede. Da kommt sie gleich zweimal an entscheidender Stelle vor: Zum einen wird sie erwähnt in der öffentlichen Aussöhnung Achills mit Agamemnon, in der ›Aporrhesis menidos‹ und in seiner – nach dem 18. Buch – zweiten Anagnorisis. Zum andern hat Briseis, als sie dem Achill wieder zugeführt wird, ihren einzigen Auftritt im ganzen Epos – und sogar mit eigener Rede.

Beide Textstellen sorgen für Überraschung. Die erste lautet:
Aber als sie nun alle versammelt waren, die Achaier,
Da stand auf und sprach unter ihnen der fußschnelle Achilleus:
»Atreus-Sohn! War dieses denn nun für uns beide besser,
Für dich und mich, daß wir beide uns, bekümmerten Herzens
Im mutverzehrenden Streit erzürnten *wegen eines Mädchens*?
Hätte sie bei den Schiffen doch Artemis getötet mit dem Pfeil
An dem Tag, *als ich sie mir auslas, nachdem ich Lyrnessos zerstörte*!
Dann hätten nicht so viele Achaier mit den Zähnen die unendliche Erde gefaßt
Unter der Feinde Händen, als ich noch weiter zürnte.« (19.54–62)
Kein Wort von ›Lesbos‹ (mit der Burg ›Brisa‹?), dafür wieder die Erwähnung von ›Thebens‹ Nachbarstadt ›Lyrnessos‹ (gegenüber der Insel gelegen) – wie im Schiffskatalog. Hätte doch Briseis jenen Tag, als ich Lyrnessos eroberte und sie erbeutete, nicht überlebt! Dann wären nicht so viele Achaier gefallen! so verflucht – in klarer, aber zu später Erkenntnis – Achill seinen mit Agamemnon um Briseis entflammten Streit, seinen Zorn, den viel zu lang andauernden Hader und Groll, »den verderblichen« (1.2).

Dann, endlich, erscheint Briseis selbst.
Vom Zelt Agamemnons zu dem des Achilleus
...führten (sie) schnell heraus die Frauen, die untadligen Werke wußten.
Sieben, doch als die achte Briseis, die schönwangige... (19.245f.)
Der Bezug auf die zwei erwähnten – zum Teil textidentischen – Presbeia-Stellen ist evident, doch es fehlt der Hinweis auf Lesbos. Wir verstehen auch gleich, warum. Als Briseis den toten Patroklos sieht, wirft sie sich auf ihn und schreit »hellauf«, zerkratzt sich die »Brüste, den zarten Hals, das schöne Antlitz«; »Göttinnen ähnlich« sei sie, so preist sie der Dichter. Unter Tränen stimmt sie die Totenklage an: Was

nun dabei von ihrem Leben zutage tritt – das hätte man nicht erwartet! Sie ist kein
»Mädchen«, κούρη (κόρη), wie sie sonst und noch am Anfang des 19. Buches hieß
(V. 58 s.o.), geschweige denn »das Mädchen von Brisa« – sie war eine verheiratete
Frau! Wer hätte das gedacht. So klagt sie dem toten Patroklos ihr Leid:

»Patroklos! mir Elenden der weit Liebste im Mute!
Lebend verließ ich dich, als ich aus der Hütte fortging;
Jetzt aber kehre ich zurück und finde dich gestorben,
Herr der Völker! Wie entsteht mir doch Unheil aus Unheil immer!
Den Mann, dem mich gaben der Vater und die hehre Mutter,
Sah ich vor der Stadt zerfleischt von dem scharfen Erz.
Und die drei Brüder, die mit mir geboren hatte eine Mutter,
Die geliebten, sie folgten alle dem verderblichen Tag.
Aber wahrhaftig! nicht einmal als den Mann mir der schnelle Achilleus
Tötete und zerstörte die Stadt des göttlichen Mynes, ließest du mich
Weinen, sondern sagtest, du wolltest dem göttlichen Achilleus
Mich zur ehelichen Gattin machen und in den Schiffen nach Phthia
Führen und geben das Hochzeitsmahl unter den Myrmidonen.
So beweine ich dich unablässig, den Toten, den Freundlichen immer!«
So sprach sie weinend, und dazu stöhnten die Frauen:
Um Patroklos als Anlaß, doch um ihre eigenen Kümmernisse eine jede.
(19.287–302)

Patroklos war der *letzte*, dem Briseis nahe war, in dem schicksalhaften Augenblick, als die Herolde sie auf Agamemnons Befehl von Achills Fürstenzelt wegführten. Jetzt ist er der *erste*, den sie nach ihrer Rückkehr wiedersieht (288–290): »tot«, »zerfleischt von dem scharfen Erz« (283). »Unheil aus Unheil«, so bricht es aus ihr heraus: κακὸν ἐκ κακοῦ! Wir erfahren von ihrem ersten Unheil, denn schon einmal musste sie erleben, dass ein geliebter Mann wie der Freund Patroklos »zerfleischt von dem scharfen Erz« vor ihr lag: ihr eigener Mann, der »göttliche Mynes«, Herrscher über ihre zweite Heimatstadt – wir kennen sie: Lyrnessos. Der Name Mynes war schon einmal im Schiffskatalog gefallen, im Zusammenhang mit Theben und der Nachbarstadt (2.690–692, s.o.); doch da war noch von der κούρη, dem Mädchen, der »Jungfrau« Briseis die Rede, ohne Bezug auf Mynes: Dass er ihr Mann war, das erfahren wir erst jetzt. Und das Schlimmste bei diesem Unheil: Achill selbst hat ihn getötet, der Zerstörer der Stadt. Und auch ihre »drei geliebten Brüder« fanden an diesem Untergangs-Tag den Tod – wohl auch durch Achill.

Erst jetzt, gegen Ende des Ilias-Buchs, kommt es heraus: Die meist »Mädchen«, »Jungfrau« genannte Briseis war nicht nur eine verheiratete Frau gewesen, sondern war durch die Gewalt des Städtezerstörers und Menschenvernichters Achill zur Witwe geworden, teilte also vor Troia das Lager *des* Mannes, der ihren Gatten getötet, Brüder und Heimat vernichtet hatte. Freilich war das kein Ausnahme-Unheil, kein Einzelschicksal: Die ›Ilias‹ wird ausklingen in der Totenklage dreier Frauen um

Hektor, und Andromache wird das schlimme Schicksal beschreiben, das ihr und dem Söhnchen nach Troias Untergang droht (24.723ff.), so wie Hektor es ihr kummervoll schon ausgemalt hatte (6.454ff.). Wir kennen es ja z.B. aus den ›Troerinnen‹ des Euripides.

Das Leben der Briseis, wie es sich hier herausstellt, ist fast zum Verwechseln ähnlich dem der Andromache im 6. Buch (413ff.). Auch der Andromache sind, wie der Briseis, von Achill die Nächsten entrissen worden. Und auch Andromaches künftiges Leben wird nach Troias Fall von Achill dominiert sein; denn stellvertretend für seinen toten Vater wird Achills Sohn Neoptolemos sich mit der Witwe Hektors verbinden. Dass der Sieger die Frau des Besiegten überwältigt, gehörte zum Herrschaftsritual[19]. So ist es kaum Zufall, dass Briseis und Andromache, die Fürstentöchter, aufgrund ihres ähnlichen Schicksals – nach Homer – aus Zwillingsstädten kommen. Auch der tote Patroklos gleicht dem toten Hektor. Über den Kriegsruhm erhebt sich in den Klagen der Frauen das Rühmen des Menschlichen (der ›Freundlichkeit‹ – der ›Milde‹, 19.300; 24.772).

Der liebenswürdige Patroklos war der Briseis der »weitaus Liebste« (19.287), so beginnt sie ihre Klage und sie schließt mit den innigen Worten: »So beweine ich dich unablässig, den Toten, den Freundlichen immer!« War sie vor allem dem »*milden*« Freund des »*wilden*« Achill zugetan? Hieß es vielleicht deswegen im 1. Buch, dass sie »widerwillig« mit den Herolden Agamemnons wegging vom Zelt des Achilleus (V. 348)? Wie haben wir nun im 19. Buch die Apostrophe der Briseis an den Hetairos Achills, in der ihr Gefühl zum Höchsten sich steigert: μοι ... πλεῖστον κεχαρισμένε θυμῷ hinsichtlich ihres Gefühls für Achill zu interpretieren? Ihr »Liebster« war *er* wohl kaum; denn ihre Lebensgeschichte konnte sie wohl schwerlich verdrängen im Zusammensein mit ihm – sonst hätte es auch nicht so elementar aus ihr herausbrechen können wie in diesen einzigen Worten, die sie im Schmerz um den toten Hetairos und den toten Gatten hier in der ›Ilias‹ spricht. Natürlich war der Gefühlsausbruch auch situationsbedingt. Dennoch: Es fällt auf, dass sie nirgendwo etwas über ihr Verhältnis zu Achill andeutet (wie etwa Andromache es offen gegenüber Hektor tut). Es gibt nur mittelbar einen Hinweis, dass vielleicht die Aussicht auf die allerhöchste Ehre einer ehelichen Verbindung mit dem größten aller Helden sie über den von ihm verschuldeten Verlust des Gatten und wohl auch der Brüder etwas hinweggetröstet hätte. Denn Patroklos »hatte sie nicht weinen lassen«, sondern ihr, der Kriegsgefangenen, versprochen, sie »zur ehelichen Gemahlin« des »göttlichen Achilleus« zu machen (19.295–299). Eines steht fest: Nach

---

19 Es gehörte nicht nur zum Herrschaftsritual, dass der Sieger die Frau des Besiegten überwältigt; sondern auch, dass er dessen Nachkommenschaft ›verdirbt‹ (24.735) und die eigene durchsetzt. Dies ist das Schicksal Andromaches nach Ilions Fall: Hektors Sohn wird getötet, Achills Enkel mit ihr gezeugt.

allem, was wir hier von ihrer Lebensgeschichte erfahren, konnte von ihrer Seite das Verhältnis zu Achill nicht unbelastet sein von inneren Spannungen, von Verwirrung der Gefühle.

Anders stand es offensichtlich um das »Herz« Achills: Wie sein θυμός, sein »Mut«, von außerordentlicher Kraft war – so auch sein »Gemüt«: Seine emotionalen Intensitäten zeigen sich vor allem in den Herzensbindungen an den Freund und die Mutter. Über sein Gefühl für Briseis äußert er sich zurückhaltender, aber eindeutig in seiner Zuneigung. »Ein liebes Ehrengeschenk« sei sie für ihn, sagt er im 1. Buch (167). Im 9. Buch nennt er sie »Gattin, die herzerfreuende« und fährt fort:

»...Wo doch jeder gute und verständige Mann
Die Seine lieb hat und für sie sorgt, so wie auch ich diese
Von Herzen lieb hatte, war sie auch eine Speergefangene« (336ff.).

Für »Lieben« wählt Homer hier φιλέειν, was er durchaus auch erotisch versteht. Auf ἔρως verweist ebenfalls die mehrfache, schließlich sogar eidliche Versicherung Agamemnons, er habe Briseis nicht berührt. Mag es auch beim *Streit* der Könige wegen Briseis *mehr um die Ehre als um die Liebe* gegangen sein: nach Achills eigenen Worten hat *sie* ihm emotional durchaus sehr viel bedeutet.

Die einzige leibhaftige Begegnung und Verbindung zwischen Achilleus und Briseis, die überhaupt in der ›Ilias‹ vorkommt, hat Homer bis ganz zum Schluss aufgespart: Der greise König Ilions hat sich zu seinem Todfeind begeben, um als Bittflehender die Leiche Hektors auszulösen. Achill empfängt Priamos in der Hikesie freundlich und mit Menschlichkeit, und gemeinsam weinen sie, der eine trauert um Hektor, der andere um Patroklos. Beide haben sie seit dem Tod ihrer liebsten Menschen nicht mehr gegessen und geschlafen. Nun haben sie »Brot und funkelnden Wein« miteinander genossen (641) und legen sich zur Ruhe:

(Achilleus)...faßte die Hand des Alten am Handgelenk,
Die rechte, daß er sich nicht irgend fürchte im Mute.–
Diese nun legten sich im Vorhaus des Hauses dort zu Ruhe,
Der Herold und Priamos ... (24.671ff.).

Es ist ein ganz besondere Nacht: Nach endlosem Wehklagen und der Qual vieler Tage und Nächte ohne Speise und Schlaf finden die Todfeinde, der alte und der junge Mann, zu Ausgleich und Frieden, zu gemeinsamem Mahl und »erquickendem« Schlaf. Doch nur für kurze Zeit währt für Beide die Ruhe. Priamos wird schon in der Morgendämmerung aufbrechen, bevor »Eos im Safrangewand sich über die Erde verbreitet«, und die Leiche Hektors nach Troia bringen, wo mit den Totenklagen um ihn und mit seiner Verbrennung die ›Ilias‹ endet.

Bald wird Achill Hektor nachfolgen. So ist es geweissagt. Er findet den »süßen Schlaf« (636) in einer der letzten Nächte seines kurzen Lebens. Wenig zuvor schwang sich Thetis zu ihm herab vom Olymp, die silberfüßige Göttin:

Sie aber setzte sich dicht neben ihn, die hehre Mutter,
Streichelte ihn mit der Hand, sprach das Wort und benannte es heraus:

»Mein Kind! Wie lange willst du mit Wehklagen und Betrübnis
Dein Herz verzehren und gedenkst weder der Speise
Noch des Lagers? Und ist es doch gut, sich mit einer Frau in Liebe
Zu vereinigen! Denn nicht lange wirst du mir leben, sondern
Schon nahe steht bei dir der Tod und das übermächtige Schicksal.«
(24.126–132)

Es ist das letzte innige Gespräch zwischen Mutter und Sohn. Die kommende Nacht wird für ihn schon vom ›nahen Tod‹ überschattet sein. Und die todeserfahrene Briseis wird in Liebe an seiner Seite ruhen – nur *sie* kann es sein, keine sonst der sieben Schönen von Lesbos.... Es wird eine einmalige, eine ›göttliche‹ Nacht sein – der Versöhnung zwischen den Feinden, der im Himmel schlummernden Götter –:

Aber Achilleus schlief...
Und bei ihm lag Briseis, die schönwangige.
Da schliefen die anderen Götter...
Die ganze Nacht hindurch, vom weichen Schlafe bezwungen.
(24.675–678)

Es ist das letzte Mal, dass wir von Achill in der ›Ilias‹ hören.

## 7 Drei troische Frauenschicksale

Zweifellos war es Homers Strategie, die tragische Vorgeschichte der Briseis von dem geographisch vorgegebenen Herkunftsort Brisa, einem Vorgebirge der Insel Lesbos, in den Bereich des schicksalsumwitterten »Heiligen Theben« am Ida zu verlegen; Thebens Fall wurde zum Menetekel für Troia. Hinzu kam, dass der Name Theben sich im östlichen Mittelmeerraum mit gleich drei berühmten uralten Städten verband, die kaum zufällig alle drei in der ›Ilias‹ vorkommen: mit dem »hunderttorigen« Theben Ägyptens, dem »siebentorigen« in Hellas und dem »hochtorigen« in Kleinasien. Homer verknüpft das Schicksal dreier Frauen mit dem »hochtorigen« Theben Kleinasiens: Das Schicksal Thebens und seiner Nachbarstadt wird zum Schicksal der Andromache, zu dem der Briseis und auch zu dem der Chryseis.

Es handelt sich nicht von ungefähr um diese drei Frauen: denn gerade sie sind ja mit den drei Protagonisten der ›Ilias‹ verbunden. Mit Briseis setzt wegen Chryseis das tragische Gesamtgeschehen der ›Ilias‹ ein, mit Andromache setzt es sich fort nach dem Ende Ilions. Am Buch-Ende, kurz nach der letzten Erwähnung der Briseis, nimmt Andromache ihr Los als Kriegsopfer vorweg.

Die Focussierung der drei Frauenschicksale auf Theben – und damit die Verdichtung des Tragischen bereits von der Vorgeschichte her – konnte Homer durch *drei* Auslassungen meistern, so dass die Zuhörer nicht gleich auf Widersprüche hinsichtlich der Überlieferung stießen:

Der in den ersten beiden Gesängen (1.366ff. u. 2.688ff. s.o.) erwähnte Eroberungs- und Beutezug Achills hat wohl über Chryse (1.390) und Lesbos (9.270ff.) nach Lyrnessos und Theben geführt; doch Chryse und Lesbos werden im Zusammenhang mit Theben oder Lyrnessos einfach nicht erwähnt. Wo Chryseis genau erbeutet wurde, bleibt im Unbestimmten. Die Lokalisierung des Vaters Brises fehlt ebenfalls.

Dafür könnte es *zwei* Erklärungen geben:

Dass Homer gerade Briseis und Brises *nicht* mit Bezug auf die Burg Brisa der Insel Lesbos erwähnt, mag folgenden Grund haben: Lesbos war schon vor 900 v.Chr. von Aiolern besiedelt worden, Achill war auch ein Aioler, insbesondere also *der Held* der aiolischen Lesbier. Es passte demnach im 8. Jh. nicht so recht zu ihrem Heldenbild, dass ausgerechnet Achill eine lesbische Königstochter mit Gewalt bei einer der üblichen Stadt- und Burgzerstörungen geraubt haben sollte. Dies könnte Homer berücksichtigt haben.

Homers auffälliger Bezug auf Theben und Lyrnessos könnte aber noch eine andere, biographische Ursache haben: Die Städte Theben, Lyrnessos und auch Chryse gehörten zum Reich der Aineiaden. Die Aineiaden waren mit den Troern sogar genealogisch verbunden. Nach ihrer Tradition wurde der Krieg der Achaier nicht nur gegen Troia allein, sondern zugleich auch gegen ihr Reich geführt. Diese Tradition spielt im Ganzen der ›Ilias‹ eine gewisse Rolle: Denn Homer war dem Herrscherhaus der Aineiaden verbunden und hat es geradezu verherrlicht: in der rühmenden Darstellung des Aineias – oder Aeneas. Der Heros selbst erzählt von sich (20.92f.), wie er von Achill, als dieser Lyrnessos eroberte, eben dort in seinem eigenen Reich verfolgt wurde, aber Zeus ihn wunderbar errettete. Solche Rettungswunder zeichnen Aeneas insgesamt aus. Homers Bestreben, den Stammvater der Aineiaden als heroische Lichtgestalt letztlich auch über Troias Fall hinweg zu retten, hatte – wie wir wissen – gewaltige Folgen: Aeneas konnte so zum mythischen Stammvater der Römer werden und damit eine bedeutende historische Rolle für die Entwicklung der römischen Macht im Mittelmeerraum spielen[20].

Die *erste* Frage ist, ob es ohne Homers Hommage an die Aineiaden je dazu gekommen wäre...

Noch eine *zweite* Frage stellt sich in diesem Zusammenhang: Hat Homer, der als Grieche an der kleinasiatischen Küste lebte und somit an »beiden Kulturen« teilhatte, vielleicht deshalb in seinem Epos Freund und Feind mit so viel ausgleichender Gerechtigkeit dargestellt? Hat er vielleicht deshalb, weil er nicht nur einseitig die Sieger aus Hellas sah, sondern auch das Elend der Besiegten aus der ihm nahen Troas, eher das Menschlich-Tragische des Krieges herausgestellt?

---

20  Vgl. P. Grimal im Lexikon der Alten Welt: ›Aeneas‹ (Aineias), Abschnitt 4.

Frauenraub – heute? 147

Hat Homer vielleicht deshalb davon Abstand genommen, den siegreichen Krieg als solchen und das Heldentum zu verherrlichen, wie dies bis ins 20. Jh. üblich war? Dabei waren gerade die antiken Helden Achill, Aeneas und Herkules Identifikationsfiguren für die Herrscher in Europa[21].

### III. Frauen-Raub, Gewalt, Krieg und humane Gegenbilder – bei Homer und heute?

Im Jahr 2004 wird ein neuer *Troia-Film* gezeigt. Es handelt sich um eine monumentale Hollywood-Produktion; und mit solchem Aufwand ist es gewiss das erste Medien-Unternehmen dieser Art auf der Welt zu Homers ›Ilias‹. Der Trojanische Krieg, dargestellt im ältesten Buch dreier Kontinente –Europas, und damit auch Amerikas und Australiens – erscheint nach dem 20. Jahrhundert der Weltkriege und angesichts der Kriege zu Beginn des globalen 21. Jahrhunderts aktueller denn je. Hinzu kommt, dass Troia an der Millennium-Schwelle zum Weltkulturerbe erklärt wurde.

Unter der Leitung des deutschen Regisseurs Wolfgang Petersen spielt der Hollywood-Star Brad Pitt die Rolle des *Achill*. Der moderne Protagonist der ›Ilias‹ wirkt durchaus homerisch, insbesondere mit dem schulterlangen »blonden« Haar, vgl. z.B. 1.197; darin ähnelt er dem ebenfalls »blonden« Menelaos. War Achill – gerade auch in diesem Erscheinungsbild – nach Homer Inbegriff des Kriegerischen?

Dem Urkrieger steht das Urbild der Frau als Kriegsopfer gegenüber: *Briseis*. Kriegsbeute schon *vor* dem Fall Troias, gehört sie doch wie Andromache oder Hekabe, Kassandra und Andere in die Reihe der ›Troerinnen‹, die spätestens seit Euripides bis heute das Leiden von Frauen in und nach dem Krieg verkörpern.

Die Geschichte der Briseis hat in dem Film ihr angemessenes Gewicht erhalten. Dies war an der Zeit, denn außer auf einigen Bildern und in drei wenig bekannten italienischen Opern ist sie in der europäischen Rezeption kaum präsent. Die Kriegsgefangene, die ihren Bezwinger und Helden Achill eher hassen muss als lieben kann, wird mit ihren Wunden und ihrer Not, in ihrem Widerstreit der Gefühle

---

21 Vgl. z.B. Württembergische Herzöge, die sich mit diesen antiken Heroen identifizierten: Eberhard Ludwig zeigt dies in seinem *Achill*-Bilderzyklus in Schloss Ludwigsburg, Carl Eugen mit seinen *Aeneas*-Fresken im Neuen Schloss zu Stuttgart (im 18.Jh.). Sogar der letzte Deutsche Kaiser, Wilhelm II., betreibt einen regelrechten Achill-Kult, z.B. in seinem Schloss ›Achilleion‹ auf Korfu. Vgl. Traum und Wirklichkeit – Troia‹ Bd. 2: Johannes Zahlten, Troianische Helden in deutschen Barockschlössern, 94–107. Vgl. ferner Nils Büttner, Troia – ein deutscher Mythos, zu Wilhelm II., 108–115. *Herkules* erscheint ebenfalls häufig als Identifikationsfigur im europäischen Adel, vgl. Ute Schmidt-Berger, Schwäbische Zeitung, ›Zeit und Welt‹. Beilage v. 21.06.1997: ›Barock und Antike‹, ›Durch Oberschwaben auf Herkules' Spuren‹.

(s.o. S. 143) überzeugend im Film dargestellt. Ein Paradigma auch für die Gegenwart? Dem Kultbuch der Frauenbewegung, Christa Wolfs ›Kassandra‹, könnte mit der Briseis-Geschichte durchaus Vergleichbares an die Seite gestellt werden. Aktuelle Bezüge gäbe es genug im 20. und 21. Jahrhundert: Weibliche Kriegsopfer, die Problematik von Verbindungen zwischen Männern und Frauen, die jeweils zur feindlichen Seite gehörten oder gehören, Verschleppung von Frauen auch heutzutage z.B. von Ost nach West, internationaler Mädchenhandel, ja allgemein das Thema ›Gewalt gegen Frauen‹ und im Gegenzug der – noch zeitgemäße? – ›Held‹ als Frauen-Idol, -Ideal ... Anders als Andromache wäre Briseis als Protagonistin ein *Novum*.

Der Troia-Film ist rechtzeitig zu den *Olympischen Spielen in Athen* weltweit zu sehen. Kein Homerischer Held hat zu den Spielen einen näheren Bezug als Achill: Gerade er, der ›Athlet‹ *kat' exochen*, veranstaltet ›Athla‹, sportliche Wettkämpfe, im vorletzten Gesang der ›Ilias‹. Kaum zufällig lautet Achills Epitheton der ›Renner‹, oder, wie Schadewaldt übersetzt, der ›Fußschnelle‹, und er wird zu einem Wettlauf aufrufen.

Die in der ›Ilias‹ vorgeführten Wettkämpfe sind weitgehend die gleichen wie später bei den Olympischen Spielen. Da diese ungefähr zeitgleich mit der Entstehung der ›Ilias‹ tatsächlich in Hellas begründet wurden, liegt es nahe, einen Zusammenhang zwischen diesem welthistorischen Ereignis und den Homerischen ›Athla‹ zu vermuten.

Zu Zeiten der Olympischen Spiele herrschte Frieden; so wurde mit ihnen bis heute eine einzigartige völkerverbindende Idee realisiert. Ein Promachos auch für diese neue Idee eines *humanen* Miteinanders ist überraschenderweise – Achill. Am Ende der ›Ilias‹„ jeweils im zweiten Teil des 23. und 24. Gesangs, erscheint er in einem neuen Licht. Von seiner *wilden,* unmenschlichen Kampfeswut und Grausamkeit, die zum archaischen Heldenbild gehört, gelingt ihm der plötzliche Umschwung zu menschenfreundlichem Verhalten: »lächelnd« und »milde« (23.555, 611) zeigt er sich nun den Achaiern – überwältigt vom tiefen Gefühl der *Freundschaft* für Patroklos. Leichenspiele veranstaltet er für ihn, *sportliche Wettkämpfe – ein humanes Gegenbild* zur blutigen Schlacht. Noch eindrucksmächtiger wirkt die berühmte Szene der *Versöhnung* zwischen Achill und Priamos, dem Vater des Erzfeindes. Auch da vollzieht sich im Innern Achills der jähe Umbruch von der Unmenschlichkeit zur Menschlichkeit. Und nicht zufällig verbindet ihn in dieser Nacht des Friedens *Liebe* mit einer im Kriege *geraubten Frau*, mit Briseis[22].

Achill findet zu humanem Handeln und Fühlen im Zeichen des ihm selbst nahen Todes. Will Homer mit diesem unvergleichlichen Finale seines Epos andeuten, dass in seinem Jahrhundert das altertümliche Krieger-Ideal dem Geist einer ›neu beginnenden ... Epoche‹ weicht (Schadewaldt, s.o. S. 125f.) – einem Zeit-

Geist, der im friedlichen sportlichen Wettkampf und in der Versöhnung der *Todfeinde* humane Gegenbilder zu Krieg und *tödlichem* Kampf sieht?

Unverkennbar setzt Homer ein Zeichen, wenn er mit dem bewegenden Thema der Versöhnung nicht nur sein Kriegs-Epos beschließt, sondern auch schon eröffnet: »Achilleus handelt im letzten Gesang gemäß der Forderung Apollons; seine ›Versöhnung‹, die Herausgabe der Leiche Hektors an den Vater, entspricht in gewissem Sinn der *Versöhnungsfeier* für den Gott Apollon ... im ersten Gesang. ... So steht in dem kyklischen Ablauf des Gedichts über dem Schicksal des Achilleus vom Anfang der ›Ilias‹ bis über ihr Ende hinaus: Apollon.« Wolfgang Schadewaldt beendet sein Buch ›Der Aufbau der Ilias‹, das seine ›neue Übertragung‹ begleitet, mit diesen Ausführungen über Apollon, den ›Gott von Delphi und die Humanitätsidee‹.

Einsatz für mehr Humanität und Frieden[23] in der Welt: wie zu Zeiten Homers gilt dieser Appell auch heute – zwei Generationen nach der Katastrophe des Zweiten Weltkriegs[24].

---

22   Zu dem »Humanismus, bzw. humanism, der Menschlichkeit« Achills im Vergleich mit dem orientalischen epischen Helden Gilgamesch vgl. Th.A. Szlezák, Ilias und Gilgamesch-Epos, in: Troia. Vom Homer bis heute (s.o. Anm. 18), 25, 30f.: In der Versöhnung der Feinde am Ilias-Schluss wird gegenüber dem älteren Epos »eine neue Stufe ... des spezifisch Menschlichen« erreicht. Es ist die »Fähigkeit, den Feind als einem selbst gleich anzuerkennen« und damit den ›Hass‹ und die »trennenden Grenzen zwischen Angehörigen verfeindeter Völker« zu ›überwinden‹. Dass dieses Thema im urtümlichen Gilgamesch-Epos fehlt, überrascht nicht weiter; erstaunlich ist aber, dass auch das Thema der Liebe zwischen Mann und Frau fehlt. Demgegenüber verweist der Autor auf Homers »bedeutungsvolle Andeutung von Liebe ... des Haupthelden« zu Briseis, seiner »Kriegsbeute«.

23   Manfred Korfmann schreibt mit Bezug auf Troia und den *Ersten* Weltkrieg: »Nach etwa dreitausend Jahren, in deren Verlauf Troia geradezu ein Synonym für Krieg schlechthin war, wird es jetzt darum gehen, einen dauerhaften *Troianischen Frieden* in dieser Weltgegend zu verwirklichen an der Verbindungsstelle zweier Kontinente und Meere. Auch die über 200 000 Toten unseres Jahrhunderts, die bei der Schlacht um die Dardanellen (1915) zu beklagen waren – ebenfalls einer der vielen Troianischen Kriege –, sind eine deutliche Mahnung.« Vgl. sein Vorwort, Tübingen 1999, zu Birgit Brandaus »Troia«-Buch (Eine Stadt und ihr Mythos. Die neuesten Entdeckungen).

24   Troia – das war Berlin 1945: »Schon unmittelbar nach dem *Zweiten* Weltkrieg war auch in Bezug auf die Zerstörung Berlins nicht selten (die) Troia-Metapher verwendet worden. ... Das zu Ende gegangene ›Kriegsjahrhundert‹ Europas hat ... die Kriegskodierungen im Mythos Troia für seien Selbstdeutungen ... genutzt.« Vgl. Traum und Wirklichkeit – Troia, Bd. 1: G. Korff, Verschleppte Motive. Deutsche Filialmythen um Priamos, Homer und Schliemann im späten 20. Jahrhundert, insbes. 455f. u. 461.

*Hellmut Flashar*

# BIOGRAPHISCHE MOMENTE IN SCHWERER ZEIT

*Vorbemerkung*

Die folgende Skizze ist keine Biographie; sie konzentriert sich vielmehr auf Stationen und Situationen eines Gelehrtenlebens in schwierigen Zeiten. Damit wird sensibles Terrain betreten, das äußerste Vorsicht und Sorgfalt erfordert.

Ausgangspunkt waren Meinungen, Mutmaßungen und Urteile, wie sie anlässlich des Schadewaldt-Symposions im Mai 2000 in Tübingen artikuliert wurden, so in einem Artikel des preisgekrönten Journalisten Kurt Oesterle im Schwäbischen Tagblatt vom 22.5.2000, aber auch während des Symposions, hier eher in einzelnen Diskussionsbeiträgen und Gesprächen als in den offiziellen Referaten.

Die meisten dieser Äußerungen (auch außerhalb des Schadewaldt-Symposions) sind zu kurz gegriffen, weil sie nicht auf der Basis der heute erreichbaren Dokumente stehen und zudem die komplexen Rahmenbedingungen einer Diktatur außer acht lassen. Es ist nur allzu leicht, aus der Position einer gesicherten Meinungsfreiheit und auf dem Hintergrund der inzwischen eingetretenen geschichtlichen Entwicklung zu urteilen; niemand von uns stand in einer vergleichbaren Anfechtung.

Auf der anderen Seite ist es aber auch ein Faktum, daß die politischen Implikationen einer Gelehrtenbiographie in den ca. 2 Jahrzehnten der Nachkriegszeit kaum zum öffentlichen Thema gemacht worden sind. Es bedurfte eines Abstandes. Inzwischen aber hat die Geschichtswissenschaft differenzierter zu sehen gelehrt, und es sind die Archive wieder zugänglich geworden. Dies alles hat zu einem Wandel im Bewußtsein geführt, den man nicht als ›Modeerscheinung‹ abtun kann, der nun sogar in offiziellen Nachrufen in einer früher kaum vorstellbaren Weise sich bemerkbar macht.[1]

Die folgenden Ausführungen können nicht den Anspruch auf Vollständigkeit erheben. Sie beruhen auf Informationen aus den Archiven der Universitäten Freiburg i. Br., Berlin (Humboldt-Universität) und Leipzig sowie des Bundesarchivs in Berlin einschließlich des ehemaligen document center (früher Berlin-Dahlem), ferner der veröffentlichten, jeweils

---

[1] Vgl. die mutigen Ausführungen von A. Wlosok in dem Nachruf auf Viktor Pöschl im Gnomon 73, 2001, 369–378, bei denen man nur bedauern mag, daß es zu einem zwischen Verlag und Autorin konsensfähigen Text eines Vermittlers bedurfte.

angemerkten Literatur einschließlich der veröffentlichten oder sonst zugänglichen Briefe und Reden.

Mit Wirkung vom 1.4.1928 wurde der gerade 28-jährige Wolfgang Schadewaldt, knapp ein Jahr nach seiner Habilitation (10.5.1927), ordentlicher Professor an der Universität Königsberg. Er hatte dort anregende Kollegen (u.a. Bernhard Schweitzer, Richard Harder), verließ aber Königsberg – wo er zumindest nach Meinung von Wilamowitz noch länger hätte bleiben sollen[2] – nach 1½ Jahren, um zum 1.10.1929 am anderen Ende des damaligen Deutschen Reiches einem Ruf an die Universität Freiburg im Breisgau zu folgen. Hier geriet er in eine überaus lebendige Fakultät und Universität, in der sich Alt und Jung, Vertreter katholischen, protestantischen und jüdischen Glaubens ohne große Konflikte zusammengefunden hatten. Wie so mancher andere war auch Schadewaldt fasziniert von dem elf Jahre älteren Martin Heidegger, der seit 1928 wieder in Freiburg wirkte (dort 1919 habilitiert, 1923 nach Marburg berufen), jetzt als Nachfolger seines Lehrers Edmund Husserl, der auch die laudatio für die unico-loco-Liste verfasst hatte[3]. Heidegger galt vielen als die größte Hoffnung für eine zukunftsorientierte Philosophie; sein Werk ›Sein und Zeit‹ (1927) hatte ihn mit einem Schlage berühmt gemacht. Und es musste einem Gräzisten hoch willkommen sein, wenn für eine grundsätzliche philosophische Neuorientierung die griechische Sprache und Philosophie (das Motto für ›Sein und Zeit‹ ist ein Platonzitat) die unverzichtbare Grundlage darstellen sollten, wie denn Heidegger in jener Zeit fast ausschließlich Vorlesungen und Seminare über griechische Philosophen hielt. Vielleicht hängt es damit zusammen, daß Schadewaldt nie eine Platonvorlesung gehalten und auch kein enges Verhältnis zu Aristoteles gewonnen hat; erst in den späten Tübinger Jahren hat er sich im Zusammenhang mit den Überlegungen zum ›Weltmodell‹ der Griechen dem ganzen philosophischen Bereich näher zugewandt. Wohl war ihm von Anfang an die Ableitung griechischen Denkens aus der Sprache stets ein wesentliches Interpretationsmittel (hierin ging er mit der Sprache korrekter um als Heidegger), aber es standen doch in Schadewaldts Freiburger Zeit zunächst Geschichtsschreibung, Tragödie und Komödie (daneben auch lateinische Dichtung und Goethe[4]) im Vordergrund, hierin eher in der Nachfolge von Wilamowitz als in der seines ›Doktorvaters‹ Werner Jaeger. Der Einfluss Jaegers manifestierte sich in jenen Jahren eher in kulturtheoretischen Überlegungen. So stand das Thema der Freiburger Antrittsvorlesung vom 3.2.1930, ›Vom Wesen des Klassischen in der antiken Poesie‹,

---

2  Brief an Paul Friedländer vom 14.7.1929, veröffentlicht in: W. M. Calder III./ B. Huß (Hgg.), »The Wilamowitz *in me*«, 100 Letters between Ulrich von Wilamowitz-Moellendorff and Paul Friedländer (1904–1931), in: Special Collections UCLA, Occasional Vol. 9, 1999, 170f..
3  Vgl. dazu H. Ott, Heidegger. Unterwegs zu seiner Biographie, 1992, 125f..

sichtlich in engem thematischen Zusammenhang mit Schadewaldts Beitrag auf der von Werner Jaeger geleiteten berühmten Naumburger Tagung über das Problem des Klassischen[5].

Als Otto Immisch im Jahre 1931 emeritiert wurde[6], war es vor allem Schadewaldt zu verdanken, daß Eduard Fraenkel die Nachfolge von Immisch am 1.4.1931 antreten konnte. Schadewaldt und Fraenkel waren seit langem eng befreundet; als Schadewaldt in Berlin studierte, war Fraenkel a.o. Professor in Berlin (1920–23), seit 1918 mit der Sprachwissenschaftlerin Ruth von Velsen verheiratet. 1923 nahm er, nachdem sein Buch ›Plautinisches in Plautus‹ Aufsehen erregt hatte, einen Ruf nach Kiel an; 1927 erfolgte die Berufung nach Göttingen[7]. Fraenkel hatte Schadewaldt eigentlich ›entdeckt‹, ihn nach Kräften gefördert (er war 13 Jahre älter), wofür sich Schadewaldt schon im Vorwort zu seiner Dissertation ›Monolog und Selbstgespräch‹ (1926) bedankt. Die ganze Zeit über blieben beide in freundschaftlicher Verbindung; im Nachlass Fraenkel in Oxford liegen über 40 Briefe Schadewaldts. Beide traten gemeinsam mit Vorträgen auf der Naumburger Tagung auf. Nun war in Freiburg eine ideale kollegiale Partnerschaft erreicht; auch das Verhältnis Fraenkels zu Heidegger gestaltete sich freundschaftlich. Fraenkel war durchaus national gesonnen; schon 1925 schrieb er: »Die Römer, nicht sie allein, aber sie auch sollen uns helfen in nicht allzu ferner Zeit eine große und würdige res publica als Ausdruck und schirmendes Gefäß unseres Volkstums zu gewinnen«[8]. Es ist im Grunde die gleiche geistige Haltung, die auch Heidegger einnahm, wenn er eine Erneuerung des Volkes (nicht nur der Universität) aus dem Geiste Platons anstrebte und erhoffte. Schadewaldt war mit derartigen Äußerungen zurückhaltender.

---

4   Zum 200. Geburtstag Vergils im Jahre 1930 hielt Schadewaldt in Freiburg und Meersburg den Vortrag ›Sinn und Werden der vergilischen Dichtung‹ (gedruckt zuletzt in: W. S., Hellas und Hesperien, Zürich ²1970, I 581–589); bei der Goethe-Gedenkfeier der Stadt Freiburg zum 100. Todestag 1933 sprach Schadewaldt über ›Goethe und das Erlebnis des antiken Geistes‹ (gedruckt zuletzt in: W. S., Goethestudien. Natur und Altertum, Zürich/Stuttgart 1963, 9–21).

5   W. Jaeger (Hg.), Das Problem des Klassischen und die Antike (1930), Leipzig 1933, ND Stuttgart 1961.

6   Über die Situation des Seminars für Klassische Philologie der Universität Freiburg in dieser Zeit vgl. auch E. Lefèvre in der Jubiläumsschrift ›150 Jahre humanistische Bildung an der Universität Freiburg i. Br.‹, herausg. von der Stiftung ›Humanismus heute‹ des Landes Baden-Württemberg, Freiburg 1987, 17–41.

7   Über Fraenkel in Göttingen vgl. Cornelia Weber, ... »und sagen ab der internationalen Gelehrtenrepublik«, Wien/Köln/Weimar 1996, 106ff.

8   E. Fraenkel, Die Stelle des Römertums in der humanistischen Bildung, Berlin 1926. Als selbständige Publikation (nur 45 Seiten) erschienen, besprochen von R. Opitz in: Philologische Wochenschrift 45/46, 1926, 1246–1254.

Mit der sog. Machtergreifung durch die Nationalsozialisten trat alsbald eine Änderung dieser Konstellation ein. Für die Klärung der schwer durchschaubaren Situation ist die Beachtung der chronologischen Abfolge der Ereignisse ratsam. Am 17.12.1932 war der Mediziner Wilhelm von Moellendorff, Ordinarius für Anatomie, von der Plenarversammlung der knapp 100 Freiburger Professoren zum Rektor für das Amtsjahr 1933/34 (beginnend mit dem Sommersemester 1933) gewählt worden. Von Moellendorff war Sozialdemokrat und schon von daher den neuen Machthabern höchst unliebsam. Er verbarg seine aufrechte demokratische Haltung nicht, auch nicht in der politischen Öffentlichkeit außerhalb der Universität, z.b. in seinem (vergeblichen) Einsatz für den politisch der Zentrumspartei angehörenden Freiburger Oberbürgermeister Dr. Bender im März 1933. Entsprechend waren die Reaktionen von nationalsozialistischer Seite, ausgetragen vor allem in dem Badischen Kampfblatt ›Der Alemanne‹[9]. Im April 1933 überstürzten sich die Ereignisse auch in der Universität. Am 4. April besuchte der neue Badische Hochschulreferent Eugen Fehrle die Universität Freiburg und versicherte, es stünden keine wesentlichen Veränderungen im Hochschulleben bevor; auch die jüdischen planmäßig angestellten Professoren würden bleiben, gegen den künftigen Rektor von Moellendorff bestünden indes Bedenken. Nur zwei Tage später wurden von dem für Baden zuständigen Gauleiter und Reichskommissar Robert Wagner zwei Erlasse den badischen Universitäten zugeleitet, wonach 1. alle nichtarischen Beamten in den Ruhestand zu versetzen und 2. die Senate neu zu bilden seien. Der amtierende Rektor, der angesehene und einflussreiche Theologe und kirchliche Würdenträger Joseph Sauer, behandelte diesen badischen Alleingang (noch vor entsprechendem Gesetz auf Reichsebene) dilatorisch und beruhigte auch Eduard Fraenkel, er solle weiterhin in die Universität kommen. Aber die Unruhe war groß, und besonders in den Universitätskliniken wurden unverzüglich jüdische Beamte und Angestellte vom Dienst suspendiert[10]. Der Rektor Sauer und

---

9    Näheres bei H. Ott, Martin Heidegger als Rektor der Universität Freiburg i. Br. 1933/34, in: Zeitschrift des Breisgau-Geschichtsvereins 102, 1983, 121–136. Ott weist zugleich die Unhaltbarkeit der apologetischen Darstellung nach, die Heidegger im Jahre 1945 gegeben hat und die veröffentlicht ist: M. H., Die Selbstbehauptung der deutschen Universität, darin: Das Rektorat 1933/34. Tatsachen und Gedanken. Erstveröffentlichung einer Niederschrift aus dem Jahre 1945, herausge. von H. Heidegger, Frankfurt/M. 1983.

10   Dazu E. Seidler, Die medizinische Fakultät zwischen 1926 und 1948 in: John/Martin/Mück/ Ott (Hgg.), Die Freiburger Universität in der Zeit des Nationalsozialismus, Freiburg 1991, 73–89. Der Freiburger Dermatologe Georg Rost (Hauptwerk: ›Allergie und Asthma‹), mit dem ich in dessen letzten Lebensjahren persönlich sprach (er ist ein Verwandter meiner Frau), hatte sich geweigert, jüdische Assistenten zu entlassen. Er wurde, obwohl überhaupt nicht ›belastet‹, sofort seinerseits entlassen. Eine Zeitzeugin hat mir berichtet, daß von einem Tag auf den anderen unter den Hörern der Vorlesung zahlreiche uniformierte SA-Männer waren.

der designierte Rektor von Moellendorff fuhren am 11. April nach Wiesbaden zu der dort vom 12. bis 14. April tagenden Rektorenkonferenz, von der man sich eine Klärung der Verhältnisse und ein abgestimmtes Vorgehen versprach. In dieser Situation der allgemeinen Verunsicherung verstärkte sich bei einer nicht geringen Zahl vor allem jüngerer Freiburger Professoren der Zweifel, ob von Moellendorff diesem Druck gewachsen wäre, und zugleich die Befürchtung, es könne von den neuen Machthabern ein unbedingter Nationalsozialist als Rektor installiert werden. Dafür käme in erster Linie Wolf Aly in Frage, beamteter apl. Professor für Klassische Philologie und ältestes Mitglied der NSDAP (seit 1931) an der Universität Freiburg[11]. Um eine tragbare Lösung für die Universität zu erreichen, kam der Gedanke auf, von Moellendorff zum Rücktritt zu bewegen und Martin Heidegger als Rektor vorzuschlagen. Ob sich Heidegger selber ins Spiel gebracht hat oder wer sonst Urheber dieser Idee war, lässt sich nicht mehr ausmachen. Man darf auch hier die Geschichte nicht rückwärts lesen. Heidegger wurde (noch) nicht in die Nähe der Nationalsozialisten gestellt; er hielt seine (sicher schon bestehenden) Kontakte noch im Verborgenen und galt als eine herausragende Persönlichkeit, die auch die neuen Machthaber würden respektieren müssen, und dem (zunächst noch) zugetraut wurde, die Universität ohne Schaden durch das gefährliche Fahrwasser zu leiten. Um einen entsprechenden Vorstoß beim Rektor zu machen, wurde von der von diesen Überlegungen geleiteten Gruppe von Professoren (der u.a. auch der Historiker Hermann Heimpel angehörte) Wolfgang Schadewaldt ausersehen, der Heidegger freundschaftlich verbunden und zugleich vom Rektor Sauer hoch angesehen war. Sauer hatte als Rektor am 9.2.1933 einen Vortrag Schadewaldts im Geschichtsverein mit dem Thema: ›Über die Anfänge der griechischen Geschichtsschreibung‹ gehört und in sein Tagebuch notiert: »Glänzend inhaltlich wie formal. Nachher noch bei Bier im Freiburger Hof.« Daß Schadewaldt seinen Besuch ausgerechnet am Karfreitag gemacht und damit die heilige Ruhe des Kirchenfürsten gestört habe, gehört zu den von dem Journalisten Oesterle erhobenen Vorwürfen. Aber es gab für Schadewaldt, wenn er denn überhaupt die Mission erfüllen wollte, gar keine andere Wahl. Denn Sauer war ja erst am Nachmittag des Vortages aus Wiesbaden zurückgekehrt, und am Karsamstag sollte der neue Rektor vereidigt werden und sein Amt antreten. Außerdem pflegte Sauer nach den Gottesdiensten Besucher zu empfangen, und Schadewaldt war an diesem Tag weder der einzige

---

11  Wolf Aly hatte zunächst über den kretischen Apollonkult gearbeitet (1908); dann über Herodot (dazu das Buch über Volksmärchen, Sage und Novelle, 1921), Strabon und anderes. In einem Aufsatz über Homer (in: Auf dem Wege zum nationalpolitischen Gymnasium 2, 1937) hat er sich über den »rassischen Aufbau des hellenischen Volkes« geäußert und bedauert, daß bei Homer »weder über den Schädelindex noch über die Form der Nase« etwas überliefert sei (43). Die ›Ilias‹ ist ihm »die älteste Urkunde der nordischen Seele« (42).

noch der erste Gast. Die Mission konnte nur das Ziel haben, Sauer im letzten Augenblick dazu zu bewegen, auf von Moellendorff einzuwirken, er möge auf das Rektorat verzichten. Es ist für den sonst immer pragmatisch denkenden Schadewaldt ganz untypisch, ein von vornherein illusionäres Vorhaben anzugehen, denn natürlich konnte Sauer von Moellendorff, mit dem er eben auf der Rektorenkonferenz war, nicht fallen lassen, auch wenn von Moellendorff selber schwankend geworden war und daran dachte, das Rektorat niederzulegen[12]. Gleichwohl gab es ein ernstes und langes Gespräch, in dessen Verlauf Sauer einwandte, daß Heidegger für die eigentliche Verwaltungsarbeit weniger geeignet sei (womit er Recht hatte)[13]. Ausdrücklich vermerkt er, daß Schadewaldt eine nationalsozialistische Lösung etwa durch die Wahl Alys vermieden sehen wollte. Am kommenden Tage fand dann tatsächlich die Rektoratsübergabe mit der Vereidigung in ganz kleinem Kreise (von den Professoren war nur Prorektor Weber zugegen) statt. Jetzt war Wilhelm von Moellendorff offiziell Rektor der Universität Freiburg[14]. Daß Schadewaldt am Ostersonntag noch einmal Sauer mit dem gleichen Anliegen aufsuchte, ist eigentlich nur unter der Annahme erklärbar, daß er unter schwerem Druck (wahrscheinlich auch von Seiten Heideggers selber) stand. Sauer erwiderte erneut, er könne »ihm (Heidegger) doch nicht die Qualität für ein solches Amt zutrauen«[15]. Der neue Rektor von Moellendorff berief sogleich eine Senatssitzung zum 18. April (Dienstag nach Ostern) ein, berichtete über die Judenerlasse und über die enttäuschend verlaufene Rektorenkonferenz. Zugleich kündigte er eine teilweise Erneuerung der Wahlen für Senat und Dekane an. Es folgte nur zwei Tage später, also am 20. April, eine außerordentliche Senatssitzung, auf der Rektor und Senat ihren Rücktritt ankündigten. Bereits am folgenden Tage beriet die Plenarversammlung der Professoren, erstmals ohne die jüdischen Mitglieder, um die Neuwahl von Rektor und Senat durchzuführen. Jetzt war es von Moellendorff, der Heidegger als Rektor vorschlug, ferner Sauer als Prorektor, zudem als Mitglieder des Senats u.a. auch Schadewaldt (anstelle Eduard Fraenkels). Schadewaldt hat also

---

12    Die Tagebücher Sauers, die u.a. auch über das Schwanken von Moellendorffs berichten, sind von unschätzbarem Wert für die Ereignisse dieser Zeit. Zwar ist das Original vernichtet worden, doch hat Johannes Vincke eine maschinenschriftliche Abschrift herstellen lassen, die im Archiv der Universität Freiburg eingesehen werden kann.

13    Heidegger selber hat später eingeräumt: »Ich war an der formalen Erledigung solcher leerer Amtsgeschäfte nicht nur uninteressiert, sondern zugleich auch unerfahren«, in: Die Selbstbehauptung der deutschen Universität (Anm. 9), 33. Heidegger hatte vorher nie ein Universitätsamt inne.

14    Tagebuch Sauer 11.4.1933: »Nachmittags erklärte von Moellendorff, er denke daran, das Rektorat niederzulegen und werde es nur führen, wenn er nochmals mit großer Majorität gewählt würde«.

15    Tagebuch Sauer 16.4.1933.

nicht, wie behauptet wird, Fraenkel aus dem Senat gedrängt. Der Vorschlag kam vom Rektor von Moellendorff, Fraenkel war bereits nicht mehr im Amt. Es ist deutlich, was von Moellendorff (der auch nach seiner Wahl sich Angriffen vor allem durch das Kampfblatt ›Der Alemanne‹ ausgesetzt sah) wollte. Es war ihm sicher seit einiger Zeit klar, daß er unter den gegebenen Umständen das Rektorat nicht würde führen können. Aber er wollte nicht im Vorfeld das Handtuch werfen, sondern einen ordnungsgemäßen Übergang in würdiger Form vollzogen wissen. Und so vermerkt denn auch Sauer in seinem Tagebuch (22. April): »In würdig ernster Stimmung ging die Wahl vor sich.« Gleichwohl war die Situation so gespannt, daß eigens eine Kommission eingesetzt wurde (der von Moellendorff, Heidegger, Sauer und Schadewaldt angehörten), um das Ergebnis dieser außerordentlichen Plenarversammlung der Presse zu vermitteln.

Nun war also Heidegger Rektor, und es verging gerade eine Woche, als er symbolträchtig am 1. Mai 1933 in einer öffentlichen Zeremonie auf dem Freiburger Münsterplatz in die NSDAP eintrat – sicher auch zur Überraschung seiner Freunde. Es war dies kein spontaner, sondern ein lange vorbereiteter, nur vor den Freunden verborgener, jetzt aber spektakulär vollzogener Entschluss[16]. Sichtlich wollte Heidegger erst das Rektorat unter Dach und Fach bringen, ehe er diesen Schritt unternahm. Schadewaldt ist ihm darin nicht gefolgt. Gewiss mag die formale Parteimitgliedschaft oft kein Kriterium für die politische Gesinnung sein, aber es hat doch seine Bedeutung, wenn Schadewaldt bei so enger Gefolgschaft Heidegger gegenüber sich jetzt und auch später im Unterschied zu einigen seiner Fachkollegen von der Partei und ihren Organisationen ferngehalten hat[17]. Von

---

16  ›Der Alemanne‹ schreibt am 3.5.1933: »Wir wissen, daß Martin Heidegger ... seit Jahren die Partei Adolf Hitlers in ihrem schweren Ringen um Sein und Macht aufs wirksamste unterstützte.« Die Anspielung auf ›Sein und Zeit‹ ist unüberhörbar. Daß Heidegger den Parteieintritt nur taktisch bis zu diesem Zeitpunkt hinausgeschoben hat, um seine Kollegen nicht zu verprellen, belegt ein Brief von W. Aly an das Badische Kultusministerium vom 9.4.1933 (abgedruckt bei B. Martin, Martin Heidegger und das ›Dritte Reich‹, Darmstadt 1989, 165f.), in dem es heißt: »Herr Kollege Heidegger ist nicht Parteimitglied und hält es im Augenblick auch nicht für praktisch, dies zu werden, um anderen Kollegen gegenüber ... freiere Hand zu haben.«

17  Die Angabe bei B. Martin, Martin Heidegger und das ›Dritte Reich‹, Darmstadt 1989, 46, Anm. 40, Schadewaldt sei Mitglied der NSDAP gewesen, ist unzutreffend. Ich habe alle einschlägigen Dokumente geprüft einschließlich der Kartei des document center in Berlin (jetzt im Bundesarchiv) und der Fragebogen, die Schadewaldt bei den Berufungen nach Leipzig und Berlin auszufüllen hatte. Ein Verschweigen der Mitgliedschaft wäre nicht nur gefährlich, sondern auch sinnlos gewesen. Schadewaldt war (nach den Angaben auf dem Leipziger Fragebogen) lediglich Mitglied des NSV (Nationalsozialistischer Volkswohlfahrtverband, die automatische Nachfolgeorganisation des Kriegsopferverbandes) und des RLB (Reichslehrerbund) gewesen. Von dem NS-Dozentenbund hat er sich ferngehalten.

jetzt an hat Heidegger seine gesamte Rektoratszeit über in zahlreichen Schreiben, Reden, Zeitungsartikeln (weit über das notwendige Maß hinaus) eindeutige Bekenntnisse zum Nationalsozialismus abgelegt[18]. Noch in den ersten Maitagen schreibt er an den Hochschulreferenten Fehrle: »Es gilt, die Welt der Gebildeten und Gelehrten für die neuen nationalpolitischen Ziele und Ideen zu gewinnen.« Ebenfalls noch im Mai gratuliert er Robert Wagner zur Ernennung zum Reichsstatthalter und grüßt (in einem Telegramm) »den Führer der heimatlichen Grenzmark mit einem kampfverbundenen Sieg Heil. Der Rektor der Universität Freiburg im Breisgau, gez. Heidegger«[19]. Es folgte am 27. Mai die offizielle Rektoratsübergabe an Heidegger mit der berühmt-berüchtigten Rede, die seit ihrer (eigentlichen) Veröffentlichung im Jahre 1983 Gegenstand zahlreicher Stellungnahmen ist und die mit dem in der Übersetzung verfälschten Platonzitat »Alles Große steht im Sturm« (τὰ γὰρ δὴ μεγάλα πάντα ἐπισφαλῆ, richtig: »Alles Große ist vom Sturz bedroht«, Politeia 497 D 9) endete[20], ausgerufen nicht nur vor der Universitätsöffentlichkeit, sondern auch vor zahlreichen Parteimitgliedern und uniformierten SA-Männern. Diese Rede ist in ihrem Kern ein Rückgriff auf Platon, näherhin der Versuch einer alle Kautelen Platons selber ignorierenden, gegen elementarste hermeneutische Grundsätze verstoßenden kruden Übernahme platonischer Positionen auf die politische Gegenwart.

Die Rede war nur nicht öffentlich; eine geplante Rundfunkübertragung wurde kurzfristig abgesagt[21], der Vortrag litt im Saal an akustisch eingeschränkter Verständlichkeit[22], so daß sie zunächst nicht voll rezipiert wurde. Dann aber wurde die Rede in dem Breslauer Verlag Korn gedruckt[23] und die gedruckte Fassung sogar

---

18   Die entsprechenden Dokumente sind in der letzten Zeit weitgehend veröffentlicht und diskutiert, insbesondere bei G. Schneeberger, Nachlese zu Heidegger, Berlin 1962; V. Farías, Heidegger und der Nationalsozialismus, Frankfurt a.M. 1989 (zuerst französisch 1987); B. Martin, Martin Heidegger und das ›Dritte Reich‹, Darmstadt 1989; H. Ott, Heidegger. Unterwegs zu seiner Biographie, Frankfurt 1992, R. Safranski, Ein Meister aus Deutschland. Heidegger und seine Zeit, München 1994. Ihre erneute Analyse würde den Rahmen dieser Skizze sprengen. Einige (jedoch nicht alle) Dokumente Heideggers aus dieser Zeit sind jetzt veröffentlicht in: Martin Heidegger, Gesamtausgabe I Bd. 16, Frankfurt 2000.

19   Vgl. H. Ott, Martin Heidegger als Rektor der Universität Freiburg i. Br. 1933/34 II., in: Zeitschrift des Breisgau-Geschichtsvereins 103, 1984, 107–130.

20   Vgl. zu diesem Zitat das Kapitel »Alles Große ist auch gefährdet«, in B. Martin, Martin Heidegger und das ›Dritte Reich‹, Darmstadt 1989, 3–31. Es ist in der Heidegger-Forschung zu wenig beachtet, daß Heideggers Umgang mit der griechischen Sprache von zahlreichen elementaren Fehlern durchsetzt ist. Vgl. dazu W. Beierwaltes, Heideggers Rückgang zu den Griechen, in Sitzungsb. d. Bayr. Akad. d. Wiss. 1995, 1; H. Flashar, Das griechische Wunder im Spiegel des Chorliedes »Vieles Gewaltige lebt ...« aus der Antigone des Sophokles und in der Deutung Heideggers, in D. Papenfuß/V. M. Strocka (Hgg.), Gab es das griechische Wunder?, Mainz 2001, 417–430.

im Gnomon, der ›kritischen Zeitschrift für die gesamte Altertumswissenschaft‹, besprochen, jedoch nicht kritisch, sondern hymnisch[24].

Bei allen Bekenntnissen Heideggers zum Nationalsozialismus gibt es indessen keine antisemitischen Äußerungen. Heidegger hat sich bemüht, das Schicksal jüdischer Hochschulangehöriger im Rahmen des Möglichen zu lindern. So hat er (sicher auf Veranlassung von Schadewaldt) am 12.7.1933 an den Hochschulreferenten Fehrle geschrieben, um sich u.a. für das Verbleiben Eduard Fraenkels im Amt zu verwenden (wenn auch vergeblich). Ähnliches hat er auch in anderen Fällen versucht, wenn er auch die Kontakte zu jüdischen Kollegen (insbesondere zu seinem Lehrer Husserl) abgebrochen und alle offiziellen, die Juden betreffenden Regelungen im Grundsatz mitgetragen hat.

Gegen Ende dieses turbulenten Sommersemesters hat Schadewaldt eine Rede vor Studenten gehalten (in Anwesenheit Heideggers), die wir im Nachhinein als das einzige veröffentlichte Dokument Schadewaldts bezeichnen müssen, das eine Zustimmung zu dem neuen Regime ausdrückt, wenn auch Momente der Reflexion, der Besinnung und andeutungsweise der Distanz nicht ganz fehlen[25]. Schadewaldt bezeichnet »das erste Semester des neuen Studenten« als ein Semester »in die Zukunft weisender Anfänge«. Er forderte eine »Besinnung«, in der es gelte »zu klären und zu festigen«, was sich angebahnt hat. »Entwürfe und Organisationen« schafften noch keinen »Erfolg«, sondern die Leistung des Einzelnen, die der Student »in der Verantwortung für die Gesamtheit« erbringt. Die »alten und neuen Organisationen« sollten »ineinandergreifen und ohne gegenseitige Störung ineinanderarbeiten. Wir müssen alle voneinander lernen.« Schließlich greift Schadewaldt den Kerngedanken der Rektoratsrede Heideggers auf: »Sein (des Studenten) Dasein wird bestimmt und geformt durch einen dreifachen Dienst, wie Martin Heidegger ihn gültig formuliert hat: durch den Arbeitsdienst, den Wehrdienst und

---

21 Merkwürdigerweise teilt dies Aly in einem Brief vom 26.5.1933 (also einen Tag vor der Rede) mit. Die von der örtlichen Kreisleitung der NSDAP befürwortete Übertragung sei vom Reichskommissar Wagner abgelehnt worden. Aly verfügte also nach wie vor über beträchtlichen Einfluss.

22 Vgl. Tagebuch Sauer vom 28.3.1933.

23 Über den Verlag und seine Produktion U. Schmilewski, Verlegt bei Korn in Breslau. Kleine Geschichte eines bedeutenden Verlages von 1732 bis heute, Würzburg 1991. Die Rede erreichte sogar eine 2. Auflage, wurde aber nach einiger Zeit aus dem Handel genommen. Zugänglich ist sie jetzt in: Martin Heidegger, Die Selbstbehauptung der Universität, Frankfurt 1983. Daß die beigefügte apologetische Darstellung (Das Rektorat 1933/34) den Fakten in vielen Fällen nicht standhält, hat Ott (Anm. 3) anhand zahlreicher Dokumente gezeigt.

24 R. Harder, in: Gnomon 7, 1933, 440–442. Die Rede Heideggers gebe mit dem Rekurs auf die Griechen einen »Ausblick auf die Stifter des abendländischen Erbgutes«.

25 Die Rede wurde zunächst nur in der Freiburger Studentenzeitung vom 27.7.1933 gedruckt. Nachdruck dann bei Schneeberger (Anm. 18) Dokument Nr. 82, S. 93–97.

den Wissensdienst.« Wie Heidegger beruft sich auch Schadewaldt auf das große »Erziehungssymbol« ... »das Platon fand, wenn in seinem Erziehungsstaat Handwerker, Wehrhafte und Wissende zusammenwirken.« Diese Rede ist ein Zeugnis des jungen, politisch naiven, von Heidegger im wörtlichen Sinne ›verführten‹ Schadewaldt. Dabei sind Diktion und Intention Schadewaldts subtiler als die aggressive Politsprache Heideggers. Schadewaldt wollte Altes mit Neuem verbinden, Heidegger wollte das Alte überwinden und ausschalten zugunsten des Neuen.

Heidegger indes arbeitete zur gleichen Zeit im Zusammenwirken mit den Parteistellen im Ministerium an der neuen Universitätsverfassung, wonach der Rektor ohne Einwirkungsmöglichkeit der Hochschule vom Kultusministerium ernannt wird (als Rektor und Führer der Universität), während der Rektor seinerseits die Dekane ernennt. Heidegger kündigte diese Reform am 21.8.1933 an; sie sollte am 1.10.1933 in Kraft treten. Freiburg war damit vorgeprescht, die anderen Länder des Reiches (Bayern, Preußen, Sachsen) warteten ab und zögerten die Sache hinaus. Der (inzwischen zum Prälaten ernannnte) Josef Sauer notiert in seinem Tagebuch (22.8.1933): »finis universitatum. Und das hat uns dieser Narr von Heidegger eingebrockt.« Es ist für die politische Lage dieser Zeit bezeichnend, daß ein so klar sehender Mann wie Sauer sich der Illusion hingeben konnte, es könne »diese badische Kuriosität bald aus der Welt geschafft sein« (Tagebuch 22.8.33).

Tatsächlich aber trat diese Reform am 1.10.1933 in Kraft. Der Minister ernannte den schon gewählten Heidegger zum Rektor, und Heidegger ernannte Schadewaldt zum Dekan der Philosophischen Fakultät. Weichen musste der gewählte Dekan, der Archäologe Hans Dragendorff, der immerhin Prodekan wurde. Dragendorff war Balte, hatte in Dorpat, Berlin und Bonn studiert, erwarb sich große Verdienste im Aufbau der Römisch-Germanischen Kommission des Deutschen Archäologischen Instituts und bekleidete seit 1922 den archäologischen Lehrstuhl in Freiburg. Er war ein angesehener Wissenschaftler, ein erfahrener Hochschulpolitiker (er war der Vorgänger Sauers im Rektorat) und – jetzt immerhin 63 Jahre alt – ein aufrechter Demokrat[26]. Längst nach Einführung des offiziellen deutschen Grußes (»Heil Hitler«), der auch im Hochschulbereich nahezu ausnahmslos benutzt wurde, unterzeichnete er dienstliche Briefe mit der Formel: »Mit besten Grüßen«[27]. Unter dem Dekanat Schadewaldts hat die Philosophische Fakultät einstimmig zwei Ehrenerklärungen für Eduard Fraenkel abgegeben. Die eine, als »zusätzliche Erklärung« deklariert, bezieht sich auf einen Passus im Gesetz

---

26  Vgl. G. Grimm, Hans Dragendorff, in: R.Lullies/W. Schiering (Hgg.), Archäologenbildnisse. Veröffentlichung des Deutschen Archäologischen Instituts, Berlin 1988, 179–180.

27  So in einem Brief an den Rektor Heidegger vom 8.3.1934. Selbst Werner Jaeger hat – schon auf dem Sprung in die USA – seinen letzten offiziellen Brief (22.6.1936) an das Reichskultusministerium mit: »Heil Hitler« unterzeichnet.

für die Wiederherstellung des Berufsbeamtentums, wonach Juden, die am 1. Weltkrieg als Freiwillige teilgenommen haben, vorerst (es hatte nicht lange Bestand) von den Maßnahmen verschont bleiben sollten. Fraenkel hatte nicht am 1. Weltkrieg teilgenommen. Die Fakultät führt aus, daß er sich freiwillig gemeldet und teilgenommen hätte, wenn er nicht eine Verkrüppelung am linken Unterarm gehabt hätte. Die zweite Erklärung bezog sich auf erleichterte Bedingungen einer Emigration, wenn ein Wirken im Ausland im deutschen Interesse liege. Fraenkel war inzwischen am 7.11.1933 in den Ruhestand versetzt worden und hatte, nachdem er am 6.12.1933 zum Mitglied der Wissenschaftlichen Gesellschaft in Lund ernannt worden war, Kontakte zu Oxford geknüpft, wohin eine Übersiedlung als möglich erschien. Darauf bezieht sich die zweite Erklärung, in der hervorgehoben wird, nun immerhin schon im Jahre 1934: »Professor Fraenkel wird als Lehrer sehr gerühmt«; sein Wirken in Oxford sei »in deutschem Interesse«. Dies führte zu einer gewissen Erleichterung in der Ausreise (Fraenkel konnte seine Bibliothek mitnehmen), vermochte aber an der misslichen Lage im Ganzen nichts zu ändern.

Irgendwann in den ersten Wochen des Jahres 1934 muss Schadewaldt klar geworden sein, daß er unter den neuen Verhältnissen in Freiburg keine hochschulpolitische Verantwortung mehr tragen könne und vielleicht in der Gefolgschaft zu Heidegger einen Schritt zu weit gegangen sei. Denn Anfang März kündigte er in einem Brief an Heidegger seinen Rücktritt als Dekan mit Wirkung vom 15.4.1934 an (nach der neuen Hochschulreform waren die Dekanate nicht befristet). Offiziell hat er dies damit begründet, daß er einen Ruf an die Universität Leipzig erwarte (es gab ja noch nicht das Bewerbungssystem). Aber daß der Prodekan Dragendorff sich mit Schadewaldt solidarisierte und ebenfalls (in einem Brief an den Rektor vom 8.3.1934) seinen Rücktritt erklärte, weist auf die politische Brisanz dieser Schritte. Daß gleichzeitig von Moellendorff als Dekan der Medizinischen Fakultät (zu dem ihn Heidegger immerhin ernannt hatte) und Erik Wolf als Dekan der Juristischen Fakultät zurücktreten (alle innerhalb weniger Tage in der ersten Märzhälfte), weist in die gleiche Richtung. Heidegger nahm das Rücktrittsgesuch Schadewaldts nicht an, der auf einer Reise nach Griechenland, die er dem Rektor Heidegger in einem Brief am 20.3.1934 ankündigte, Abstand zu gewinnen suchte. All diese Turbulenzen mündeten in den Rücktritt Heideggers selber (am 23.4.1934), dessen Umstände noch nicht recht geklärt sind. Der von Heidegger genannte Grund, er habe sich geweigert, von Moellendorff und Wolf – wie vom Ministerium gewünscht – als Dekane abzusetzen, reicht nicht aus, zumal beide ja ihren Rücktritt selber erklärt hatten. »Der Abgang war nicht groß«, urteilt Ott[28]. Vielleicht hat Heidegger gemerkt, daß die Partei, der er sich in einem Privatnatio-

---

28  Ott (wie Anm. 9), 127.

nalsozialismus angedient hatte, ihn nur eine begrenzte Zeit als Aushängeschild brauchte und ihn jedenfalls nicht so ernst nahm, wie er es erhofft hatte.[29] Wenn es zutrifft, daß Schadewaldt zu Heidegger gesagt habe: »Zurück aus Syrakus«, dann würde dieses geistreiche, von Carl Friedrich von Weizsäcker und Hans Georg Gadamer kolportierte Dictum[30] Heidegger immerhin die Würde des Philosophen belassen.

Schadewaldt verließ nur wenige Monate nach Fraenkel Freiburg, um mit Wirkung vom 1.10.1934 einen Ruf an die Universität Leipzig anzunehmen[31]. Hier geriet er in ruhigeres Fahrwasser; die Philosophische Fakultät galt als bürgerlich liberal, aber natürlich nach außen hin nationalsozialistisch organisiert und geprägt. Exponent dieser Situation war der Althistoriker Helmut Berve, der als Dekan der Philosophischen Fakultät fungierte und mit dem schon deshalb Schadewaldt sogleich in Kontakt kam. Vor ihm legte Schadewaldt – wie nahezu alle Hochschullehrer aller Universitäten mit der bewundernswerten Ausnahme von Kurt von Fritz – am 6.12.1934 den neugefassten Beamteneid[32] ab; Beisitzer und Protokollführer war der Archäologe Bernhard Schweitzer. Berve, der in seiner Jugend Gedichte und Dramen verfasst hat, war wie Heidegger am 1. Mai 1933 in die Partei eingetreten. Er wurde einer der führenden Althistoriker Deutschlands mit einem betont antihistorischen, auf intuitive Schau gegründeten Konzept von Geschichte.[33] An der Universität Leipzig wirkte er besonnen; er suchte die traditionelle akademische Freiheit zu bewahren, wie sowohl seine Schüler als auch seine

---

29  Dazu Heidegger selbst in: Die Selbstbehauptung der Universität, 33f.
30  In: G. Neske (Hg.), Erinnerungen an Martin Heidegger, Pfullingen 1977.
31  Die einstimmig verabschiedete Berufungsliste lautete: 1) Schadewaldt, 2) Regenbogen, 3) Harder. Wie man damals in den laudationes formulierte oder formulieren musste, zeigt u.a. die Wendung, Regenbogen habe »große Führereigenschaften«, er sei eine »geborene Erzieherpersönlichkeit«, er sei ein »hervorragender Redner, weniger im Sinne der Virtuosität als des zwingenden Ausdrucks einer kernigen, edlen und geläuterten Persönlichkeit«. In der von Alfred Körte, um dessen Lehrstuhl es ging, vorbereiteten laudatio für Schadewaldt hieß es ursprünglich: »Vor allem aber ist er (Schadewaldt) ihnen (den Studenten) ein Führer im Sinne des neuen Staates geworden.« Diese Formulierung wurde von der Kommission gestrichen und ersetzt durch: »Wie sein Denken von jeher auf die überpersönlichen politisch-ethischen Gestaltungen der Griechen gerichtet gewesen ist, so erstreckt sich sein Erziehertum und seine plastisch-pädagogische Kraft jetzt energisch auf die neu erwachte Staatsgesinnung.« Eine im Entwurf enthaltene Bemerkung über Heidegger, der Schadewaldt zum Dekan ernannt hatte, wurde von der Kommission gestrichen. (Alle Angaben lt. Unterlagen im Archiv der Universität Leipzig.)
32  Der Eid hat den Wortlaut: »Ich werde dem Führer des Deutschen Reiches und Volkes, Adolf Hitler, treu und gehorsam sein, die Gesetze beachten und meine Amtspflichten gewissenhaft erfüllen, so wahr mir Gott helfe.«
33  Ich beziehe mich hier und im Folgenden auf St. Rebenich, Alte Geschichte in Demokratie und Diktatur: Der Fall Helmut Berve, in: Chiron 31, 2001, 457–496.

Kollegen Hans Georg Gadamer und Werner Heisenberg (mit denen auch Schadewaldt bald in freundschaftlichen Kontakt kam) bestätigen. Im Sommer 1935 ist er als Dekan entlassen worden, da er vier jüdische Professoren vor der Entlassung bewahren wollte. Aber er wurde 1936 Prorektor und 1940–43 Rektor der Universität Leipzig, bis er 1943 einen Ruf nach München annahm, dabei ständig im Streit mit einzelnen parteiamtlichen Instanzen. Am 8.2.1940 ernennt Berve Schadewaldt (»für die Dauer meines Rektorates«) zum Dekan der philologisch-historischen Abteilung der Philosophischen Fakultät. Dieses Amt sollte Schadewaldt nur ein Jahr später anlässlich der Berufung nach Berlin niederlegen. Von außen gesehen ist es ein ganz ähnlicher Verlauf wie in Freiburg, doch war die Situation eine ganz andere. Fernab von der Freiburger Hektik konnte Schadewaldt in relativer Ruhe – in einer von Berve geschützten Fakultät und Universität – seine Arbeiten zum griechischen Epos, insbesondere die ›Iliasstudien‹ abschließen und weiterführen.

In diese Kontinuität wäre fast ein Bruch geraten durch Überlegungen, Schadewaldt schon 1936 als unmittelbaren Nachfolger Werner Jaegers nach Berlin zu berufen. Der Vorgang ist bemerkenswert. Jaeger hat, wie es für den scheidenden Lehrstuhlinhaber üblich ist, einen Überblick über die Personallage gegeben und einen Vorschlag gemacht. Er schlug an erster Stelle Karl Reinhardt vor und nannte ohne nähere Differenzierung in alphabetischer Reihenfolge Jensen, Pfeiffer, Schadewaldt. Er fügte außerhalb der Reihenfolge noch Otto Regenbogen hinzu, der allerdings »aus hier nicht genannten Gründen von der Ausübung seines Amtes suspendiert« war. Kommission und Fakultät haben dann aber nicht, wie sonst üblich, aus dieser Namensliste eine Dreierliste geformt, sondern die Namen unverändert dem Ministerium zugeleitet; nur Regenbogen wurde ausgeschieden und lediglich anhangsweise kurz erwähnt[34]. Nun ist zweifelsfrei dokumentiert, daß der Reichsminister für Wissenschaft, Erziehung und Volksbildung Bernhard Rust ein persönliches Interesse an der Berufung Schadewaldts hatte. Wie Rust auf Schadewaldt aufmerksam wurde, erhellt aus einer internen Aktennotiz[35] des Staatssekretärs Zschintzsch vom 1.2.1937 an den Minister: »Wenn mich mein Gedächtnis nicht täuscht, haben Sie Professor Schadewaldt als besonders geeignet angesehen. Minister Popitz hat mir vor einiger Zeit auf einem gesellschaftlichen Zusammentreffen gesagt, daß Sie mit ihm einig wären, daß Schadewaldt berufen werden solle.« Die Initiative geht also von dem preußischen Finanzminister Popitz aus, der schon vor 1933 Staatssekretär und seit 1932 Minister war. Er fungierte als Präsident der ›Gesellschaft für antike Kultur‹ seit ihrer Gründung im Jahre 1924

---

34 Quelle: Archiv der Humboldt-Universität Berlin.
35 Die Aktennotiz befindet sich in der Akte Schadewaldt im Bundesarchiv in Berlin, ehemals document center, aus der im übrigen noch einmal eindeutig hervorgeht, daß Schadewaldt nicht Mitglied der NSDAP war.

durch Werner Jaeger; dieser Gesellschaft war seit 1925 die Zeitschrift ›Die Antike‹ zugeordnet. Er war wohl schon früh auf Schadewaldt aufmerksam geworden. Die nationalsozialistische Ideologie war ihm fremd; er wurde ein Mann des erst verdeckten, dann offenen Widerstandes. So war er in die Vorgänge um das Attentat auf Hitler am 20. Juli 1944 involviert, wurde verhaftet und am 2.2.1945 hingerichtet. Es ging ihm mit der Empfehlung Schadewaldts überhaupt nicht um eine nationalsozialistische Gesinnung, sondern allein um wissenschaftliche Qualität. Aber auch Bernhard Rust war ein Mann, der einen gewissen Sinn für wissenschaftliches Niveau hatte, trotz seiner pointiert nationalsozialistischen Biographie[36]. Er hatte an verschiedenen Universitäten Germanistik und Klassische Philologie studiert, darunter im Wintersemester 1904/5 in Berlin auch bei Wilamowitz. Vielleicht hat auch Werner Jaeger bei einer Begegnung mit Rust im Juli 1933[37] auf Schadewaldt aufmerksam gemacht. Es kam jedoch nicht zu der Berufung Schadewaldts, denn in der erwähnten Aktennotiz des Staatssekretärs Zschintzsch heißt es weiter: »Der Berufung Schadewaldts entstehen gewisse Schwierigkeiten, die von dem Amtschef W in anliegendem Votum zusammengestellt sind«[38]. Leider ist dieses Votum nicht mehr auffindbar. Vielleicht spielen

---

36  Vgl. U. Pedersen, Bernhard Rust: Ein nationalsozialistischer Bildungspolitiker vor dem Hintergrund seiner Zeit, Braunschweig 1994. Rust war nach dem Studium im Schuldienst tätig, zuletzt als Studienrat am Ratsgymnasium in Hannover (bis 1930). Er begegnete Hitler schon 1924, trat 1925 in die NSDAP ein, war zeitweilig Gauleiter des Gaus Hannover-Nord, dann SA-Obergruppenführer und Mitglied des Reichstages. 1933 wurde er auf Drängen Hitlers erst Preußischer, ab 1934 Reichskultusminister. Bei einer Reise im offenen Flugzeug nach Norderney 1933 zog er sich eine chronische Trigeminusneuralgie zu; die ständigen Schmerzen suchte er durch starken Alkoholgenuss zu betäuben, daher der Ausspruch von Brecht (1937): »Nach Ansicht vieler kleiner Leute weiß der Führer nicht, daß sein Minister für Unterricht immer betrunken ist.« Er hatte sich jedoch bei seinen Amtsgeschäften immer unter Kontrolle. Seit 1938 wurde er von Hitler nicht mehr empfangen, Anfang Mai 1945 nahm er sich das Leben.

37  Vgl. D.O. White, Werner Jaeger's »Third Humanism« and the Crisis of Conservative Cultural Politics in Weimar Germany, in: W. M. Calder III. (Hg.), Werner Jaeger Reconsidered, Illinois Classical Studies, Suppl. 3, 1992, 267–288, hier 286.

38  Der Amtschef W(issenschaft) war damals gerade noch (bis Ende Februar 1937) Theodor Vahlen, Professor für Mathematik, 1923 Rektor der Universtät Greifswald und bereits im gleichen Jahr in die NSDAP eingetreten, wegen mehrerer Skandale 1927 aus dem Staatsdienst entlassen, dann in Wien mit antisemitischen Schriften (›Der Judenfleck‹) hervorgetreten, 1933 im Triumph zurückgekehrt und bald Ministerialdirektor. Er verzichte sich jedoch nicht im Amt, sondern überließ die Arbeit im einzelnen seinem Stellvertreter Franz Bachér, seit 1932 Parteimitglied, 1934 als Professor für Chemie an die TH Berlin berufen. Über die Aktivitäten beider vgl. H. Heiber, Walter Frank und sein Reichsinstitut für Geschichte des neuen Deutschland, Stuttgart 1966, bes. 117f. und 664, sowie die zahlreichen Einzelnachweise bei H. Heiber, Universität unterm Hakenkreuz, Teil II Bd. 1 und 2, München 1992–1994 (freundl. Nachweis von C. Tilitzki, Berlin).

darin die negativen Äußerungen eine Rolle, die der Althistoriker Wilhelm Weber, ein unbedingter Nationalsozialist, gegen Schadewaldt angeführt hat. Weber richtet zunächst schwere Vorwürfe gegen Werner Jaeger, der jetzt »einer fremden Wissenschaft« diene. Er setzt sich vehement für Reinhardt ein und wendet sich gegen alle anderen Genannten. Bei Schadewaldt bemängelt er die Abstinenz einer politischen Aussage. Berufen wurde schließlich Christian Jensen, der, 1883 auf der Insel Sylt geboren, 1910 in Marburg habilitiert war und bereits Professuren in Jena, Königsberg, Kiel und Bonn bekleidet hatte. Trotz der Verdienste Jensens vor allem auf dem Gebiet der Papyrologie war es eine Verlegenheitslösung.

Für Schadewaldt war diese Entscheidung eher ein Vorteil, konnte er doch in größerer Kontinuität unter relativ günstigen Rahmenbedingungen in Leipzig weiterhin arbeiten. Eine eher geringe Rolle spielt dabei seine Mitwirkung an der sog. Aktion Ritterbusch, benannt nach dem Kieler Rektor Ritterbusch, der mit erheblicher Unterstützung an Forschungsmitteln den »Kriegseinsatz der Geisteswissenschaften« in Deutschland unter Beweis stellen wollte[39]. Die Altertumswissenschaften beteiligten sich daran erst mit einiger Verspätung; die konstituierende Sitzung fand unter Vorsitz von Berve am 5.10.1940 in Leipzig statt. Anwesend waren zahlreiche Althistoriker, Archäologen und Philologen, darunter auch Schadewaldt; nur Reinhardt ließ sich entschuldigen. Aus den riesigen Plänen Berves (Große Sammelwerke über alle Aspekte der Antike, Wörterbücher, zweisprachige Ausgaben, Quellensammlungen z.B. zur Geschichte der Germanen) ist nicht viel geworden. Schadewaldt hielt in diesem Rahmen lediglich einen Vortrag, am 2. April 1941 auf der Fachtagung der klassischen Altertumswissenschaft in Berlin in Anwesenheit der Minister Rust und Popitz (letzterer als Präses der ›Gesellschaft für antike Kultur‹), und zwar über ›Homer und sein Jahrhundert‹[40], der jedoch jeden politischen Anklang an die herrschende Ideologie vermissen ließ, wie übrigens auch die meisten anderen der insgesamt 38 Beiträge, die Berve in dem zweibändigen Sammelwerk ›Das neue Bild der Antike‹ herausgegeben hat.

Als Christian Jensen am 18.4.1940 im Alter von nur 57 Jahren starb, war der Berliner Lehrstuhl erneut zu besetzen. Jetzt verabschiedete die Fakultät eine regelrechte Dreierliste: 1) Schadewaldt, 2) Harder, 3) Theiler. Wiederum legte Wilhelm Weber ein Sondervotum ein, in dem er »eine begeisterte Liebe zum Führertum« proklamierte und gegen Schadewaldt anführt, er habe eine »mehr ästhetische als politisch gerichtete Haltung eingenommen«[41]. Webers eigener Vorschlag einer

---

39  Vgl. dazu F.R. Hausmann, Deutsche Geisteswissenschaft im Zweiten Weltkrieg. Die Aktion Ritterbusch (1940–1945), in: Schriften zur Wissenschafts- und Universitätsgeschichte Bd. 1 (Dresden/München 1998).

40  Gedruckt zuerst in dem von Berve herausgegebenen Band: Das Neue Bild der Antike (1942), dann in W. S., Von Homers Welt und Werk 1943, 3. Aufl. 1959, 87–129.

Zweierliste bleibt rätselhaft: 1) Reinhardt, 2) Albrecht von Blumenthal. Das Sondervotum blieb ohne Wirkung. Wenige Tage nach seinem Berliner Vortrag hat der Staatsminister Popitz erneut sein Interesse an der Berufung Schadewaldts bekundet[42]. Schadewaldt hat lange geschwankt, da er sich in Leipzig wohlfühlte. Als er schließlich den Ruf zum Wintersemester 1941/42 annahm, musste er erneut das Dekanat niederlegen, aber die Situation war eine ganz andere als sieben Jahre zuvor in Freiburg[43].

Kaum war Schadewaldt nach Berlin übergesiedelt, da wurde er am 14.11.1941 zum Militärdienst eingezogen. Schadewaldt war übrigens als Achtzehnjähriger schon einmal kurze Zeit im Militärdienst, nämlich vom 21.6. bis 7.12.1918 im Eisenbahnregiment 4. Jetzt kam er nach Hoyerswerda in Sachsen, und zwar in den Dolmetscherzug bei der Kommandantur IV D. Schadewaldt musste Telegramme, Briefe und andere Schriftstücke aus dem Französischen, das er vorzüglich beherrschte, übersetzen. Er war einfacher Soldat, ohne Dienstgrad. »Der Schütze Schadewaldt« heißt er in den Dokumenten. Die Berliner Philosophische Fakultät erreichte für Schadewaldt die Versetzung nach Berlin zum 20.7.1942, damit er wenigstens eingeschränkt wissenschaftlich arbeiten konnte; am 1.11.1942 ist Schadewaldt dann aus der Wehrmacht entlassen worden.

In Berlin ist Schadewaldt auf Vorschlag von Johannes Popitz 1942 in die Mittwochs-Gesellschaft aufgenommen worden. Es war dies eine 1863 gegründete Gesellschaft, die aus maximal 16 Männern bestand, zum Zwecke der »wissenschaftlichen Unterhaltung«, allerdings, wie die Satzung vorschreibt, »mit alleiniger Ausnahme der Tagespolitik.« Dieser Passus erlaubte den Mitgliedern, die ausschließlich dem Regime kritisch gegenüberstanden, keine direkten politischen Äußerungen in den Vorträgen. Dem Kreis gehörten zu dieser Zeit neben Popitz u.a. Heisenberg, Sauerbruch, Stroux und Spranger an, mit Schadewaldt immerhin zwei klassische Philologen. Jeder musste reihum in seinem Hause vor den Mitgliedern vortragen; Schadewaldt sprach auf der 1039. Sitzung über ›Die Gestalt des homerischen Sängers‹[44]. Jedes Mitglied musste eine ca. zweiseitige Zusammenfas-

---

41  Die Akten befinden sich im Archiv der Humboldt-Universität Berlin.
42  Der Hochschulreferent im Reichsministerium für Wissenschaft, Erziehung und Volksbildung, Professor Harmjanz, teilt in einem Brief vom 10.4.1941 dem Staatssekretär Zschintzsch mit, daß Staatsminister Popitz »es begrüßen würde, wenn die Berufung mit Herrn Schadewaldt durchgeführt würde.« In dem Brief heißt es weiter, »daß Prof. Schadewaldt mehrere Wochen hindurch unschlüssig war, ob er die Berufung annehmen könne oder nicht.«
43  An den Rektor Berve schreibt Schadewaldt am 30.9.1941: »Sie wissen, wie schwer mir der Entschluß geworden ist, Leipzig zu verlassen. Es gab nichts, was mich von dieser Universität weggetrieben hätte.«
44  K. Scholder, Die Mittwochs-Gesellschaft, Berlin 1982, gibt erschöpfende Informationen über jeden einzelnen Vortrag.

sung selber verfassen; diese Texte sind erhalten. Am 14.6.1944 sprach Johannes Stroux über ›Caesars Darstellung des Eburonenaufstandes‹. Die indirekte Kritik war unüberhörbar, z.B. in Bemerkungen wie: es sei eine schwere Niederlage des »genialen Feldherrn« oder »die gesamte Besatzung des Winterlagers ist vollständig aufgerieben«, wenige Monate nach der Tragödie von Stalingrad. Die letzte Sitzung, an der Schadewaldt wie an den beiden vorausgegangenen krankheitshalber nicht hat teilnehmen können, fand am 26.7.1944 statt, wenige Tage nach dem Attentat auf Hitler; Popitz war schon verhaftet.

Im Sommer 1944 erkrankte Schadewaldt schwer an einer Gelbsucht und an einer Lungenentzündung, so daß er längere Zeit aussetzen musste. Er begab sich in das Haus der Familie im Riesengebirge, wo seine Frau und die Kinder schon waren. In dieser Zeit (das genaue Datum ist mir unbekannt) ist die Berliner Wohnung in der Ilmenauer Straße 2 bei einem Luftangriff zerstört worden, mit Verlust an Möbeln, Bibliothek, Korrespondenz und anderen Unterlagen. Schadewaldt wurde dann noch einmal im März 1945 eingezogen zu einer Einheit in Potsdam (der Kompaniechef war der Archäologe Ulrich Hausmann), aber nur für kurze Zeit[45].

Unmittelbar nach dem Zusammenbruch nahm er seine Tätigkeit wieder auf. Er brauchte sich keinem Verfahren stellen, weil er völlig unbelastet war[46]. Zu den ersten, kulturpolitisch wichtigen Aktivitäten gehört die Gründung des Goethe-Wörterbuches. Schadewaldt war von Jugend an mit dem Gesamtwerk Goethes vertraut. Diese Nähe zu Goethe schützte ihn wohl auch vor den Irrationalismen, die z.B. von Stefan George ausgingen, denen Berve, Heidegger und viele andere auf ihre Weise in den Zwanziger Jahren ausgesetzt waren. Die erste Vorstellung des Planes fand in der Berliner Akademie in Anwesenheit sowjetischer Offiziere statt. Schadewaldt wollte mit dem Unternehmen neben dem rein wissenschaftlichen Nutzen einen Beitrag zur Wiedergewinnung und Festigung eines adäquaten Niveaus der deutschen Sprache der Gegenwart leisten. Diese Erwartung hat sich, wie man im Abstand von knapp 60 Jahren sagen muss, wohl nicht erfüllt.

Schadewaldt nahm dann auch wieder Kontakt zu seinem Jugendfreund Eduard Fraenkel auf. Sein Brief vom 17.3.1948 ist ein ernstes, sehr überlegt formuliertes Dokument[47]. Der äußere Anlass war der 60. Geburtstag Fraenkels. Schadewaldt betont ausdrücklich, er schreibe nicht, »um wieder anzuknüpfen.« Er schreibt von »der großen Schuld«, die alles Gute, das er von Fraenkel empfangen hat, »in Fremd-

---

45 Näheres ist mir unbekannt.
46 In einem entsprechenden Fragebogen gab Schadewaldt am 23.6.1945 wahrheitsgemäß an, daß er nicht Mitglied der NSDAP gewesen war.
47 Ich bin nicht befugt, diesen in Oxford liegenden Brief zu veröffentlichen oder ganze Passagen daraus zu zitieren. Die Antwort Fraenkels findet sich nicht im Nachlaß Schadewaldt (in der Bayerischen Staatsbibliothek).

heit und Bitternis« hat untergehen lassen. Der Brief ist ein Zeugnis, wie Schadewaldt die ganze Zeit über an dem Zerbrechen dieser einst tiefen Freundschaft gelitten hat. Fraenkel hat ihm am 31.3.1948 geantwortet, und Schadewaldt hat dafür am 30.6.1948 noch einmal gedankt, nun schon in der Zeit der Berliner Blockade. Dies war wenige Monate vor meinem ersten Semester (WS 1948/49), in dem ich Schadewaldt kennen lernte. Wer damals seine luziden, überhaupt nicht auf große Wirkung bedachten, aber äußerst einprägsamen, alles Schwere in die unmittelbare Evidenz auflösenden Vorlesungen gehört hat[48], konnte kaum ahnen, wie dieser damals schlanke und nicht robust wirkende Mann gelitten hat, und zwar nicht nur durch die äußeren Verhältnisse.

Bereits im Frühjahr 1946 hatte sich die Universität Tübingen mit einem Ruf auf den gräzistischen Lehrstuhl (Nachfolge Friedrich Focke) an Schadewaldt gewandt. Tübingen, eine der wenigen unzerstörten Universitätsstädte, vermochte in den ersten Jahren bedeutende Gelehrte auf allen Gebieten an sich zu ziehen. Eduard Spranger, der erste Berliner Rektor, der wegen Differenzen mit der sowjetischen Besatzungsmacht zurückgetreten war, gehörte zu den Ersten, die Tübingen dank einer klugen Berufungspolitik gewinnen konnte. Sein Nachfolger im Berliner Rektorat war der engste Kollege Schadewaldts, Johannes Stroux. Er versuchte Schadewaldt zu halten, mit Erfolg. Schadewaldt schrieb ihm am 4.4.1946, er sei »ein Berliner der Herkunft nach« und wolle in Berlin bleiben, solange er unbeeinträchtigt forschen und lehren könne. Dies währte immerhin fast vier Jahre; den erneuten Tübinger Ruf vom 27.2.1950 nahm er sofort und mit Wirkung vom Sommersemester 1950 an[49].

Schadewaldt war jetzt erst 50 Jahre alt und hatte mehr an Hoffnungen, Enttäuschungen, Erfahrungen und Leiden hinter sich, als in ein Professorenleben zu

---

48   Ich habe auf dieses mir wichtige Détail eigens hingewiesen in meinem Nachruf im Gnomon 47, 1975, 731–736, hier: 733 (ND in H. F., Eidola, Amsterdam 1989, 755). Daß Schadewaldt in den besonders in Berlin entbehrungsreichen Nachkriegsjahren gerade an dem 1949 fertiggestellten, 1950 erschienenen Sapphobuch gearbeitet hat, mag bezeichnend sein, nicht als Zeichen der Flucht vor der Realität, sondern der inneren Überwindung der Widrigkeiten auch im seelischen Bereich mit der zentralen Aussage des »Daseins in der Liebe«. Die Charakterisierung des Buches als »recht genau an der Schwelle zwischen der Blut-und-Boden-Ideologie der Nazis und der sich abzeichnenden restaurativen bundesdeutschen Nachkriegsgesellschaft« durch M. Hose (Einsichten. Zeitung der LMU München 2/2002, 38) wird dem gewiss problematischen Buch nicht gerecht.

49   Die Nachricht von dem bevorstehenden Weggang Schadewaldts löste bei den Berliner Studenten eine Panik aus. (Ich entsinne mich noch genau an die Szene.) Es kann keine Rede davon sein (wie durch Gerüchte Außenstehender verbreitet), daß Schadewaldt sich mit dem DDR-Regime (bzw. dem der sowjetischen Besatzungszone) politisch arrangiert hätte (was Johannes Stroux tat). Erst nach seinem Weggang wurden in der Bibliothek des Seminares Bilder von Wilhelm Pieck und Otto Grotewohl aufgehängt.

passen scheint. Es begann jetzt eine ganz neue Ära, in der Schadewaldt erstmals nicht unter dem Druck widriger äußerer Verhältnisse leben und wirken konnte. Am 17.3.1968 schrieb er noch einmal an Eduard Fraenkel und schickte ihm zum 80. Geburtstag ein lateinisches Gedicht »amicitia et amore ... memor grato identidem animo«. Das Zerbrechen dieser Freundschaft (»haud innoxie«, wie es in dem Gedicht heißt) zieht sich quälend durch das Leben Schadewaldts und kann vielleicht der Schlüssel dafür sein, warum dieser gesellige Mann, der oft Doktoranden und Assistenten spontan zum Essen nach Hause brachte, der ein offenes Haus führte, der Jüngere respektierte wie in dieser Zeit kein Zweiter, auf der anderen Seite auch wieder schroff und unnahbar wirken konnte. Wohl keiner von uns wusste damals, was ihn im Innersten wieder und wieder bewegt hat.

Wie immer man die kurzzeitige Verstrickung in eine undurchsichtige hochschulpolitische Situation beurteilen mag, – für die überragende Leistung in der Forschung und für seine Ausstrahlung über die Grenzen des Faches hinaus ist dies irrelevant. Schadewaldt hat den Bereich der Wissenschaft aus dem politischen Getriebe zu allen Zeiten herausgehalten. Wer diese apolitischen Haltung kritisiert, übersieht auch, daß die blosse Präsenz einer unangefochtenen Forscherpersönlichkeit für Viele Rückhalt und Stärkung bedeuten konnte.

# INDEX NOMINUM

Aischylos *42*, *43*, *50f.*, *55*, *57*, *106*
Aly, W. *155*, *156*, *159*
Apollonios Rhodios *58*
Aristophanes *55*
Aristoteles *12*, *48ff.*, *104*, *105f.*

Bachér, F. *164*
Bachmann, I. *22*
Berve, H. *162*, *165*, *167*
Bethe, E. *3*, *18*
Blumenthal, A. v. *166*
Boeckh, A. *23f.*, *25*, *78*
Bogner, H. *57*
Bremer, D. *57*
Buhr, M. *90*
Bundy, E.L. *32ff.*
Burgess, J.S. *18*
Burkert, W. *15*, *18*
Buschor, E. *46*, *57*, *73ff.*

Danek, G. *17*
Dilthey, W. *82*, *83*, *89*
Dissen, L. *23f.*
Dönt, E. *57*
Dornseiff, F. *57*
Dowden, K. *18*
Drachmann, A.B. *24*
Dragendorff, H. *160*, *161*
Dryden, J. *60*

Ebener, D. *56*, *57*, *58*, *68ff.*
Eigenbrodt, K.-W. *57*
Eliot, T.S. *46*
Euripides *41*, *42*, *44*, *52*, *56*, *57*, *106*, *143*

Färber, H. *58*
Fehr, K. *30*
Fehrle, E. *154*, *158*
Fleckenstein, G. *46*
Focke, F. *17*, *168*
Fraenkel, E. *153*, *154*, *156*, *157*, *159*, *160*, *161*, *167*, *169*
Fränkel, H. *27*, *28*, *29*, *30*, *31*, *36*, *101*
Fritz, K. v. *59*, *162*

Gadamer, H.G. *86ff.*, *162*, *163*
Gauer, W. *14*
Gaugler, H. *46*
Gegenschatz, E. *84*
Gehlen, A. *100*
George, St. *167*
Glei, R. *58*
Goethe, J.W. v. *1*, *22*, *46*, *48*, *59*, *64*, *86*, *99*, *103ff.*, *124f.*
Grotewohl, O. *168*

Hamilton, R. *27*
Hampe, R. *56*, *57*, *68ff.*, *71*
Harder, R. *101*, *162*, *165*
Hartmann, N. *83*
Hauptmann, G. *46*
Hausmann, M. *57*
Hausmann, U. *167*
Heidegger, M. *57*, *59*, *62*, *86*, *94*, *95*, *118*, *119*, *152*, *155*, *156*, *157*, *159*, *160*, *161*, *167*
Heilmann, W. *84*
Heimpel, H. *155*
Heisenberg, W. *163*, *166*
Hellmann, O. *8*

Herodot *126*, *132*
Heubeck, A. *17*
Heyme, H. *46*, *47*
Hölderlin, F. *22*, *23*, *46*
Hölscher, U. *17*
Homer *1ff.*, *55*, *56*, *65*, *66ff.*, *101*, *105*, *107*, *111*, *121*, *123*
Humboldt, W. v. *78*, *83*

Ilig, L. *30*
Immisch, O. *153*

Jaeger, W. *77*, *78f.*, *82*, *93*, *129*, *152*, *163*, *164*, *165*
Jensen, Chr. *163*, *165*
Jünger, F.G. *57*

Kakridis, J.Th. *15*, *16*
Kallimachos *58*
Kant, I. *118*
Kerényi, K. *59*
Klaus, G. *90*
Kleist, H. v. *46*, *64*
Köhnken, A. *30*
Kolb, F. *125*
Korfmann, M. *125*
Körte, A. *43*, *162*
Kraus, M. *97*

Lange, G. *57*
Latacz, J. *8*, *12*, *14*
Leo, F. *41*
Leumann, M. *59*
Lohmann, D. *140*
Lord, A.B. *5*
Luther, M. *64*

Marg, W. *17*
Meier, Chr. *50*
Menander *41*, *55*
Merkelbach, R. *37*
Moellendorff, W. v. *154*, *155*, *156*, *157*, *161*
Morris, I. *18*
Most, G.W. *29*

Müller, F. *101*
Müller, K.O. *50*
Müller, S. *57*
Munding, H. *84*
Musaios *58*

Nagy, G. *15*
Natzel-Glei, S. *58*
Nickel, R. *84*
Nilsson, M.P. *28*
Nonnos *58*

Oesterle, K. *151*, *155*
Orff, C. *46*, *55*

Parker, H.N. *37*
Parry, M. *4*, *14*, *17*
Peirce, Ch.S. *96ff.*
Pestalozzi, H. *15*, *16*
Pfeiffer, R. *163*
Pieck, W. *168*
Pindar *1*, *21*, *22ff.*, *55*
Platon *94*, *97*, *98*, *106*, *129*, *158*
Plutarch *63*
Popitz, J. *163*, *165*, *166*, *167*
Powell, B. *18*

Regenbogen, O. *162*, *163*
Reichel, M. *6*
Reinhardt, K. *4*, *17*, *45*, *51*, *137*, *163*, *165*, *166*
Rengakos, A. *7*
Riezler, K. *101*
Rösler, W. *37*
Rost, G. *154*
Rüdiger, H. *57*
Rupé, H. *56*, *67ff.*
Rust, B. *163*, *164*, *165*

Sappho *21*, *34ff.*, *55*, *57*, *168*
Sauer, J. *154*, *155*, *156*, *157*, *159*, *160*
Sauerbruch, F. *166*
Saussure, F. de *94f.*, *96*
Scheffer, T. v. *56*, *57*, *58*, *67ff.*
Scheibner, G. *56*, *57*, *68*, *70f.*, *75*

Schiller, F. *46*, *78*
Schilling, K. *57*
Schlegel, A.W. *52*
Schlegel, F. *78*
Schleiermacher, F. *59*
Schmitz, Th.A. *37*
Schröder, O. *26*
Schröder, R.A. *56*, *57*, *67ff.*
Schwartz, E. *3*, *18*
Schweitzer, B. *162*
Schwenn, F. *27*
Sellner, G.R. *46*
Shakespeare, W. *46*, *107*
Sheppard, J.T. *43*
Sokrates *129*
Sophokles *42*, *44f.*, *51*, *55*, *57*, *61*, *65*, *72ff.*, *107*
Spranger, E. *166*, *168*
Staiger, E. *22*, *57*, *58*, *59*, *73*, *75*
Stein, P. *47*
Stoeßl, F. *57*
Stroux, J. *166*, *167*, *168*
Suhrkamp, P. *55*

Theiler, W. *165*
Thukydides *1*, *80*, *129*
Thummer, E. *27*
Treu, M. *57*

Tsomis, G. *38*

Usener, K. *9*

Vahlen, Th. *164*
Vitelli, G. *44*
Von der Mühll, P. *59*

Wagner, Rich. *46*
Wagner, Rob. *154*, *158*
Wagner, W. *46*
Waser, H.F. *57*
Weber, W. *165*
Webster, T.B.L. *45*
Weizsäcker, C.F. v. *162*
Werner, O. *57*
Wilamowitz-Moellendorff, U. v. *1*, *2*, *3*, *18*, *23*, *24*, *37*, *43*, *46*, *56*, *61*, *78*, *93*, *152*, *164*
Willcock, M. *18*
Willige, W. *74f.*
Wittgenstein, L. *94*
Wöhrle, G. *13*
Wolde, L. *57*
Wolf, Chr. *12*, *148*
Wolf, E. *161*
Wolf, F.A. *2*

Zinn, E. *59*